考える日本史授業 5

「歴史総合」「日本史探究」、歴史教育から歴史学、
歴史認識論への提言

加藤 公明

地歴社

はじめに
——本書の概要と構成——

初任の教室で

　40年以上も前のことですが、今でも鮮明に覚えている出来事があります。それは、私が教員になった年の１学期の授業中でした。黒板に要点を書きながら荘園制のしくみを解説していたのですが、黒板に向く度に後頭部に何かが当たるのです。季節は初夏で、当時の千葉県の公立高校にはクーラーはありません。開け放たれている教室の窓から虫でも飛んできたのかと思ったのですが、どうやらそうではありません。思い切って板書の途中で振り返ってみたら、今まさに私にめがけて消しゴムの破片を投げようとしていた男子生徒と目があいました。頭に血が上るとはこういうことかと実感しながら、『もう、こんな教室では授業できない』と宣言して職員室に戻ったのです。

　肩で息をしている私に同僚の先生たちも声をかけられないといった状態でいると、件の男子生徒とその仲間たちが職員室にやってきて、「先生、すいませんでした。２度としませんから、戻ってきてください」と言うのです。『ちゃんと反省しろよ』。私は教室に帰って授業を続けました。

　その「悪童」たちも今は還暦を過ぎて、それぞれの世界で頑張っています。たまにクラス会などに呼ばれることがあるのですが、その時に聞いた打ち明け話しによれば、私が教室を出たあとに、１人の女子が立ち上がって叫んだのだそうです。

　「ちょっと男子！いいかげんにしなさいよ。確かに加藤先生の授業は先生の話ばっかりで面白くないけど、先生も一生懸命なんだから、謝ってらっしゃい」

　あの時、彼らが謝りに来なかったらと思うとぞっとします。次の時間に私はそのクラスの授業に行けたでしょうか。教員を続けられたでしょうか。定年後の再任用期間まで含めると37年間も教員でいられたのは彼女のおかげです。

　教師は生徒に教えられ、救われます。当時の私の授業は、自分が高校生の時に受けてきた授業をそのまま再現したような一方的な講義式でした。それがいかに生徒にとって苦痛であったかを消しゴムの礫は私に教えてくれま

した。同時に、それでも懸命に教えようとする熱意は生徒に通じるということでもあります。

　やがて私は授業改革に乗り出し、「考える日本史授業」と名付けた一連の授業を創りだしていくのですが、その遠因となった出来事です。「考える日本史授業」とは、生徒が自分で歴史の問題や謎を考えて発表し、それをみんなで検討して、賛成の意見（生徒は「付け足しの意見ですが、いいですか」などといって発言します）や質問や批判も出し合って、つまり、討論しながらみんなで歴史の真実に近づいていこうという授業です。いったいどんな授業か、第1章で具体的に紹介したいと思います。読者のみなさんも私の教室の高校生たちと一緒に「考える日本史授業」を体験してみてください。

授業者としての教師を育てる

　やがて、私もベテランと呼ばれる年齢になって、転勤も経験し、それぞれ違った環境の高校で「考える日本史授業」を実践していくうちに、どうすれば授業を成功させられるのか、その授業の社会科＝歴史教育としての意味はなにかなどについて思索を深めていきました。そして、その内容を実践報告ないしは研究論文として折々に発表してきました。そんなこともあって、定年間際からさまざまな大学で「社会科・地歴科教育論」などの教職関係の科目を非常勤ながら担当する機会を得ました。しかし、社会科や地理歴史科の教師になろうという学生に半年15回の授業でなにを教えればいいのでしょうか。

　まず、私自身の37年間の（高校）教師生活を振り返って思うことは、教師ほど孤独な職業は少ないのではないかということです。教室に行けば40人近くの生徒を相手に教師は基本1人で授業をしなければなりません。1回50分、4単位の科目なら年間120回以上になります。いかなるテーマをどのような教材を用いて授業するかは、学習指導要領という大綱的な基準やそれに準拠した教材としての教科書はあるにしても、それらをどのように解釈し、いかに利用するかの細目は（教科書以外の自主教材を開発することもふくめ）教師の裁量に任されています。教師は自分の教育観（授業観、教材観、学力観、児童・生徒観なども含む）にもとづいて授業をコーディネートしていくことになるのです。

　となれば、大学で授業者としての教師を育てるということは、学生に自分の教育観を直視し、なぜ自分はそのような教育観を持ったのかを振り返り、

そのような教育観でいいのか、もっと深くそして広い視野で考えなければならないのではないかと反省し、自分の教育観を刷新、つまり改良・改善させていくことではないか。具体的には、学生が自分の教育観を相対化し、多くのことを学べるような先輩教師たちの教育観に出会わせることであり、そのような教育観に裏打ちされた授業実践の報告を学生に紹介し、まずは学生一人ひとりに読み取り（分析と評価）を行わせ、次いで交流し、読み取りを深めさせることなのではないだろうか。そして、そのような学生の学修に資する実践を選定し、有効なアドバイスやコメントをすることが私の仕事ではないか。そのように考えるようになったのです。授業者としての主体性をもって、それぞれが「考える社会科授業」、「考える歴史（日本史、世界史）、地理の授業」ができる教師に成長してもらいたい。第2章は、そのような私の大学での実践報告です。

「歴史総合」の登場

　2018年3月に告示された高等学校学習指導要領はこれまで続いてきた日本史・世界史2本立ての高校の歴史教育を大きく変える方向性を示しました。日本史と世界史を統合させて近現代史を教えようとする「歴史総合」の登場です。しかも、現代の課題を解決するためにその根源と推移を、歴史を振り返って主体的・実証的・集団的に探究させようという学習方法の提起は、アクティブラーニング（主体的・対話的で深い学び）の推奨とともに様々な議論を提起しました。この新しい歴史科目「歴史総合」をどう捉えて、いかなる授業を構想すればいいのか。自分が習ったことのない新科目を教育実習では研究授業しなければならないかもしれないと学生からは不安が訴えられ、現場の先生たちからもこれまでの「考える日本史授業」の実践を踏まえて「歴史総合」やそれに続く「日本史探究」の授業作りについてなにか提言をと求められるようになりました。そのような要望や要請に応じて私見を披瀝したのが第3章の論考です。

歴史学との関係

　これからの歴史教育を考える時、やはり歴史学との関係が重要です。戦前・戦中の国史教育が歴史学の成果と切り離された反省のうえに、戦後の歴史教育は歴史学との一体化、つまり、歴史学の成果をふまえて歴史教育は行うんだという決意がありました。しかし、それが歴史学の成果の受け売りと化

してしまっては、生徒を歴史認識の主体として成長させるという本務を歴史教育は果たすことができません。生徒の歴史認識に現状いかなる問題があり、歴史意識にどのような発達課題があるのかを把握して、その問題を解決し課題を達成するに資する研究成果（歴史的事実の解明や史料提供など）を、歴史教育は歴史学に対して求める必要があります。そして、その方向で研究を進化させることで、歴史学は専門ごとの蛸壺状態や言語論的転回以降の混迷から脱して、広く人びとの歴史認識の発達に寄与し、歴史意識の要請に応ずる方向で研究の社会的有用性を発揮できるようになるのです。そこには歴史修正主義が入り込む余地はありません。

第4章は、歴史教育の立場にある私からの歴史学への提言を集めました。

歴史認識の構造と授業

歴史教育の目的は、児童・生徒（子ども・青年）を歴史認識の主体として成長させることです。そして、社会科教育の本旨である公民（市民・主権者）的資質の育成の一翼を担う責務を負っています。それは、つまり、日本国憲法の精神の体現者を育てることであり、平和と民主社会の担い手を育てることに他なりません。

では、どのような授業がそのような目的や責務を果たすことができるのでしょうか。それを解明するためには、歴史認識とはどのような構造を有し、その発達はいかにして実現するのかについての理論的探究が欠かせません。終章は、現時点での私の理論的探究の到達点です。ご批判ください。

なお、本書では生徒や学生の名前は仮名で、教師の発言や文章の引用は『　』、生徒や学生のそれは「　」で示すことを基本としました。生徒や学生の発言・文章でそのままでは読者の理解が得にくいと判断した場合は著者の責任において表現に手を加えました。

【目次】

第1章
「考える日本史授業」
——高校での実践——

【本章を読まれる前に】

　「考える日本史授業」の実態を知っていただくために、高校での実践を4本リストアップしました。どれも既刊の『考える日本史授業　1〜4』（地歴社、1991年、1995年、2007年、2015年）には掲載されていない実践報告や講演記録です。

　第1節「方形周溝墓に埋葬されたのはだれか—討論授業事始め—」と第3節「民権家桜井静の憲法草案を支持したのはだれか」は拙著『日本史討論授業のすすめ方』（日本書籍、2000年）に載せた実践報告です。アクティブラーニングが「主体的・対話的で深い学び」として学習指導要領でも強く推奨されるようになって、従来のチョーク＆トークの授業ではなく生徒が主体的に歴史を考え、クラスメートと意見交流しながら自らの歴史認識を深化・発展させ、応用力のある知識を獲得していく討論授業が注目を集めるようになりました。しかし、いかにして実りある討論を歴史の授業として組織するか。世上さまざまなハウツー本が出回っていますが、形式論、方法論に終始しているものが多く、実践の裏付けを欠いたマニュアルは教室の現実、生徒の実態と遊離して実践の画一化、空洞化を生み出しています。見せかけだけのアクティブラーニングの流行が、生徒を歴史認識の主体として成長させるべき歴史教育の危機をより深刻化させているということもできます。

　その時にあたり、生徒を歴史認識の主体として立ち上げ、相互批判を軸とする討論を組織し、そこから多くのことを学ばせる授業をいかに成立させるか。実践体験をベースに私論をまとめたのが拙著でした。20年も前に刊行した本ですが、内容はけっして古びてはおらず、むしろ討論授業がより希求されている現在こそ、多くの示唆を読者に届けられるのではないかと思います。

　また、近代史家の成田龍一氏が近著『歴史像を伝える—「歴史叙述」と「歴史実践」』（岩波新書、2022年）で拙著を取り上げ、引用の上、「加藤による『歴史実践』は、こうして教師が出した『問い』を生徒に主体的に受け

止めさせ、生徒が主体的に営む行為に昇華させます。それぞれは、生徒が『自分の頭で考えた掛け替えのない自前の意見』であり、しかもそれを相互に『対決討論』させていきます」と紹介してくれています。そのようなこともあって、拙著を入手したいという声も以前より多く聞くようになったのですが、版元の出版社はもはやなく、古書としての値段は定価を大きく越えているのが現状です。そこで、拙著のエッセンスにあたる部分だけでも読んでいただきたく、古代と近代の実践例をもとにしたタイプの異なる討論授業の報告を、必要な改訂を加えた上で再録した次第です。

第2節「近世アイヌの実像に迫る－高校・日本史の授業づくりと学力－」は前田賢次・荒井眞一編『学力と教育課程の創造－社会認識を育てる教育実践とその歩み』(同時代社、2013年)に載せた実践報告です。私にとって3校目の勤務校である千葉県立千城台高校における2008年度の実践ですが、同じ教材・授業構成で実践した前任の津田沼高校での1993年度の報告を『考える日本史授業 2』に、1998年度のものを『考える日本史授業 3』に載せています。

教材・授業構成が同じである以上、生徒の反応に共通な点もありますが、討論授業は生徒の個性・主体性に依拠した授業形態です。学校はもちろん、年度やクラスによって討論の具体的内容や争点は異なります。結果、その討論から生徒が主になにを学び、各自の歴史認識や歴史意識をいかに深化・発展させていったのかもそれぞれです。

1993年度の授業では、教材の絵画史料(「夷酋列像(いしゅうれつぞう)」)に込められた差別的なアイヌ観とそれとは真逆の存在として形成された日本人のナショナルアイデンティティーの問題性に気づく生徒が多かったし、1998年度の授業では1人の生徒が提起した疑問(「なぜ画家の蠣崎波響(かきざきはきょう)は、アイヌを右前用の蝦夷錦を左前に着る姿ではなく、左前用のそれを左前に着る姿に描いたのか」)が争点となりました。各自自説の立場からその問いにいかにしたら説得的な解釈が可能かを考えました。本書本章の実践では、波響が描き上げた「夷酋列像」をただちに京都に持参したことの意味が最後の争点となりました。幕府内の蝦夷地幕領化の動きとそれを阻止しようとする松前藩の対立に、尊号(そんごう)一件(いっけん)に象徴される幕朝間の確執が関係したのではないかという説も考え出され、政治史的な観点からの考察がなされました。ぜひ読み比べていただければと思います。

第4節「生徒にとって楽しく学びがいのある授業を―講演記録―』」は、20

07年6月30日に東京学芸大学社会科教育学会で行った講演の記録です。東京学芸大学社会科教育学会編集『学藝社会』第23号（2007年11月）に「模擬授業と私の授業づくり－楽しく学びがいのある授業を」として掲載されたもので、記録を担当していただいた学芸社会係の方々および校正をしていただいた岩淵公輔氏に謝意を表したいと思います。聴衆は主に社会科・地理歴史科・公民科の教師を目指す東京学芸大学の学生・院生です。いかにしたら生徒にとって楽しく、学ぶ価値のある授業をつくることができるかについての私なりの考えを具体的に述べました。その際に紹介した実践は、鎌倉時代の金融業者である借上を描いた2種類の絵画史料を教材にした授業です。この実践については教材論的な観点から分析した論考を『考える日本史授業　4』に載せています。参照していただければと思います。

方形周溝墓に埋葬されたのはだれか
──討論授業事始め──

はじめに──４つのタイプの討論授業

　私が実践してきた討論授業には４つのタイプがある。

【タイプ１】１人の生徒に意見（説）を発表させ、その後その意見への賛否
　　　　　　を問い、賛成ならば理由や付け足しを、反対ならば批判や対案
　　　　　　（異見）を言わせて討論を組織する。
【タイプ２】タイプ１の形態で複数の意見を取り上げて討論を組織する。
【タイプ３】あらかじめ各人に自説を作らせ、同じ意見の者同士で班を編制
　　　　　　させ、班での協議を経て、班対抗の討論を行う。
【タイプ４】座席が近い者同士などで班（もしくはペアー）を編制し、協力
　　　　　　しながら班の意見を作り、他班との討論を行う。

　この４つのタイプを、提起する問題の内容、生徒の反応、進度の状況など
によって使い分けていた。『考える日本史授業　１〜４』（地歴社、1991年、
1995年、2007年、2015年）で実践年度の異なる「加曽利の犬」の討論授業
（コラム１参照）を紹介したが、一番古い（1983年度）『考える日本史授業
４』に載せたものは【タイプ４】だが、他はすべて【タイプ３】である。第
２節の「近世アイヌの実像に迫る－高校・日本史の授業づくりと学力－」、
第３節の「民権家桜井静の憲法草案を支持したのはだれか」の討論授業は
【タイプ２】に相当する。【タイプ４】は『考える日本史授業　４』（地歴社、
2015年）に掲載した私の「年間授業計画」の第15単元「『一遍上人絵伝』か
ら中世を考える」や第25単元「日本橋の賑わいに近世の幕開けを探る」など
もそうで、第15単元は『考える日本史授業　１』と『考える日本史授業　２』
に、第25単元も『考える日本史授業　２』で実践を紹介している。
　もっとも簡便なのは【タイプ１】で、賛否を述べる生徒の人数にもよるが
問題提起を含めて１〜２時間で済ますことも可能である。討論に生徒が慣れ
ていない学年はじめの時期には特に有効な方法である。ということは、討論

を組織し、進行する教師にとっても比較的取り組みやすいタイプで、これから討論を自分の授業に導入しようと考えている「討論授業初心者」は、このタイプから始めるとよいと思われる。

1.【タイプ1】の討論授業「方形周溝墓に埋葬されたのはだれか」

　私の弥生時代の授業は、千葉市に存在する弥生時代の集落遺跡の分布図から、その立地や時期についての特徴を読み取り、なぜそのような特徴が現れたのかを、具体的な遺跡のようすや遺物から考えるというものである（「人々はいかにして米作りを始めたか－地域教材を用いた弥生文化－」『新しい日本史の授業－地域・民衆からみた歴史像－』山川出版社、1992年）。そして最後に下の図を配布しながら、次のような発問をする。

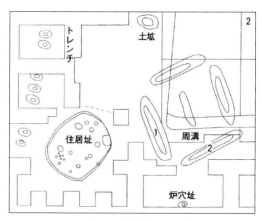

星久喜遺跡の方形周溝墓

　『星久喜遺跡は弥生時代の集落遺跡だ。そこからこんな遺構が発掘された。これは一体なにかな』
　「トイレ」や「舞台」といった答えが返ってくるが、副教材として全員が持っている図説に似た遺構の写真を見つけた生徒から、正解が出る。
　『そうだ、これは方形周溝墓といって、弥生時代独特の墓なんだけど、この時代の人全員がこんな立派な墓に埋葬されたわけじゃないよ。図にも土坑ってあるだろう。単なる穴なんだけど、一般の人は縄文時代同様こっちに埋められていたわけだ。じゃ、弥生時代になって方形周溝墓なんていう特別な墓に埋葬されるようになったのはどんな人だと思う』
　この問いが今回のMQ（メインクエッション）、つまり討論テーマである。

多くの生徒は、この時代の死者は縄文時代同様みな普通に土葬されていると思っている。弥生時代のマウンドをもつ墓の出現は意外な事実にほかならない。これまでの授業で獲得した弥生時代についての知識やイメージなどを動員して、生徒はこの問いに対する答えを考えていく。そこにはそれぞれの生徒の弥生時代像が表れるのである。討論はそれをクラス全員で吟味し発展させる機会を果たす。

　MQを提起する際に注意しなければならないことは、問いを知るとただちに反応して自分の答えを言おうとする生徒がいることである。なかには教師の指名を待たずに発言しはじめる生徒もいる。その積極性や自発性は尊重すべきであり、授業が停滞している状況でのそのような生徒の言動が活路を開く起爆剤的な役割を果たしてくれることがあり、教師にとってもありがたいのだが、だからといって、そのまま討論を始めてしまうと、どうしても一部の発言力や学力のある生徒間の議論に終始してしまい、他の生徒は単なる「観客」になってしまう。そうなってしまっては折角の問題提起がクラス全員のものにならない。まずは、生徒一人ひとりに自分の答えを考えさせることが大切である。そしてそれを文章化させノートやワークシートに書かせることである。そうすることで、生徒は、自分がなにを論拠にどんな論理でいかなる結論を出したかを確認することができる。そのことが実際の討論で彼らの発言を論旨明確でわかりやすいものにしていくのである。

　また、討論が終了したら、最終的に自分が持つに至った意見を併記させることも有効である。最初のものと比較することで生徒は自分の意見が討論を通じていかに深化・発展したかを確認することができるし、どうしてそれができたのかの分析も可能になる。そのことが彼らの歴史認識の能力を向上させることになる。むろん、このことは他のタイプの討論でも同様である。

２.村の長老か戦死者か

　生徒が自分の意見をノートなどに書いている間、私は机間巡視をする。論旨と論拠が明確で代表的な生徒の答えを探すためである。クラスの座席表をコピーしてそこにメモを記入していく。そして、そのうちの１人を指名して意見を発表させることから討論がスタートする。

　「村の長老というか、リーダーの墓じゃないか。弥生時代の星久喜村は都川がつくった自然の川原に水田を造って生活していた。農業を始めて人びとの暮らしは豊かになった。だから自分たちに稲作を指導してくれた人にみん

なは感謝の気持ちを込めて特別な墓を造ったんじゃないか」（吉田）

　生徒の発言は、たとえノートなどに書いた自分の意見でも、言いよどんだり、錯綜したりして明瞭でない場合がある。したがって、教師による整理や補足的な助言がどうしても必要である。教師は、発言者はなにを論拠にどんな論理でいかなる主張をしたかを、クラス全員が理解できるように発言の趣旨を要約してリピートする。同時に、発言者の名前と趣旨を板書してゆく。

【板書】

吉田（村の長老＝リーダー説）
・稲作を指導してくれた。
・村の暮らしが豊かに→感謝の気持ちで特別な墓を。

『この吉田説に賛成ならば理由か付け足しを、反対ならば批判か対案を示しなさい』

「賛成。当時の農業は天候や気温に左右されることが多かったと思うから、そういう人はまじないや占いをする神官や巫女のような役割もしていて、そのおかげで雨が降ったとか、台風の直前に稲刈りができたとかいうようなことがあって、みんなに感謝されていたんじゃないか」（田中）

「賛成。この時代は村単位で農耕を行い、収穫も村で分配していたので、人びとをまとめたり、みんなが平等になるように話し合いをする時、中心になる人が必要だったに違いない。公正で威厳があって、みんなから純粋に尊敬されていたから、特別なお墓が造られた」（三村）

　賛成が続く。むろん偶然ではなく、座席表のメモにもとづいて賛成するであろうと思われる生徒を指名していくのである。語られる理由の部分は各自の弥生時代認識が、この時代に現れた特別な墓はどんな人のものかという観点から総括されたものであり、それらが積み重ねられることによって吉田が提起した「村の長老＝リーダー説」は豊かな内実をもつ歴史像として発展していったのである。

　板書はさきほどのつづきに賛成者の名前と理由を書き添えていく。そうすることで可視的にも賛成者を得て「村の長老＝リーダー説」が発展していることがわかるようになる。

　しかし、賛成者ばかりでは討論にならない。ある程度のところで反対意見

を募る。自主的に挙手する者がいなければ教師が座席表のメモをもとに指名する。

「僕は違うと思う。普通のリーダーってだけではこんな大きな墓は造れない。そうじゃなくて、農業が始まると土地や水をめぐって村同士の戦いも起こるし、高床倉庫の中の米をねらって外敵も襲ってくる。そのために村を守って戦死した人の墓じゃないかと思う」（村岡）

「戦死者説」の登場である。板書は次のようになる。

【板書】

吉田（村の長老＝リーダー説）
・稲作を指導してくれた。
・村の暮らしが豊かに→感謝の気持ちで特別な墓を。

田中
・神官や巫女のような役割もしていて、みんなに感謝されていた。

三村
・人びとをまとめたり、みんなが平等になるように話し合いの中心になる人。
・公正で威厳があって、みんなから尊敬されていた。

　　ＶＳ

村岡（戦死者説）
・土地や水をめぐっての戦いが起き、米をねらって外敵も襲ってくる。村を守って戦死した人の墓。

対立する説の登場は生徒の思考を刺激する。どちらが歴史の現実に近いのか。それを決するのは事実にもとづく検証である。『どちらが正しいと思う。教科書や図説になにか決め手になるようなことは載っていないかな』といった呼びかけが生徒の次の発見を生む。

「図説に吉野ヶ里遺跡の首のない人骨や深い溝の写真が出てるけど、この時代は戦いがさかんに行われたことが分かる。戦いに負ければ村は滅んじゃ

うわけだから、村のために戦死した人は特別扱いされたと思う」（松尾）

　戦死者説があらたに論拠、つまり歴史的事実の裏付けを得て実証性を増進させたといえよう。しかし、今までと違い、この問題について決め手になるような事実はないかという観点で図説を見始めた生徒は、この新たな説も検証の対象にしていった。

　『今の意見に批判のある人はいませんか』

　「さっき吉野ヶ里遺跡の首のない人骨のことが出たけど、でも、この人はみんなと同じ甕棺に入れられていて土の中に埋葬されているわけで、特別扱いされていない」（小林）

　「吉野ヶ里でも、普通の甕棺じゃない特別な墳丘墓があったって図説に出てるけど、ここにはやっぱり甕棺に入れられた一般の兵士とは違う、村長みたいな人が埋葬されたんだと思う。で、確かにこの時代は戦争が激化した時代だから、村長の仕事の重要な１つに戦いの時の指揮みたいなことも含まれていたと思う」（佐藤）

　歴史認識が科学的かどうかは、まずなによりも、その認識がどれほど確かな事実にもとづいて構成されているかどうかで決まる。これまでは、どちらかというと、各自の弥生時代像のなかで方形周溝墓に埋葬された人物として適当なイメージを語っていたにすぎなかった生徒たちだが、対立する説の比較検討は彼らに事実にもとづく検証を余儀なくさせるわけで、彼らの認識は実証性を得て科学的なものへ進化していった。そして、対立する説に対しても全面的に否定するわけではなく、その説の根底にある、この問題をいかに捉えるかといった基本的な姿勢や視点から自説をとらえ直し、とり入れるべきものを補強するという思考も行っているのである。最後の佐藤の発言はそのことを示している。

３. 仮説を証明する命題を考える――弥生時代は階級社会か

　ここまで進むと、自発的に挙手して発言を申し出る者が出てくる。

　「ぼくは戦死者でも、村長みたいなみんなのリーダーでもないと思う。というのは、農業が始まると余剰生産物が出現し、豊かな支配者と貧しい一般の人びととの差が大きくなる。すると、支配者はその富と権力を使って自分のために特別に大きくて立派な墓を人びとに造らせるようになったんだと思う」（古川）

　エジプトのファラオ権力の成立とピラミッドの造営などを引き合いに出し

ながらの説明が続く。全員が去年世界史で学習した事実であり、多くの生徒が頷きながら聞いていた。

『さぁ、いままでとは違う支配者の墓説の登場だね。どう思う』

「支配者の墓説に賛成。教科書にも『生産力が高まり余剰生産物が蓄積されるようになって、豊富な富を私有する首長があらわれた』ってある。富と権力をもった人間は必ずそれを人に見せつけるために大きな墓を造る。ピラミッドもそうだけど、中国じゃ秦の始皇帝の墓もそうだった。日本では古墳が造られる。弥生時代の村に造られた方形周溝墓はその始まりだと思う」（市川）

「でも、教科書はその少し前のところで『集団の首長は、農耕儀礼に関するさまざまな呪術をつかさどるいっぽう、共同作業の指揮や他集団との交渉などにあたった』ってあるから、まだ、みんなの代表って感じの指導者で、自分のために私的に村の人を働かせるなんてしていなかったんじゃないかな」（山田）

この両者の対立は弥生時代を階級社会とみなすかどうかという歴史学上の争点そのものである。このままでは議論は平行線のまま終わってしまう。そこで、次のような指示を与え、考えさせた。

『さて、どちらが正しいのだろうか。問題となっている被葬者の性格は方形周溝墓の何がわかればわかるのかな。方形周溝墓について、（A）が（B）ならば村のリーダー説が正しい、ないしは有力。（C）ならば支配者説が正しい、ないしは有力っていえるような（A）（B）（C）を考えて、各自のノートに書いてごらん』

つまり、出された2つの仮説に対して、それが正しいことを証明するための命題を考えさせるのである。しばらく時間を与えてから発表させていく。そして命題として成立するかどうかをクラス全体で検討していくのだが、結果、次の2つが認められた。

・（A）は副葬品、（B）は貧弱、（C）は豊富ないしは立派。
・（A）は造営された時期、（B）は被葬者の死後、（C）は被葬者の生前。

前者は被葬者の富と権力は副葬品に反映すると生徒は考えたのであり、後者は被葬者が階級的支配者ではなくリーダー的首長だったならば、生前の業績に対して人びとが感謝の気持ちで自主的にその人のための特別な墓を造営

するのであるから、当然それは被葬者の死後のこととなる。富と権力で人びとに造らせた支配者ならば、それは生前でなければならないと生徒は考えたのである。はたして事実はいかに。

　その事実の探究まで生徒に宿題やレポートとして課すことも可能ではあるが、そうすれば結果がでるまで、この討論は中断してしまう。4月の段階での授業である。なるべくスムーズに授業を進行させて歴史の授業で討論することの面白さと意義を確認させたい。そして、対立する2つの説のまさしく争点になった事実を明らかにし、その事実を踏まえて各自の弥生時代認識の深化・発展をはかりたい。そこで教師の手によってその事実の提示を行うこととした。

　次の時間、資料を配布した。山岸良二著『考古学ライブラリー　8　方形周溝墓』（ニューサイエンス社、1981年）の出土遺物に関する部分の要約である。そして、後者の命題については、教科書に史料として掲載されている『「魏志」倭人伝』を読み合わせた。ここにその答えがあると思うところにサイドラインを引くよう指示したが、多くの生徒が「卑弥呼以て死す。大いに家を作る。径百余歩、徇葬する者、奴婢百余人」の部分にラインを引いた。卑弥呼の墓は彼女の死後造られたのだった。

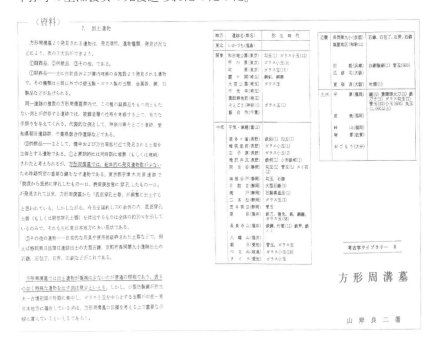

4.「日本史通信」に生徒の意見を載せる

　授業は以上だが、全員に討論の結果を踏まえて、この問題についての現在の自分の考えを書くことを宿題とした。提出させて、優秀なものや代表的なものを「日本史通信」に掲載する。そして、そこで新たな争点が浮上すれば、以後は紙上討論という形で論争を継続することができる。大切なことは、生徒自身が自分の認識を自分の納得がゆく形で深化発展させることで、多数決的な安易な決着や『正解はこれです』といったような教師による結論の押し付けは厳に避けなければならない。

> 【生徒の意見】
>
> 　ぼくははじめ権力者の墓だと思っていました。しかし、この副葬品の少なさや、あってもガラス玉数個というのでは、とても富と権力の持ち主とは言えない。それに、弥生も終わりに近い時代の、しかもその時代では最高の地位にいた卑弥呼さえ、ピラミッドみたいに生きている間に富と権力を使って自分の墓を造らせたんじゃなく、死後に造ってもらってたって事実は、もう決定的といっていいでしょう。おそらく吉田さんたちが言うように指導者たちだったんでしょうね。しかも、少ない副葬品に鏡とかガラス玉なんていうのがあるのは、なんか呪術や占いをする宗教的な指導者って感じがする。
>
> 　そういえば、ヒミコって名前もソレらしいですよね。でも、そのヒミコの墓に100人以上の男女が殉葬されたのはどうしてだろう。偉大な呪術者への捧げ物のつもりだろうけど、たぶんこんな風に宗教をテコに、多くの人の命までも特定の人のために奪われてしまうという、権力者のいる社会がうまれてくるんですね。

　日本史通信に載せた代表的な生徒の意見である。この生徒は示された事実を踏まえ、これまでの自説を乗り越えてより高次元の認識を創造していった。それはこの討論授業が実現したものである。生徒に自由に歴史を考えさせ、それをクラス全員で吟味し、確認し、探究するという討論授業は彼らの歴史認識をここまで発達させることが出来るのである。なお、発掘の結果によれば古墳などに多数の殉葬者が存在したことは確認されていないと次の古墳時代の授業で私から知らせた。生徒は史料に書かれていても、必ずしも事実と

は言えず、史料批判が必要なことを学んでいったのである。

まとめ──【タイプ１】の討論授業の方法

　私が実践してきた討論授業には４つのタイプがある。１人の意見に賛否を問い、討論を組織する【タイプ１】、複数の意見についてそれを行う【タイプ２】、同じ意見の者同士で班を編制して討論する【タイプ３】、座席が近い者同士などで班をつくって討論する【タイプ４】である。

　【タイプ１】では、問題を提起したら、各自に自分の意見をノートなどに書かせる。そのうちの論旨と論拠が明確なものを発表させる。

　発表された意見に対する賛否を問い、順次発表させる。生徒の発言は板書しながら教師が要約する。

　出された仮説に対して、それが正しいかどうか検証するための命題を考えさせ、資（史）料にもとづき検証させる。

　授業終了後、生徒に討論の内容を踏まえて現在の自分の意見をまとめさせる。そして、代表的な意見を「日本史通信」に載せる。

近世アイヌの実像に迫る
——高校・日本史の授業づくりと学力——

はじめに——歴史をなんのために学ぶのか

「昔のことなんてどうだっていいじゃん。そんなこと習ったって意味ない
し」

これは、歴史の授業が終わった直後の教室でよく聞かれる生徒の声である。
教師に聞こえよがしに言うこともあるが、たいていは友達同士のつぶやきで
終わってしまう。したがって、教師がまともに受け答えすることは希だし、
授業で正式なテーマとして話し合われることもない。しかし、生徒が本音と
して持っている歴史の学習（授業）への疑問をこれほど素直に表している言
葉はない。

まじめに授業に取り組んでいる生徒の多くも、口には出さないが、実は同
様の疑問をもっている。ただ。授業は静かに先生の話を聞き、板書は正確に
ノートするものであり、試験前にはそれらをもとに歴史の流れを理解して暗
記すべきものという、長年培われた授業観が、そのような根本的な疑問を自
己のなかで封印して、文字通り「勉め強いる」ものとしての勉強に自らを駆
り立てているのである。そして、進級のための単位の修得や進学のための入
試の合格が目指されるのである。むろん、なかには歴史が好きと公言して、
毎時間の授業を楽しみにしている生徒もいる。以前からいたオタクたちに加
えて、ちかごろでは戦国の武将や幕末の志士たちのファンだと称する「歴
女」たちも増えている。ただ、彼らだとて先の疑問に自分なりの答えを持っ
ているわけではない。

歴史を自分はなんのために学ぶのかという学習の目的が確認されたり、生
徒が自らの思想（社会観や世界観など）や生活に照らしてそれを問い返した
りすることのないまま、授業としての歴史は進行していると言うのが、現在
の日本の歴史教育の一般的な姿ではないだろうか。目的の明確化や個性化・
内面化がなされないため、学力は試験のための知識や解答制作のための技術
に収斂して、社会性をもたない。そのような歴史学習に意味を見いだせない

生徒の多くが歴史を学ぶ意欲を失っていくのである。

　では、どうすればいいのか。学習指導要領にある文言（「社会的事象の歴史的な見方・考え方を働かせ、課題を追究したり解決したりする活動を通して、広い視野に立ち、グローバル化する国際社会に主体的に生きる平和で民主的な国家及び社会の有為な形成者に必要な公民としての資質・能力を次のとおり育成することを目指す」、高等学校学習指導要領　日本史探究　1目標の前半）や、それにもとづく教科書の巻頭言を素材に、教師が一方的に歴史を学ぶことの意義を解説しても、それで先の疑問に生徒が納得できる答えを持つようになるとは限らない。要は生徒自身がその意義に気づく授業を体験させることである。

1.肖像画の中のアイヌたちはなぜ蝦夷錦を着ているのか

> 　アイヌを遅れた野蛮人ってしたのは、支配や差別をされても当然ってするためだった。
> 　私のアイヌに対する考え方が大きく変わりました。北海道のすみっこで自然とともにといえばかっこいいけど、やっぱり遅れた狩猟民ってイメージでした。ごめんなさい。でも、違っていたんですね。そりゃ、狩猟もしていたけど、ラッコの毛皮なんかを元手に中国からはきれいな絹の着物を手に入れ、それを日本人＝和人には蝦夷錦だって売って、ロシア人にもラッコを売って温かそうなコートやブーツを手に入れていた。国際的な貿易商だったんですね。なのにあんなウソの絵を描かれて、いかにも遅れた野蛮人ってされて、だから、どんなに醜い支配や差別をされても当然だってされて……。授業で桃太郎の話みたいだって意見が出たじゃないですか。本当にそうだって思いました。
> 　でも、ほかにも同じようなことないかなぁ。本当は違うのにあいつらは遅れた野蛮人だってイメージを植え付けて、だから、優秀な自分たちに支配されたり、従うのは当然だみたいなのって。2年生の時にやった明治以後の朝鮮人や中国人への日本人の気持ちなんかそうだった気がするけど、もしかしたら、今でもアフリカや南米なんかの人たちに対して、そんな気持ちがあるような気がするのは私だけ？　ちゃんと相手を見る目と認める心が大切なんですよね。

私の授業では、江戸時代の後半に日本人のナショナルアイデンティティーがどのようにして形成されたのか、つまり、日本人意識の歴史性を生徒に考えさせている。この文章は、単元終了時に生徒が書いたものであるが、アイヌを「遅れた野蛮人」とみなす偏見が、本土系日本人（和人）によるアイヌに対する支配や収奪、差別を正当化するイデオロギーとして作り出され、機能したとしている。そして、その、自分たちを文明の段階にある進んだ民族とし、アイヌのような野蛮な民族を文明に先導するなら植民地的な支配を

屈撓夫律　總部酋長　ツキノエ像（図1）

してもかまわないという意識が、近代になって日本人が帝国主義国家の国民となっていく自意識の源泉になったとするのである。

　人々を民族という概念と単位で区別し、文明と野蛮という座標軸に位置づける帝国主義的な世界観や民族意識の歴史性と問題性をこの生徒は気づいたのである。だからこそ、今の自分たちの世界観や民族意識にもその影響ないしは残滓があるのではないかと点検し、反省しているのである。

　この生徒にとって、今回の単元で学んだ歴史は、確かに過去のことだが、今を生きる自分と繋がっていて、未来を創る自分にとって意味のある歴史だったのである。では、いかなる授業が生徒にとってこのような意味ある歴史学習を実現したのか。

　私の年間授業計画（『考える日本史授業　4』〔地歴社、2015年〕掲載）では全体36の単元（テーマ）で日本史の原始・古代から近現代までを学習することとしていた。この授業はその内の第26単元「肖像画の中のアイヌたちはなぜ蝦夷錦を着ているのか」である。

　授業は1枚の肖像画から始まる。1790年に蠣崎波響によって描かれたアイヌ12人の肖像画集『夷酋列像』の中の1枚、クナシリを本拠地とするツキノエ像（図1）である。

　『この絵は1790年というから、江戸時代の後半に日本人である画家が日本の国内で実際にモデルとなった人を見た上で描いた肖像画です。前に授業で

「江戸図屏風」の日本橋付近に描かれた多くの江戸時代の人たちの姿を見たよね。比べてみて、「違うなぁ、変わっているなぁ」と思うところをなるべく多く見つけてごらん』

　この呼びかけ（発問①）に応じて、生徒は隣の席同士で協力しながら、答えを見つけていく。

　「まげがない」、「すごいひげ」、「ピアスしている」、「眉毛がつながっている」、「コートを着て、ブーツをはいている」、「竜の模様の中国服」、「目がこわい」、「襟が逆。これじゃ、死人と同じ」

　コートとブーツはロシア製であり、雲竜紋の錦織は5本の爪の竜が刺繍されており、中国でも最高級であること、また、このような目つきを三白眼といい、このような裕（あわせ）を左前ということなどを生徒と確認しながら、次の発問②につなげる。

　『この人物はいったいなに人だと思いますか』

　「外国人みたいだから、長崎にいたオランダ人」

　「ロシアのコートやブーツをもっているからロシア人」

　「皇帝も着るような雲竜紋の錦織を着ているから中国人」

　「寒いところの人みたいだからアイヌの人」

　「教科書に出てる琉球使節の服と似ているから琉球の人かも」

　発問①で発見したさまざまな事実を、各自がもっている江戸時代の対外関係や外国人・民族についての知識や常識と結びつけて答えを予想しているのであり、生徒の既有の江戸時代像や民族についてのイメージがここでは表されている。正解は、次のようなヒントから明らかになる。まずは、画家の蠣崎波響が、今の北海道に唯一置かれていた松前藩の家老であること、ついで、ここまで付箋で隠しておいたが、画面に「屈捫失律　總部菴長　貲吉諾謁」とあり、貲吉諾謁はツキノエと読み、屈捫失律が万葉仮名風にクナシリと読めることなどである。

　正解がアイヌと知って生徒の意外感は大きい。

　「まさか、アイヌがロシア製のコートやブーツをもち、最高級の雲竜紋の錦織を着ているなんて」というわけである。当然生徒はどうやって江戸時代のアイヌがそれらの品を入手したかが知りたくなる。アイヌと言いあてた生徒も、それは同様である。

　『では、彼の着ている雲竜紋の錦織だが、中国の江南地方でつくられたんだが、どんなルートでクナシリにいるツキノエのもとにもたらされたんだろ

う。そのルートを各自考えてみよう』（発問③）

「長崎ルート。江戸時代は鎖国していたから、どこでも勝手に貿易はできなかったはず。長崎はオランダだけじゃなくて、中国からも唐人屋敷に商人が来ていたから」

「朝鮮・対馬ルート。当時、朝鮮は中国と交流があったし、その朝鮮と対馬の宗氏を通じて正式の貿易をしていたから」

「琉球ルート。江戸時代になって琉球は薩摩藩の支配下になったけど、中国との朝貢貿易は続いていたから」

「サハリンルート。鎖国していたから、日本国内は通らない。海を渡る距離が短い」

「カムチャツカルート。ロシアンコートやブーツと一緒に入ってきた」

多数派は長崎ルートである。江戸時代といえば、鎖国と長崎貿易のイメージがいかに強いかを示している。

正解はサハリンルートであるが、ここでも正解を直に言うのではなく、ヒントから探らせていく。まずは歌川豊国の描いた浮世絵「松本幸四郎」（図２）を提示して、江戸の歌舞伎役者もクナシリのツキノエ同様に雲竜紋の錦織を着ていること。そして、江戸ではその雲竜紋の錦織を蝦夷錦（蝦夷地からもたらされた錦）とよばれていたこと。だが、蝦夷地では、その錦織を女
直
錦ないしは山丹錦と呼んでいたこと、女直や山丹とは、サハリンの対岸

**蝦夷錦を着て見栄を切っている
松本幸四郎（図２）**

である沿海州にいた狩猟民族のこと、などである。清王朝が黒竜江河口のデレンに仮府を設け、ニブヒなどの狩猟民に毛皮を「貢納」させ、雲竜紋の錦織を「下賜」していた。それをアイヌたちが本州から入手していた鉄鍋や漆器類などと交換して得ていたのである。

また、カムチャツカルートはこの問題の答えとしては間違いだが、この時代にロシアの毛皮商人がさかんにラッコの毛皮を求めてカムチャツカ半島から千島列島を南下し、ラッコの生息地として有名なウルップ島へ進出しようとしていた。ウルップ島はクナシリを本拠地とするツキノエの勢力圏にある。彼のロシアンコートやブーツは、ラッコの毛皮との

交換、ないしは狩猟の許可の代償としてロ
シア人から得たものと考えられる。つまり、『夷酋列像』に描かれたツキノエの姿は、当時盛んであった北方の国際貿易ルート（北のシルクロードとも言われる）の主要な担い手だったアイヌの姿を描いたものだったのである。

北方探検（図３）

（『新詳日本史』浜島書店）

２．『夷酋列像』に描き込まれたウソ

　『夷酋列像』の教材開発は千葉県の高校教員である楳澤和夫氏が先鞭をつけ、実践報告も発表した（楳澤和夫『絵画・写真・地図を使って討論を』日本書籍、2000年）。ここまでの私の実践は楳澤実践を参考にした追試にあたる。ただし、以下の部分は、実践していくなかで、生徒が発見したいくつかの事実をもとに発問や授業の構成を変更した。当初の予定では、次の発問④は、ツキノエ像以外の『夷酋列像』11枚も提示して、その大半が雲竜紋の錦織、つまり蝦夷錦を着た姿で描かれていることを確認し、『蠣崎波響が12人のアイヌの首長をこの

ような肖像画に描いた理由ないしは目的は何だったのか』であった。しかし、それは生徒の次の発言で撤回を余儀なくされたのである。

　「よくわかんないですけど、アイヌの首長って本当にこんなすごい顔してたんですか。だって、三白眼だっけ、黒目がつりあがっているの。それってツキノエだけかと思ったら、12人全員が、女の人（図４）までそうなっている。１人や２人がそういう目だったって言うならわかるけど、全員がそんな目をしてるなんて、絶対ないと思う」

チキリアシカイ（図４）

もうかなり前のことだが、この授業のことは鮮明に覚えている。『夷酋列像』の拡大カラーコピーを磁石で黒板全体に貼って、先の発問④を生徒に考えさせていた。しかし、しばらくして、最前列の生徒が私に話しかけてきたのである。先の発言がその内容である。

1877年頃撮影された
アイヌの長老（図５）

　この絵はアイヌの首長たちの姿を本当にリアルに描いているのか。もしそうなら、全員が三白眼などと言うことはありえない。この絵には画家である蠣崎波響によって作為的なウソが描き込まれているのではないかと言うのである。

　生徒は『夷酋列像』への史料批判の必要性をうったえてきたのである。さっそく検証してみると、たとえば1877年ころに撮影されたアイヌの長老（図５）は三白眼などではなく、穏やかで優しい目つきをしている。

　次の時間にこのことを生徒に確認させると、他にもウソがあると言う生徒が現れた。

　「襟の袷せ方だけど、写真のアイヌ（図５）は右前にしている」

　「中国の皇帝も着るような高級品なんだから、もともとは右前用に作られているんじゃないですか。『世界史』の図説に載っている清の乾隆帝のものだって右前用です。でも、この絵の蝦夷錦は全部左前用ですよ」

　「だから、この絵を描いた蠣崎波響さんが、アイヌの首長たちは本当は右前用の蝦夷錦を着ているのに、わざわざ逆の左前の蝦夷錦に描きかえたってことでしょう」

　『夷酋列像』にウソが描かれているのは確実となった。となれば『夷酋列像』がアイヌの首長たちの姿をリアルに描いていることを前提とした先の発問④は、歴史の真実を探究するための観点としても、生徒の探究したいと思う意欲を喚起する発問としても意味をなさなくなってしまったのである。新たな発問④は次のようなものに変更することとなった。

【問題】
　1789年に起きたクナシリ・メナシの戦いの翌年に、松前藩側に味方し

たアイヌの首長の姿を、松前藩の家老であった蠣崎波響が描き、ただち
に京都に持参して、時の光格天皇や公家に見せ、江戸に行って大名たち
に閲覧させた後に、幕府に献上した。クナシリの首長ツキノエをはじめ
12人の肖像画『夷酋列像』がそれだが、これらの絵には実際のアイヌの
姿（明治初期のアイヌの長老の写真）と比較すると三白眼や左前の蝦夷
錦を着た姿など、作為的なウソが描き込まれていることがわかる。

　いったいなぜ波響はアイヌの首長たちを描くのにこのようなウソを描
き込んだのか。その最も重要と思う理由を記述しなさい。その際に教科
書P142、図説P152〜3、176〜7、これまで授業で配布された資料などを参
考にして、なるべく多くの確かな事実をもとに論理的に説明しなさい。

　この問題を解明するためには、この絵が描かれた前年、つまり1789年に起
きたクナシリ・メナシの戦いとされる事件が重要である。生徒には次のよう
な資料を配付して、全員で読み合わせた上で、新たな発問④への回答をレポ
ートとして提出することを求めた。

【資料】クナシリ・メナシ（根室付近）の戦いについて
① 　これらの場所を請け負った飛騨屋久兵衛に雇われた、主に東北地方出
　身の日本人出稼ぎ者による劣悪な差別と横暴に苦しんだアイヌが決起
　し、出稼ぎ者や飛騨屋の船頭・水手（船乗り）70人と松前藩の足軽1人
　を含む71人を殺害した。
② 　松前藩は260人の部隊を派遣したが、
　直接鎮圧するのではなく、クナシリのツ
　キノエ（図1）、ノカマップのションコ
　（図6）、アッケシのイコトイ（図7）
　ら有力アイヌ首長に依頼して、決起した
　アイヌを説得し、投降させた。しかし、
　松前藩はその内の37人を首謀者として、
　牢に鉄砲を撃ち込むなどして処刑した。
　そのなかにはツキノエの息子もいた。そ
　して、松前藩に協力したアイヌ首長たち
　（味方アイヌ）が処刑者の首と共に松前
　に連行され、松前藩への忠誠の証しとし

ションコ（図6）

て藩主に御目見得（謁見）させられた。『夷酋列像』が描かれたのは、その時のことである。

③ 戦いの原因となった日本人出稼ぎ者による差別と横暴とは、まず、雪の季節まで鱒や鮭を原料とした魚肥の生産に低賃金（乙名級のアイヌでも８升入りの米１俵・煙草１把）で働かせて、アイヌには冬越しのための鮭の準備もさせなかった。働きの悪いアイヌは絞め殺すとか、煮殺すとか、毒殺するなどと幕府や松前藩の権力を嵩にきて脅し、アイヌの女性をたとえ既婚者でも強奪するなどといっ

イコトイ（図７）

たことで、その結果、アイヌの社会は著しく疲弊・破壊され、アイヌの怒りをかっていた。

④ 幕府は田沼政治の時代から経済的収益の高い蝦夷地の支配を松前藩から回収しようとしていた。また、千島列島からロシアの接近も頻繁になるにつれ、幕府はその力が蝦夷地に波及するのを防ぐために、蝦夷地を幕領化しようとする姿勢をつよめていった。そんななかで起きたこの事件は、松前藩にとっては、事件の規模そのものは小さいが、幕府に蝦夷地幕領化の口実を与えかねないと衝撃を与えた。

３．代表意見と討論

　本書12ページに示した討論授業の【タイプ２】（複数の生徒に意見を発表させて、その後にそれぞれの説に賛否を問い、討論を行う）で、次の４つの代表意見をもとに討論を組織した。代表意見は提出されたレポートから、私が選定したもので選定の基準については次節で述べることとする。

【代表意見①】「アイヌの保護が目的」説
　アイヌの長老の写真を見ると、目がとても優しい。怖そうな人には見えない。つまり、ありのまま描くと、アイヌを滅亡させようとしている人に「弱そうだぜ」とか「こいつらなら余裕だろう」などと思われてしまうか

ら、左前＝賎人＝野蛮人！　三白眼＝悪相にして、波響はアイヌを保護し
たかった。だから、わざと怖そうに描いた。クナシリ・メナシの戦いの翌
年、松前藩に味方したアイヌの首長たちを描いたものだから、アイヌの雄
志をたたえ、ぜひ絵に残したいと思った！もしくは、この戦いが起きたと
言う話が広まって、他国が松前や蝦夷地を狙って攻め込まないように「お
れたち松前藩は、こんなに野蛮で危険なやつらと戦った！こいつらは危な
いから近づいてはいけない！」みたいな圧力をかけたかった！内心はやは
りアイヌの保護が目的なのでは？

【代表意見②】「勝者をより勝者に、敗者をより敗者に印象づけるため」説
　作為の理由の１つにアイヌの人々に対する差別があると思う。着物を左
前に着ることは普通と反対で、野蛮人と言う意味があると言うことから、
実際は右前に着ているのに、そう描くのは差別しているからのように思
う。低賃金で働かせて冬越しの準備をさせなかったり、働きの悪いアイヌ
の人たちは殺してしまうと脅したり、既婚者のアイヌの女性でも強奪す
る。それが差別の内容である。この絵はクナシリ・メナシの戦いによって
アイヌが負けた後に描かれている。
　図説の「松前藩主（松前矩広）への謁見の礼（蝦夷国風図絵）」（図８）
では献上品をささげているアイヌの姿が誇張して描かれていると解説され
ているように、もともとは差別されていたのだが、クナシリ・メナシの戦
いに負けてからはより差別されるようになった。戦いに負けたアイヌ人は
野蛮人で差別されている人種と絵を見る人に伝わるように作為を加えて描
かれた。事実を誇張することは、その事実をより際立たせることができ、
勝者をより勝者に、敗者をより敗者にしたて上げることができるため、こ
の絵はこう描かれたんじゃないかと思う。

松前藩主（松前矩広）への謁見の礼（図８）（蝦夷国風図絵。『新詳日本史』浜島書店より）

【代表意見③】「他藩や幕府への威嚇」説
　蝦夷では鮭がたくさんとれる。そしてそこを任されていたのが松前藩の蠣崎さんたち。もちろん、独占したいと思うはず。しかし、幕府や他藩がほっておくはずがない。しかも、クナシリ・メナシの戦いも起こったし、幕府が「そんなとこに任してらんねーよ」とか言って回収しちゃったり、他藩が攻め込んできたらヤベー。そこで、クナシリ・メナシの戦いの後の松前藩主への謁見に際して描かれたのが『夷酋列像』。なぜこの絵に作為があるかは、松前藩や蠣崎がアイヌとの貿易を独占していたいから。そう考えた理由は１つ目にやたら怖さをアピールしているところ、左前＝野蛮人という意味がある。そして三白眼、これは相学では「最悪」。私が言うのもアレですが、人相悪すぎです。街で居合わせたら目あわせられません。これになんの意味があるかというと、幕府や他藩への威嚇です。「え？松前藩はこんな奴ら降伏させたの？下手に手だせないわ！」と思わせるため。謁見の時に蝦夷錦を着るように松前藩から貸したのも、そのため。

【代表意見④】「アイヌ管理は松前藩のままで」説
　松前藩からアイヌとの交易を管理する権利を奪い、幕府の枯渇している財源を賄おうとする。松前藩はもちろん困る。そのために『夷酋列像』を描かせた。この流れから考えれば、松前藩は絵の中に幕府にはアイヌを管理することは不可能ないしはたいへん危険、難しいと感じさせるようにしたかったのではないかと考えた。
(1)全員を三白眼にしたのは、戦国大名のような風格をもつ族長がアイヌにはいるとしたかった。
(2)左前にしたのは、いわば死神と同じような感じをもたせたかった。
(3)狩猟民族のようにしたのは、まだ農業も行っていない古い社会＝低能で粗暴、手が出せないくらいに危ないと思わせようとした。つまり、結局はアイヌを管理できている松前藩にそのままやらせた方が良いと考えさせようとしたのではないだろうか。
(4)ロシア製のコートや蝦夷錦を着た姿で描いたのは、アイヌはロシアや中国と国交を結んでいたのだと思わせたかった。そのために幕府が

蝦夷地を天領とすることは、中国やロシアからの侵攻が発生するのではないかと懸念を生じさせようとしたのだろう。この頃はまだ鎖国の時代、特に海外の国々とは係わりを持たないようにしていたはず。そんな中でわざわざ他国に行動を起こさせる原因を自ら生じさせるのもまずい。だから、幕府としても手を出しずらい。そう思わせようとしたと言うことを考えました。

　【代表意見①】は、論旨に多少の動揺があるが、幕府や他の藩が蝦夷地に侵入しアイヌを支配しようとするのを防ぎ、アイヌを保護しようとして「わざと怖そうに描いた」とする説である。この意見をめぐっての討論は次の通り。

　「賛成。明治初期のアイヌの長老の写真を見て、自分もそう思った」

　「でも、波響がアイヌを保護しようとする目的はなにか」

　「波響は本当にアイヌを良く思っていたのか」

　〔描かれているのはあくまでも松前藩に味方したアイヌだ。その一人ひとりが堂々とした姿で描かれているから、波響が彼らに対して親しみや尊敬心を持ってたのではないかと思う〕

　（代表意見を書いた生徒の反論や回答は〔　〕で示す。以下も同様）

　「そう言うけど、波響はただの画家じゃない。松前藩の藩主の息子で家老をしている。松前藩はアイヌを酷使して莫大な利益を得ていた商人から運上金をとっていた。もし波響がアイヌを良く思っていたら、そんな商人の横暴を止めていたはず」

　「もし、親しみや尊敬心があったら、名前に『殺』なんて字は使わないでしょう」

　最後の生徒の指摘は、『夷酋列像』にはアイヌの首長の名前が画面に書かれているのだが、チョウサマ（図9）やノチクサ（図10）に超殺麻、訥室狐殺といった漢字が宛てられていることを言っているのである。それは、波響がアイヌに対して差別意識を持っていた証拠と言うのである。

チョウサマ（図9）

そして、その差別意識こそが、このような絵を描かせたとするのが【代表意見②】だが、討論は以下のように展開した。

「質問だけど、『勝者をより勝者に、敗者をより敗者にしたて上げる』ってどう言う意味？」

〔いかにも野蛮で賤しい存在としてアイヌを描くことで、そのアイヌに勝利した松前藩を優秀で力強く頼もしい存在だとこの絵を見る人たちに印象づけようとした〕

「この説に付け足し。この時代になると、場所を請け負った商人はひどい支配や収奪をしていた。そして、松前藩はそれを

ノチクサ（図10）

認可することによって莫大な収入を得ていた。写真のアイヌのおじいさんは優しそうだった。実際のアイヌの姿を知ったら、松前藩のやっていることは人間として許されない。だからこそ、この絵のようにアイヌは野蛮で獰猛で鬼のような人たちですってしたんだと思う」

「その話って、桃太郎伝説に似てる。鬼が島がふつうの外国で、そこの鬼たちがふつうの人間なら桃太郎は単なる侵略者。だけど、相手を鬼だと言って、自分の行為を正当化した」

「でも、そんな絵をなんでこの時に波響は描いたの」

【代表意見②】は、付け足しの意見を受けて、アイヌへの支配や差別を正当化するためにことさら差別的な姿にアイヌを描いたとする説に昇華していった。しかし、それでは『夷酋列像』はなぜこの時点で描かれたのか。支配の正当化や差別意識とは別に、波響や松前藩にはこの時点であのような姿のアイヌ像を描かなければならなかった緊急の事情があったのではないか。最後の質問はその点を聞いているのである。

その問題を蝦夷地の幕領化の問題にからめて解いたのが【代表意見③】である。クナシリ・メナシの戦いの資料の④の部分に着目して、松前藩の家老だった波響は蝦夷地の幕領化をなんとか阻止しようとしていたはずであり、そのことと無関係に彼が『夷酋列像』を描いたとは考えられないとするのである。討論では次のような意見がでた。

「この時期は天明の大飢饉の直後で、図説の『幕領の年貢収納高』のグラフでも、年々減っている。幕府の財政は相当に苦しかったはず。いっぽう蝦夷地からは図説に『江差浜の鰊漁』（図11）の絵がでてるけど、〆粕が金肥として上方方面に送られている。だから、ここを手に入れれば相当の収入になる。幕府は蝦夷地を取り上げようと本気になっていたはず。松前藩は大ピンチ！なんとかしなければって、アイヌをこんな風に描いて、幕府にアイヌへの恐怖心を植え付けようとした。納得、と言うか、これしかないでしょう」

「賛成。教科書に蝦夷地産の昆布などが中国向けの輸出品として珍重されていたとあるから、幕府もその利益を松前藩から取り上げたかったはず」

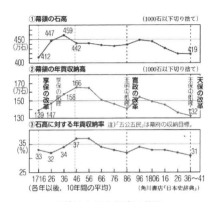

石高と年貢収納高の推移
（『新詳日本史』浜島書店より）

江差浜（北海道）の鰊漁 （図11）
（『新詳日本史』浜島書店より）

「反対。松前藩なんて大名としては最低の1万石しかない。そんな大名に従えられているアイヌなんて、いくら人相が悪くても幕府なら簡単に支配できると思うんじゃないか」

『夷酋列像』が描かれた背景に、蝦夷地の幕領化を阻止しようとする松前藩の意図があったことは多くの生徒の納得を得られたが、そのアイヌ像がいかなる意味において幕領化阻止に有効なのか。幕府に恐怖心を植え付けようとしたとするのはいかにも説得力に欠けるというのが大方の生徒の判断であった。

その点を別の観点から解明しようとしたのが【代表意見④】の(3)と(4)である。(3)は、アイヌを農業を知らない狩猟民と思わせて、その管理は特殊性を要するので慣れた松前藩以外は無理と思わせようとしたとするもので、松前藩の「家業」としての蝦夷地支配を強調しようとしたとする考えである。(4)はアイヌは中国やロシアと国交を結んでいたのだと思わせて、その日本

人化、つまり蝦夷地の幕領化は両国との軋轢を生ずる危険性を察知させよう
としたと言うものである。国交は別としても、蝦夷地を緩衝地域にしようと
した松平定信の蝦夷地非開拓論に近い考え方と言えよう。討論の概要は次の
通りである。

　「(3)に賛成です。イコリカヤニ（図12）
のポーズなんですけど、誰かやってみてく
ださい。ぼくは無理でした。人間はあんな
風に腰を捻れません。だから、これもウソ
です。なんでそんな姿を描きたかって言う
と、背中の矢を入れている箱みたいなもの
と弓、それに2匹の大きな渡り鳥、そして
三白眼を片目だけでも描きたかったからで
す。そうして、アイヌが野蛮な狩猟民だっ
てことをアピールしたかったからだと思い
ます。調べたらアイヌは米じゃないけど農
業も実際はやっていたそうです」
　「アイヌが農業もしていたことは、波響
は松前藩の人なんだから知らないはずがな

イコリカヤニ（図12）

い。なのにそんな風にはぜんぜん描いていない。やっぱりアイヌを野蛮な狩
猟民って思わせたかったからだと思う」
　「(4)について疑問なんですけど、ロシアンコートやブーツ、蝦夷錦を着
ていたとしてもロシア、中国と国交を結んでいたとまで考えるだろうか」
　[蝦夷錦が山丹交易によってもたらされたもので、もともとは狩猟民が清
王朝に服属の証しとして貢納した毛皮の返礼として手に入れたもので、それ
は清の皇帝の家臣であることを示している]
　「鎖国中なのになんで中国やロシアから蝦夷錦やロシアンコート・ブーツ
をツキノエたちが輸入できたのか不思議だったんですけど、そうか、この時
代のアイヌは外国人扱いだったんだって思いました。と言うことは、蝦夷地
を幕府の領地にするって、そこに住むアイヌを日本人にするってことですよ
ね。そんなの嫌だって思わせようとして、こんな絵を松前藩は描かせた。な
んか酷いなぁって思います」
　「幕府の人たちに嫌だって思わせたかったら、直接江戸にこの絵を持って

見せて回ればいいのに、なんでわざわざ遠い京都に先に持って行ったの」

　最後の質問が出されたところで、授業の残り時間がわずかになり、回答を考える時間がなくなってしまった。そこで、この問題について各自自分の考えを期末試験の答案用紙に書くように指示して終業とした。

　答案にはつぎのような回答が書かれていた。

　この時の天皇は、光格天皇です。彼は尊号事件といって、自分の父親を、天皇になっていないのに上皇扱いさせようとして幕府と対立していました。だから、幕府の方針（蝦夷地の天領化）に逆らおうとする波響たちは味方になってくれるかもって思ったんじゃないでしょうか。

　当時の松前藩主であり、蠣崎波響の兄である松前道広は1792年に隠居させられた。それは京の公家たちとも親しく尊号一件（事件）にかかわったためとされる（渡辺京二著『黒船前後』洋泉社、2010年）。その関係を考えると、この生徒の仮説は十分に成立する可能性があると思われる。また、次のような回答もあった。

　天皇や公家たちなら、絶対にアイヌがどんな人たちか知らないはず。だから波響からこんな人たちがアイヌですって見せられたら、あの絵の迫力に押されて、なんじゃこりゃって思うと思う。そして、こんな野蛮で獰猛で鬼みたいな人たちを幕府は日本人にしようとしてますよ。日本人の代表として天皇様、そんなの許せますかって迫れば、天皇は絶対にダメってなると思う。確かに江戸時代の天皇は実際の権力はなかったけど、権威はあった。なにしろ一応、身分的には将軍より上なんだから。その天皇が、天皇だけじゃなくて公家たちも、そして大名たちも多くが反対すれば、とても松前藩だけじゃ、幕府の言うことに逆らえないけど、幕府も無視できないって思ったんじゃないかな。

　どのような人間を日本人とし、どのような人間を日本人でないとするのか、その決定に天皇の権威が重く関わっていた。すくなくともそのような民族意識が当時あったのではないかとするこの生徒の推論は、天皇の存在の歴史的意味を考える時一概に誤りとはいえないのではないだろうか。そのような問題意識をもって今後も歴史を考えていってほしいとコメントして答案を返却

した。

　こうして、この単元の授業は終了したのだが、全体を通じての感想として寄せられたのが23ページの「アイヌを遅れた野蛮人ってしたのは、支配や差別をされても当然ってするためだった……」とする文章である。

4. 日本人のナショナルアイデンティティー（民族意識）の歴史性を問う

　大名が盛んにお抱えの絵師に『夷酋列像』を模写させた。結果、この画像は多くの日本人の目に触れ、その人たちのアイヌ観に影響を与えたと思われる。むろん、アイメを遅れた野蛮な異民族とすることでアイヌへの支配や収奪を正当化しようとしてきた歴史は近世に始まるわけではない。後にアイヌ文化を形成する人々を含め、天皇制支配に服さない北方の人々を蝦夷（えみし）と言う差別的な呼び名で異化し、その人たちが生活している地域への侵略を肯定しようとした古代の律令国家のイデオロギー政策に、その始原を求めることが可能であろう。

　しかし、近世になると、封建国家ではあるが中央集権的性格の強い幕藩制国家が成立した。そして、近年では海禁＝日本型華夷秩序とされるが、外交・貿易の権力による統制強化が進み、併せて国際的に自分たちの身分や文明が他国に比してより上級であることを誇示しようとする権力の意志が鮮明化され、朝鮮通信使や琉球からの使節、オランダ商館のカピタンの江戸へのパレードと言う形でそのことが可視的に示された。そのようなこともあって、列島に住む人々の間で日本人としてのナショナルアイデンティティー（民族意識）が広く庶民にいたるまで形成されはじめた。そのことを横田冬彦氏は「近世の出版文化と〈日本〉」（『歴史の描き方 ① ナショナル・ヒストリーを学び捨てる』東京大学出版会、2006年）で次のように述べている。

> 　1700年前後、元禄・享保期に成立した出版文化は、一定の空間的・時間的・文化的な内実（領域・歴史・伝統）をもつ〈日本という国家〉についての知識や概念、あるいはそこに生まれを同じくする〈日本人〉という意識を、書物と言う媒体を通して、人々の共通認識＝〈常識〉として広く均質に普及させることになった。

　前代の室町時代、人々は中国王朝の鋳造した銭を使い、江南地域伝来の大唐米を食し、将軍は外交上皇帝に臣従し、大内氏のように自らの出自を朝鮮

に求める有力守護大名までいた。そのような室町時代とは比べようもないほど、人々は自分が日本人であることを意識しはじめた。それが江戸時代の特質の１つである。

　むろん、現代日本人のナショナルアイデンティティーは近代以降のさまざまな歴史的経験によって今日の姿に形作られているのだが、その原型はまさにこの時代に獲得されたものが多い。だから、もし近世のこの時点でアイヌにたいする差別的な意識をもたずに、日本人が自らのナショナルアイデンティティーをアイヌと平等で友好的な存在として形成していたら、以後の北海道や沖縄といった国内植民地（の住民）に対してはもちろん、日清戦争以後に獲得した植民地に対する意識も違っていただろうし、その前に、植民地の領有を是とする帝国主義国家の国民としてのナショナルアイデンティティーを日本人は持たなかったであろう。日本人を帝国主義国家の国民にした原点の１つに、近世におけるアイヌにたいする差別的な意識と、それに裏打ちされた日本人としてのナショナルアイデンティティーの形成があったのである。

　今日の日本で高校生として生きている若者は、それらを払拭して、世界のあらゆる国や民族、エスニック集団に属する人々とも平等で友好的な存在として、みずからのナショナルアイデンティティーを確立していかなければならない。そう考えた時、これまでの日本人のナショナルアイデンティティーに差別的なエスノセントリズム（自国・自民族優越主義）が潜んでいる事実と、その原点の１つとなったのが、アイヌへの差別意識に裏打ちされた近世日本人のナショナルアイデンティティー形成であったと言う歴史的真実を認識できたこの授業は、生徒のナショナルアイデンティティーの健全な成長を企図する歴史教育として、価値があったと思うのである。

まとめ──学力論の観点から

　本節の初出は『学力と教育課程の創造－社会認識を育てる教育実践とその歩み』（同時代社、2013年）の第２章「社会科における授業と学力形成」の第３節として発表した実践研究論文である。したがって、これまで報告・分析してきた授業は生徒にどのような学力を獲得させたかと言う観点から実践を総括して、まとめとしたい。

　ただ、学力には周知のように２通りの捉え方がある。１つは学力を学ぶ力として、学習しようとする意欲や習慣、態度のこととする捉え方であり、もう１つは、学んだ力、学習の結果としての能力や知識、技術とするのである。

どちらの捉え方をするかによって学力を論じる位相は異なる。しかし、実態としては、両者は一体不可分のものとして学習者の内部に存在する。学ぼうとする意欲のある学習者が多くの能力や知識などを獲得し、それからまた新たに学習意欲を高めていくのである。

(1)歴史を学ぶ意欲・姿勢を育てる

　まず、この授業が生徒の歴史を学ぼうとする意欲をどれほど高められたかだが、それは、本節の最初に紹介した生徒の歴史学習に対する否定的な疑問（「昔のことなんてどうだっていいじゃん。そんなこと習ったって意味ないし」）にどれほど説得的な解答を各自が持てるようになったかである。もとより、そのことを具体的に確認する術はないのだが、歴史を学ぶ究極の目的が歴史的存在としての自己を分析的に理解することであるとすれば、程度の差はあれ、多くの生徒がそれを体験できたのではないだろうか。

　どういうことかというと、なにより「類的存在」である人間は、いくら自分は個性的で自立した考え・感性の持ち主だと思っていても、その内実は、21世紀にいたる人類史の中で形成された社会観、世界観、政治思想、文化、美意識などに規定されている。歴史的存在としての自己を分析的に理解するとは、それらがどのような経緯で自分にまで到り、どのような契機と関連性をもって自分の内面を形成するに到ったのかを知ることである。そうすることによって、自分がとらわれている様々な意識や規範を相対化し、そこにどのような問題があるかも理解し、それらを克服して自分の生き方の新たな指針を獲得していくことが可能になるのである。

　この授業で生徒は自分のナショナルアイデンティティー（日本人としての民族意識）が、どのような歴史的背景のもとで、いかなる内実をもって形成されたかを捉えていった。そのことは、そのような歴史的規定性を持つがゆえに、帝国主義的でエスノセントリズムやショービニズム（狂信的愛国心）の源泉になりかねない意識・規範から自分の考えや生き方を自由にするという貴重な学習体験を生徒は持ち得たということである。

　歴史を学ぼうとする意欲や姿勢は、こうした学習体験を積み重ねることによって培われるのであり、それは歴史意識の覚醒や成長を促す。歴史意識とは、一義的には歴史に対する興味・関心のことであり、歴史の到達点としての現在を評価する観点や問題意識のことでもある。高い歴史意識の持ち主は、自分の観点や問題意識から現在の日本や世界の様々な状況を批判的に検討・評価して、その民主的で平和的な発展に積極的に寄与する意志を持つ。社会

科教育としての歴史教育が生徒に獲得させるべき学ぶ力としての学力の第1
はそのようなものであろう。

　授業全体を振り返り、「もしかしたら、今でもアフリカや南米なんかの人
たちに対して、そんな気持ちがあるような気がするのは私だけ？ちゃんと相
手を見る目と認める心が大切なんですよね」とする文章を書いた生徒などは、
まさしくそのような学力をこの授業から獲得したといえよう。

(2) 歴史を個性や主体性をもって、実証的・論理的に考える能力を育てる

　次いで、この授業を通じて生徒がどのような能力や知識、技術を獲得した
かだが、まずは歴史を科学的に認識する能力があげられる。それは討論授業
の特性だが、自分の意見を1人でも多くのクラスメイトに理解し支持しても
らうためには、なるべく多くの確かな事実を論拠として提示しなければなら
ず、その説明も飛躍や破綻のない論理的なものでなければならない。そして、
他人の説の受け売りや一般論に終始するのではなく、自分の知識（歴史の知
識とは限らない）や体験、感性、思考力をフルに動員したオリジナリティの
あるものでなければならない。それは批判や質問に説得的な反論・回答をす
るためにも必要である。討論授業ではそのような能力、つまり私が科学的歴
史認識の能力とした、歴史を個性や主体性をもって実証的かつ論理的に考え
る能力を生徒は身につけていくのである。発問④への各自の回答づくり、そ
れに続く4つの代表意見をめぐる討論は具体的にその能力を生徒が発揮しつ
つ高めている過程なのである。

　そして、このような能力を発揮しつつ生徒は多くの知識を獲得し、それら
を構造化して時代像を作成していった。そうして作られた彼らの江戸時代像
は、これまで彼らの中で常識となっていた閉鎖的なイメージの鎖国体制では
なく、アイヌ・松前を通じて北方の交易路からは蝦夷錦などがもたらされ、
琉球・薩摩ルート、朝鮮・対馬ルートからも、長崎を通じてのオランダ・中
国との交易に加えて、多くの外国の文物がもたらされていた国際色豊かなも
のになっていった。その上で、これまで蝦夷地に逼塞させられていたと思っ
ていたアイヌが生き生きと活躍する江戸時代像を各自が持つようになったの
である。

　　中国やロシアとアイヌが貿易してたなんて意外だった。そしてその貿
　易品をまた本州へ輸出していたなんて、すごい。クナシリ・メナシの戦
　いはかわいそうだったけど、結局、松前藩もツキノエたち首長の力に頼

らなきゃ鎮圧できなかったんだから、江戸時代の蝦夷地はやっぱり蝦夷
＝アイヌの土地だったんだ。

上は、授業の感想などを輪番で書かせている「授業ノート」の文章である。
歴史認識の発達とはこうしてなされていくものであろう。

第 3 節

民権家桜井静の憲法草案を支持したのはだれか

はじめに

　複数の代表意見を提示し、どの説を支持するかを生徒に問う。そして、支持する理由や他説への批判・質問を出させて、討論を組織する。12ページで示した【タイプ２】の討論授業だが、私が最も多用していた討論授業がこのタイプである。生徒の多様な歴史に対する考え方や認識を取り上げ、全員でそれらを検討しながら、より優れた歴史認識を生徒が自分たちの力で獲得することが可能な討論授業である。本節で紹介する実践は自由民権運動の地域史料を教材とした単元である。

1. 【タイプ２】の討論授業の利点

　私が班を単位とした討論授業を始めたのは、なんとか生徒全員が参加する討論を組織したかったからである。それまでも、授業で生徒同士が意見を言い合うことがなかったわけではない。しかし、その多くは、一部の学力や意識の高い生徒の間で行われたもので、当人たちにとっては、それなりに貴重な学習の機会となったのだが、大方の生徒にとっては頭の上を言葉が飛び交っていたにすぎなかった。

　なんとか、全員が討論に参加し、自分の意見を述べたり、他人の説を聞いたり、その上で批判－反論の意見交流をさせたかった。しかし、一人ひとりが直接討論に参加することは40人近くもいる教室では不可能に近い。どうしても、「お客さん」（そこにいるだけで、討論に参加できない生徒）が出てしまう。そこで、班を編制し、班の説や意見をまとめ、発表し討論するという授業を始めたのである。コラム１で紹介した「加曽利の犬」などの授業だが、討論授業としては【タイプ３】ないしは【タイプ４】の班別協議からクラス討論へという流れの授業である。このタイプの弱点はどうしても時間がかかることである。最初のプレゼンテーションを各班10分と制限しても１校時（50分）でせいぜい４〜５班しかできない。以後の議論も活発なクラスであ

れば3〜4校時はすぐにたってしまう。その他、私からの問題提起や論点整理の時間も必要である。また、学習指導要領の改変にともなうカリキュラム編成上の都合から標準単位以上の増加単位が認められにくくなっており、さまざまな学校（学年）行事の関係もあり、年間の実質授業時間は減少の傾向にあった。そうした中で時間のかかる【タイプ3】【タイプ4】の授業は組織しにくくなっていた。

　そこで、私が多用していったのが、班を編制せずに、問題を提起したら各自に回答を提出させて、その中から複数の代表意見を選び、全員でその当否を検討し、討論を組織するという【タイプ2】の討論授業である。これならば、討論は1〜2時間、問題提起その他の時間を加えても1単元を4〜5時間で終了することが出来る。

　なお、【タイプ2】の討論授業の実際の進行は、共編拙著『新しい歴史教育のパラダイムを拓く－徹底分析！加藤公明「考える日本史」授業－』（地歴社、2012年）付録のDVDに授業記録映像として「徳政一揆の農民たちは有罪か」をテーマとしたこのタイプの討論授業が収録されている。確認していただければと思う。

　本節では、房総地域（千葉県）の自由民権運動を研究している佐久間耕治氏の研究成果（『房総の自由民権』崙書房、1992年）に依拠して、千葉県で唯一の憲法草案とされる桜井静の「大日本国会法草案」をメインの教材とした自由民権運動についての討論授業を紹介したい。

2. 問題提起——千葉県の自由民権運動

　歴史を考える楽しみは、なんといっても謎解きである。特に自分が住んでいる地域の歴史について、各自がもっている歴史の常識やイメージに反する事実に遭遇すれば、誰だって本当はどうなのか、どうしてそうなのかと真実を探究したくなる。問題提起とは、生徒をそのような状態にすることであり、そうなってこそ、生徒はなにより自分自身が納得できる答えを得ようと歴史を主体的に考え始めるのである。

　この授業では、佐久間氏の授業案（「房総の自由民権－民権家桜井静の生涯を追いかける」『新しい日本史の授業－地域・民衆からみた歴史像－』山川出版社、1992年）に従い導入部分に続いて、次の3つの数字を提示して、その意味を問いかけた。

　(1) 3 2 0 1 5 人、(2) 5 7 社、(3) 1 8 3 人

これらは、共に千葉県の自由民権運動に関わる数字で、(1)は国会開設請願に署名した人数、(2)は民権結社数、(3)は自由党員数である。生徒にはそれぞれ全国で何位だったか予想させるのだが、2位・7位・5位だったことを示すと、生徒は一様に意外そうな顔をする。

　千葉県といえば周知の通り、保守王国で金権政治、県民の政治意識は各種選挙の投票率からいってもけっして高くない。そのことは生徒もよく知っている。その千葉県が、議会と憲法といった近代的な政治制度の樹立を求めた自由民権運動において規模的にも、果たした役割の重要性においても、その地位が全国レベルで相当に高かったことに生徒は驚くわけである。そして、その意外感は、すぐに「どうして？」「なぜそうなるの？」という疑問に変わる。

　千葉県の自由民権運動とはどのような内実で、人々は何に期待してこの運動を支持し参加したのか、生徒の問題関心は当然その方向に向かうわけで、その謎を解くカギとして千葉県出身の民権家である桜井静の「大日本国会法草案」を提示すれば、いったいどんな人々がいかなる理由でこの草案を支持したのかという共通の観点をもって、生徒は自分の答えを作ることができるのである。

　そこで、桜井静が作った憲法草案『大日本国会法草案』の抜粋と彼の経歴を示す文章を配布する。そして、これらの資料を読み合わせた上で、次のような発問を行った。

　『この「大日本国会法草案」はいったい当時のどんな人々に支持されたのか。その理由はなにか』

　発問を正確に板書する。これが今回の討論のテーマである。

大日本国会法草案（抜粋）

明治12年12月頃　桜井静

　　　　　大日本国会法認可ノ為メ懇請意見編纂ノ草案

　　　　　　　　第一款　国会ノ構置

第一条　大日本国会ハ日本国民ヲ代理ス

第二条　大日本国会ハ上院下院ヲ以テ成ル

第三条　上院ハ議員三十八名ヲ以テ成ル

第四条　上院ノ議員ハ　皇帝陛下ノ特任トス

第五条　下院ノ議員ハ帝国内一府県毎ニ二員宛選挙法ニ依テ日本国人之ヲ
　　　　選挙ス

第六条　上下両院ノ議員ニ兼任スルコトヲ得ス

第二款　上院

第七条　上院ノ議員ハ無期ニシテ常任トス

第八条　上院ノ議長副議長ハ　皇帝陛下ノ特任トス

第九条　皇帝陛下ハ国事文学若クハ技術ニ勉励シテ世ニ其名ヲ知ラレタ
　　　　ル有名抜群ノ秀士ヲ上院ノ議員ニ任ス

第三款　下院

第十二条　下院ノ議員ハ五歳間其職ニ任ス
　　　　　但永久ニ之ニ重選セラルルコトヲ得ベシ

第十三条　下院ノ議長副議長ハ選定ノ上奏上スル者トス

第十四条　下院ノ議員ニ選挙セラルルニハ日本国民ニシテ左ノ項目ニ触
　　　　　レサル者トス

　第一　国租十円以上ヲ納ムル者

　第二　二十五歳以上ノ者

　第三　戸主ノ者（他ノ傭役ニアラザルモノ）

　第四　法律ニ支障ナキ者

第十五条　下院ハ租税、国需、国債、点徴、ノ件ニ係リ起草ノ権ヲ専有ス

第十六条　左ノ件モ亦下院ノ特権ニ附スベシ

　第一　帝国ニ関係ス可キ事件ニ付キ新法ヲ起艸スルノ権

　第二　往時ノ施政及ヒ施政上弊害ノ監察改正

　第三　行政官ヨリ出セル起議ノ討論

　第四　執政官吏ノ劾告ヲ命令スル事

第二十八条　各議院ハ　皇帝陛下ニ向テ建議スルノ権アリ

第三十四条　立法権三派（皇帝上院下院）ノ何レニ於テモ一タヒ拒否シ
　　　　　　タル法案ノ発議ハ同時ノ集会ニ於テ復タ用ユルコトヲ得ス

第五款　立法権

第三十九条　大日本帝国立法権ハ　皇帝陛下及上院下院合同シテ之ヲ行フ

第四十条　皇帝陛下及ヒ上下院ノ承允シタル總テノ法律議案ハ大日本国
　　　　　法ト成ル而シテ　皇帝陛下之ヲ公布ス

第四十一条　大日本国一切ノ法律命令若クハ決定貿易ノ条約区域ノ変更国

民ノ課務、徴兵法、貨幣、度、量、衡ノ法其他立法上ニ関スル法令ハ上下両院ノ承認ヲ得ルニ非スシテ決行スルコトヲ得ス

第四十四条　両院ハ　皇帝陛下ノ起議ヲ改廃スルノ権ヲ有ス

第四十九条　上下ノ両院ハ　皇帝陛下ト共ニ受用スル立法権ノ外ニ左ニ揚クル職掌ヲ有ス

　第一　皇帝、太子、執政官吏ヲシテ国憲及法律ヲ遵守スルノ誓詞ヲ宣ヘシムルコト

　第二　不得己ノ時機ニ於テ執政官ヲ選挙シ及幼稚ナル　皇帝ノ太保ヲ命スルコト

　第三　下院ヨリ論告セラレテ上院ノ審判ヲ受ケタル執政官吏ノ責罰ヲ実行スルコト

（『新潟新聞』明治13年1月10日、同13日、同14日、同16日号。東京大学法学部明治新聞雑誌文庫蔵）

【資料】

　1876（明治9）年に桜井（吉川）静は、山武郡芝山町の桜井家に婿養子として入籍した。静が歴史の表舞台に登場するのは、1879年6月のことである。全国の県会議員らに「国会開設懇請協議案」を送付したのである。この協議案の主張は次のようなものである。県議会は開設されたが、参政権と収税法を審議して人民の福利を増進するための県議会の権限が狭いので、国会を開設しなければ真の人民の利益を得ることはできない。地方の近代的自治は、近代的な立憲政体を樹立することによってはじめて実現される。具体的な行動提起として①全国の県会議員が力を合わせること、②東京で大会を開催し国会設立を決議すること、③政府から国会開設の認可を得ることの3点を提案した（全国に送付された印刷物はB4サイズ程のビラである。7月24日の『朝野新聞』に全文が紹介されている）。

桜井静（1857〜1905年）
（『国会開設に尽くした孤高の民権家　桜井静』より）

　桜井提案を受けて、岩手県・秋田県・新潟県・長野県・岡山県・広島県などで具体的な行動が始まった。岩手県では県会議長上田農夫が回答を寄せ、賛同の意思を表明した。新潟県では山際七司が桜井提案を契機

に民権運動に乗り出した。また、長野県では9月15日に松沢求策が松本新聞に、「主意を了知せられ（中略）実際に之を挙行すべきなり」という社説を掲げた。岡山県では県議会において、桜井提案を満場一致で採択している。

（佐久間耕治「房総の自由民権－民権家桜井静の生涯を追いかける」より）

3．6つの代表意見

　2時間目は、各自が自説を立てる時間である。生徒は自分がもっているこの時代についての知識やイメージだけでなく、歴史についての根本的な考え方や態度・姿勢でもある歴史意識も動員・反映させながら「大日本国会法草案」を読み込んでいく。そして、討論の段階ではそれらのすべてが問われることになるのだが、そのような思考活動や討論が歴史の実態から遊離することなく、時代の構造的理解へ進むためには、一定の共有できる概念が必要となる。

　この場合は自由民権運動を担い、支えた階層に士族・豪農・中小農民があったこと、そして運動の関わり方の時期や内容に違いがあったことなどだが、それをまずは教科書や副教材の図説（『新詳日本史』浜島書店）の資料を使って確認していく。結果、生徒は、この時代の国民をこの3つの階層に分けて、それぞれが当時、社会的経済的政治的にどのような状態にあり、なにを望み、なにに苦しんでいたかを、これまでの授業（この前の単元では地券の実物を生徒一人ひとりに持たせて、政府がなにを目的に地租改正を実施したか、その結果、なにを当時の農民は得たか。社会にどのような変化が生じたか、などを考えさせた）や、小学校以来の学習内容、この時代をテーマにしたマンガ（『るろうに剣心』など）からのイメージなどを総動員して考えていくことになる。そして、そのような階層の人々にとって、桜井の「大日本国会法草案」に提示された近代的国家像はどのように映ったかを判断していくのである。

　その間私は、机間巡視しながら生徒からの質問に適当に答えたり、アドバイスを与えていく。ただし、国租10円を納めた者という草案の被選挙権の規定（第14条）については、一体どのくらいの階層のことかなどという質問には、そのことこそ考えよとして回答しない。すると、1900年公布の選挙法で選挙権を与えられた直接国税10円以上の25歳以上の男子が、全人口の2.2%

にすぎないという教科書の記述を見つけて、そこから類推しようとしたり、前の単元で学習した地租の計算方法から考えるなど、様々な試みを生徒はしていった。

　提出された生徒の意見のなかから代表意見を選ぶのだが、今回は次の6人の意見である。

【6つの代表意見】

(1)士族説①
　　この草案の第1条に「大日本国会ハ日本国民ヲ代理ス」とあり、第5条に「……選挙法ニ依テ日本国人之ヲ選挙ス」とあり、いずれも国民の権利を主張している。それを受けて岩手県や秋田県などで具体的な行動が始まった、と資料のプリントに書いてあった。それより以前1870年山口藩脱隊騒動から1877年の西南戦争、1878年の紀尾井坂の変まで士族反乱が起こっていた。これは、士族の特権廃止政策、秩禄処分や廃刀令に対しての反抗だった。
　　その翌年の1879年にこの草案が送付された。前年まで政府に反抗していた士族たちが、政府に対して自由民権運動を支持しないことはないだろう。士族の特権を廃止されたことへの反乱から、自由民権運動へという形に、士族の政府への反抗の形が変わったのだと思う。とにかく政府に対しての「悔しさ」いっぱいの士族が「政府には従うもんか」という対立心を抱いて、この草案を支持したと思う。(大貫)

(2)士族説②
　　士族に支持された。この時代最も窮乏がめだったのが士族である。士族は旧幕臣・旧藩士であって、薩長土肥4藩による藩閥政治が行われる前は、それなりの地位・身分ですごしてきたと思うのです。1873〜1876年の間に、それまで与えられていた家禄や賞典禄が政府の財源の負担になるということで減額されたり、ついには全廃されてしまったわけです（秩禄処分）。その代償として公債証書も支給されたが、これは士族に大きなダメージを与えてしまったわけです。それまで持っていたあらゆる特権はすべて失ってしまいました（1876年廃刀令など）。それでも暮らしていかなければいけないので士族は公債証書を元手に"商売"を始めま

した。が、それまで商売などやったことないわけですからうまくいきません。そこで政府側から士族授産といって失業士族救済のための農工商への就業奨励策もなされましたが、それでも上手くいかない者はいかなかったのでした。そして、不平士族が多く発生しました。士族反乱のはじまりです。

1877年、士族の武力蜂起の最大のものである西南戦争が西郷隆盛を中心におこりました。これはまもなく政府軍に鎮圧され、西郷は自刃したが、徴兵軍の実力が認められ、武力反抗に終止符が打たれ言語反抗の世へと移るきっかけとなりました。1878年に紀尾井坂の変で大久保利通が暗殺されるといよいよ自由民権運動がさかんになります。そして、1879年桜井静は全国各地の県会議員らに「国会開設懇請協議案」を送付したのです。1879年に県議会が開催されたが、その権限は国家という大きな目から見ればぜんぜん小さいもので、決議事項は制限されていました。人民の参政権と収税法を審議し、人民の福利を増進するための県議会の権限が狭いので、国会の開設をしなければ真の人民の利益を得ることはできないというものでありました（プリント参照）。それまではやはり地方の制度やなんかもおそらく中央の政府に大きな権限があったと思われます。政府の中の人だけが勝手にいろいろ決めて、それに従う形であったと思います。桜井静が主張したのは、そのような藩閥専制政治を打破し、近代的な立憲政体を樹立することによって地方自治権の確立をめざしたものだったのではないかと思うのです。

まず、各地の県会議長が多く賛同しましたが、政府に対する不満を多く持ち、なんとかしたい！と思っていた士族もまた、この案に賛同したのです。そのわけはやはり、"国会開設要求"というところでしょう。政治に対して自分の意見が反映されるかもしれないのです。天皇と、天皇が特任する上院と、選挙によって選ばれる下院議員に立法権が与えられるという内容が含まれているのです。さ〜ら〜に！下院には"租税、国需、国債、点徴、ノ件ニ係リ起草ノ権ヲ専有ス"（第15条）とあるのです。これまで勝手に決められてきたことに自分が口だしできるのです。議員選挙に際して立候補できる条件はあるけれども、世の中変えてゆこうじゃないかと多くの人々が考え、この「大日本国会法草案」は支持されたのです。そしてそのなかで最も大きな支持をしたのが政府により不遇となった士族だったと思うのです。（岡崎）

(3)豪農説①

　豪農が支持した。この草案で１番の身分とされているのは、皇帝陛下、ということは皇帝陛下に気に入られた者が、この草案に賛成すると思う。

　今でもそうだけど、新しく何かを開こうとする時、必要なものはやはりお金だ。この時も同じ。国会を開く側にとって必要とするのはお金を持っている人間。これに値するのが豪農である。

　それを豪農も知っていた。第４条に上院議員は天皇陛下の特任とするとある。豪農にとって自分たちが任命される確率は高いと思っていただろう。もし上院に任命されなくても下院に立候補することができる、第14条に国租10円以上納めている者（立候補できる条件）とある。これを満たすことができたのは一部の豪農だけであったと思う。そして、むしろ、どれだけ国租を納めているか分かってもらう方がいいような者もいたかもしれない。

　第７条「上院ノ議員ハ無期ニシテ常任トス」＆第44条「両院ハ　皇帝陛下ノ起議ヲ改廃スルノ権ヲ有ス」、これにより、上院議員となった後、少しずつでも自分たちの思い通りの国会に作り上げてゆくことができる。結局は、自らの富を目的に国会に入ろうとする。そしてこれをできる位置にいたのが豪農である。（宮村）

(4)豪農説②

　支持したのは豪農地主である。支持した人はのちのち下院議員として政治に参加するはずである。ということは最終的に政治に参加できる人が支持したと思う。そこで政治に参加するには（下院議員に立候補するには）①国租10円以上納めている者、②25歳以上の者、③戸主の者（他の傭役者でない者）、④法律に支障なき者、の４つをクリアしなければならない。②〜④には当てはまる人はいるにしても、①にあてはまる人というのは制限される。

　年貢を納めるのに精一杯の下層農民には国租10円を納める余裕はないだろうし、武士も借金をかさねている。貧乏人が多い。それにある程度の学識も必要となるだろう。もしこれが武力でどうにかなることなら、下層農民や武士の方が有力だろう。しかし、今回は「武力」ではなく

「言論」で勝負！！なわけである。やっと人間らしい勝敗の決め方になったのだ。そうしたら寺子屋などに通うことができた武士か豪農のどちらかということになる。

　その上、武士の時代というのは江戸幕府とともにくずれ去ったのだ。だから前にも書いた通りお金がない。だからお金にも学識にも地位的にもゆとりのある豪農がこの激動の明治の時代に関係していったのだ。(宮沢)

(5) 中小農民説①

　支持した人は小作人だと思う。草案を支持する人というのは、今の政治に不満のある人や生活状態が悪い人だと思う。草案の国会の構置の第5条に下院の議員は国民の選挙で選ばれるというところを支持したと思う。小作人たちは地租改正によって高い現物の小作料のために窮乏化（米価の値上がり値下がりにはほとんど関係なし）と図説P156の地租改正の結果のところにある。逆に地主は利益が増大している（「財政基盤の確立・小作農生産米の配分比の変動」から）。

　不満があるのは小作農だ。だから小作農たちは勝手な政治を行う藩閥政府がこのまま続けば自分たちの生活があやうくなるから桜井静の草案の国民の選挙で下院の議員を選ぶというところで自分たちの利益も考えてくれる人たちに政治をしてもらおうと支持した。(鎌尾)

(6) 中小農民説②

　支持したのは小農民。小農民は社会のなかで1番といっていいほど重要な役割を果たしている人々だと言える。税金を納め、また人々の生きるための食料をつくっている。

　しかし、身分制度がなくなっても、その名残でどうしても農民たちのポジションは低かった。農民たちの手の届かぬ所で行われる政治は、政府の都合ばかりを重視したものだったといえる。地租をいくら軽減してもらっても「農民の期待は満たされず」（教科書P143）にいたし、「政府が不換紙幣を乱発し米価が上昇したので……小作料が米納制度であったので、その分だけ地主の取り分がふえ」たのだから、農民は苦しめられる一方だった。

　また、「不況で米価や繭価が下落したうえ、重税を負担しなければいけ

なくなった農民のなかには借金に苦しんで没落し、小作農になったり離村したりする者が増えた」（P 152）というように、税金を払ってやっているのに、政府からの見返りは農民にとってつらいことばかりだった。そこに桜井静が大日本国会法草案をつくった。この草案は国民参加を目指し、政府の殻をひらこうとするものだった。これを農民たちが支持しないわけがない。（戸田）

　提出された生徒の意見のなかから代表意見を選定するのだが、その基準は次の通りである。
　第1は、なるべく論旨が明確で討論の対象になりそうなものであること。いかなる観点からなにを論拠にしてどのような論理を組み立てて結論に到ったかが生徒に理解しやすいものということである。したがっていくら文章表現としてはすぐれていても、論拠が示されておらず、論理的ではなく心情に訴えるような類いのものは、この場合はふさわしくない。
　第2は、賛成にしろ反対にしろ、多くの生徒がそれについてなにか意見を言うことができるもの。したがって、歴史の考察として誤りのない完成度の高い意見である必要はない。むしろ、粗削りで問題点を多少含んでいるものの方がのぞましい場合もある。その方が討論で多くの批判や指摘を受け、意見としてより発展することが可能だからである。
　上記の6つの代表意見はそのような基準で選定したものだが、それぞれに以下のような問題点、つまり発達課題を有している。

　士族説の2人は、まず、当時の社会で政府の政策に不満をもっているのは誰かという観点から、教科書や図説、配布された資料などを探索していったのである。するとそこには、いわゆる政府の近代化政策により、かつての特権を奪われ、経済的にも困窮した旧武士層の姿が見えてきたのである。そのような士族たちが、自分たちを追い詰める政策を展開している政府に対して強い不満を持っていたに違いない。そして、その思いと境遇が、当時の政府を有司専制として批判し、その打破をうったえる自由民権運動に彼らを向かわせたに違いない、と考えたのである。だが、はたして、ここでの直接検討の対象になっている桜井静の「大日本国会法草案」にそのような士族民権の特性を実証的に見出すことができるのか、そこに士族説の2人の意見の問題点があるのであり、討論での批判もその点を問うものとなる。

豪農説の２人は、桜井草案の分析から支持層を特定しようとしている。そして、被選挙権を得る条件としての国租10円以上の納税を果たせるのは、この層だけだとするのである。しかし、いったいなんのために豪農がこの時期に自由民権運動に参加していったのか。彼らがこの運動に求めたものはなんだったのか。その内実をこの時期の豪農の置かれた状況と「大日本国会法草案」の内容とをうまく結びつけて確定できないと、この説は歴史認識としての構造的理解に向かわない。２人の意見もその点が欠落しているか、ないしは曖昧である。討論は当然その点をめぐるものになる。

　中小農民説の観点は、民衆の権力に対する反抗にある。代表意見の２人は次のような歴史観をもち、それがここでは鮮明にあらわれている。つまり、どの時代も人口の大部分を占める民衆、この場合は小作農や零細な農地しかもたない経営規模の小さな農民だが、彼らの地道な生産努力や工夫の積み重ねが社会を支えている。普段は権力や財力に支配され収奪されているのだが、その不当な支配や収奪に対する彼らの集団的な抵抗が歴史の進歩を実現させる原動力であるとするものである。だからこそ、２人の目には、地租改正や続く松方財政がこの階層の農民をいかに没落させたかが実感をもって見えるのである。そこに、そのような政治のあり方に変更を求める自由民権運動が始まった。中小農民層がそれを支持しないわけがないという論理を彼らは打ち立てたのである。

　だが、ここでも問題は実証性である。「大日本国会法草案」という史料からそのことが論証できるのかである。歴史認識は、それがたとえいかに優れた歴史観に支えられたものでも、残された史料に示された事実にもとづかないかぎり、科学的な意味においては価値をもたない。逆に言えば、科学的に獲得された歴史認識こそが大切なのであって、もしそれが現有の歴史観にとって矛盾するものであったならば、歴史観の方こそがその矛盾を止揚して変化すべきなのである。ただし、だからといって、それはけっして、その授業における生徒の学習活動が無駄や失敗だったというのではない。そのような歴史観の弁証法的な変容こそが生徒の歴史意識の発達に寄与するのである。討論では、当然この説のこの点こそが問題になる。

　教師は提出された生徒の意見を読みながら、このような分析を行い、討論

の展開を予想していく。これをしないでは、生徒の発言をうまくかみ合わせて司会進行することができず、実りある討論を成立させることはできない。また、私は１つの説に対して代表意見をなるべく２つ以上選ぶようにしている。それは、このタイプの討論では批判者は多数だが、どうしてもそれを受けて反論する側が孤立しがちになる。そこで、代表意見を複数にして協力しながら反論できる体制にしようというわけである。そして、討論では、賛成意見を述べた者もその説に批判や質問が出たら一緒に反論や答えを考え、発表するように促している。一対一の言い合いになりがちな討論だが、なるべくみんなで共に討論をつくっていくという集団性を保つ工夫が必要なのである。なお、討論中の生徒の発言や、代表意見の文章にも事実誤認が含まれる場合がある。それらは生徒らによって訂正されることが望ましいが、不可能であれば教師がタイミングを見計らって指摘する。豪農説②の「年貢」は地租と小作料に、「寺子屋」は庶民教育の場であり農民の子弟もかよっていたことなどである。

４．討論を進める

　討論「民権家桜井静の憲法草案を支持したのはだれか」は、士族説・豪農説・中小農民説にたいして賛否を問う形式で進行する。全体で代表意見を読み合わせた後、しばらく時間をとって各自に賛否を考えさせる。その際、席の近い者と相談することを許可し、教師に事実確認をしたい者がいれば、それに答える。問題の難易度やクラスの状況・進度によってはここでもう１時間とって各自に賛成する説とその理由、質問や批判したい説とその内容を書かせて提出させ、それをもとに討論を組織することもある。むろん、後者の方が争点が明確になり、かみ合った討論となる。生徒の認識は深化する。

　そして、何人かの生徒を指名して黒板につくった下のような枠に各自の名前と、賛成する説には○、質問や批判のある説には？を記入させる。

【板書】

生　徒　名	嵯峨	小池	鎌尾	石原	江口	小川
士　族　説		？				？
豪　農　説	？	○	？	○		○
中小農民説	○		○	？	？	

まずは賛成の理由から発表させる。ここでは質疑は基本的にしない。賛成意見を得てそれぞれの説に新たな論拠や論理が付加されていく。その後、質問・批判を説ごとにあげさせる。教師はその要点を整理し、内容を生徒に確認しながら板書の？のわきに書きとめていく。

　士族説へは、「国租10円払える士族はいない。払えないと立候補できない。やっぱり士族たちは中小農民みたいに選挙できればいいっていうんじゃなくて、国政に出て政治を自分たちでしたかったわけだから、士族たちが支持したというのは違う」（小池）、「岡崎さんの説、ちょっと難しいよ。もっとわかりやすく説明して、結局なにがいいたいの」（小川）という批判や質問がだされた。

　続いて豪農説である。「皇帝に気に入られた者がこの法案に賛成したってあるけど、当時気に入られたのは薩長土肥といわれた藩閥政権を担っていた人々で豪農なんか気に入られていない」（嵯峨）、「当選して国会に入って豪農はなにをかなえたかったの。豪農はお金持ちだから、もうお金なんかはある」（鎌尾）。

　中小農民説へは、「望みを実現するには自分たちの代表を出さないとなんにもならないんじゃないの。豪農地主は中小農民の小作農なんかから高い小作料を取っている。なるべく彼らを抑えておきたい。望みを叶えてくれるなんて思えない。豪農が国会議員になってより権力を得たら、ますます中小農民を抑えつけるはず」（石原）

　論点は多岐にわたるが、多くは各説の主張やその背景とされている明治期前半の時代像に対して自分として矛盾を感じる点を指摘しているのである。批判された生徒は、どのような事実にもとづきどんな論理を展開すればうまく相手を納得させることができるか、自分たちの説の立場から説得力のある説明を考えるのである。そして、その結果を反論として述べることになるのだが、その内容は以下の通りである。

　「士族たちは本当に自分が国会議員にならないとなんにもならないと考えていたのか。立候補できなくても選挙ができて国会議員を選べるんだから、支持したんじゃないか」（士族説の大貫から小池への反論）。

　「士族は今までの江戸時代には士農工商の社会ですごい力をもっていたのに、図説Ｐ155にあるように明治政府の政治で士族は没落した。だから、時

の政府の政治に士族たちは多くの不満を持っていた。だから、この草案通りになれば士族たちの意見も政治に反映するかもしれないから支持した」（士族説の岡崎から小川への回答）。

「豪農たちはお金や力をもっているから、そういう人たちを排除するんじゃなくて、天皇を中心とする政治の一端を担おうとしたということをいいたかった」（豪農説の宮村から嵯峨への反論）。

「豪農は豪はついても元々は農民、中小農民を支配して富みを得ていたが、身分はやっぱり農民で低い。国会議員になることでもっと上の身分や権力を得ようとした」（豪農説の宮沢から鎌尾への反論）。これに対して鎌尾から「抽象的だ」という再批判が出された。『上の身分や権力っていうんじゃ、抽象的だってよ』と私から宮沢に再反論を促したが、回答はなかった。

「豪農が富みを得ていたのは、中小農民や小作農から米そのものを納めさせ、豪農はそれを売ってカネを儲けている。だからもし中小農民の望みに反することをすれば、小作料を払わないといったストライキをされる」（中小農民説の鎌尾から石原への反論）

「豪農はやっぱり地租の負担が重かった。だから、なんとか軽くしてほしかった。逆に上げようとする政府に反対したかった。草案では下院で租税のことを決めるってある。この時代の豪農と中小農民は重い地租をなんとか軽くしてほしいってことは要求が一致していたはず」（豪農説を支持した小池から石原への反論）。

このクラスの討論は以上であったが、最後に発言した小池は豪農説を支持する立場から、地租を政府が勝手に上げることを防ぎ、できれば軽減するためには国会が必要だという彼らの主張は、中小農民の支持も得られていたはずだとしたのである。この小池の発言が、豪農説の代表意見が有していた前述の問題点、つまり実際の討論では鎌尾の疑問（「当選して国会に入って豪農はなにをかなえたかったの」）によって提起された争点を、地租をめぐる政府と豪農・中小農民の対立という、生徒にとっては前の単元で学習した内容をもとに解決する結果となったのである。最後の支持投票では豪農説が圧倒的多数の票を得ることとなった。

まとめ

複数の代表意見を選び、全員でその当否を検討し、討論を組織するという

【タイプ2】の討論授業、その実践例として地域史料を教材にした自由民権運動の授業を紹介した。このタイプの討論授業の進め方のポイントを列記して本節のまとめとする。

　まず、生徒が自分の力で解釈が可能な史（資）料を教材として、意外性に富んだ問題提起を行う。そして、生徒の自由な思考や討論が歴史の実態から遊離せず、時代の構造的理解に進むために、一定の共有できる概念を教科書などを通じて獲得させる。その上で、なるべく論旨が明確で、誰でもなにか言えるようなものも含め、できれば1つの説に2つ以上の代表意見を選定する。その代表意見を全員で読み合わせ、各自に支持する説や批判や質問を考えさせる。討論では賛成意見をまず出させ、後に批判や質問を発表させる。そして、代表意見の生徒からだけでなく、その意見に賛成した生徒からも反論・回答を募り、できれば再批判・再反論と続けてかみあった議論になるよう司会進行する。

第4節
生徒にとって楽しく学びがいのある授業を
─── 講演記録 ───

はじめに

　ご紹介いただきました加藤です。千葉県立千城台高校で日本史の教師をしております。どのような授業をしているのかということですが、教員になってすぐの頃は自分が受けてきた高校時代の授業と同じように、教科書の記述に沿って解説的な授業をしておりました。ところがこれがうまくいかないのですね。生徒の顔を見ると、いかにもつまらなそうな顔をして、5分単位に時計を見てまだかまだかと終業のチャイムを待っている。なんか熱心に授業を聞いてくれているから『これはいいわ』と思うと、その生徒の思想の発達に私の授業はまったく寄与していないと言うことがありまして、7年目でしょうか、授業を変えようと決心しました。

　やっぱり誰だって50分もじっと座って他人の話を聞くというのはつらいですよね。そうではなく、どんどん生徒から意見を言わせよう。その意見を討論という形で交流させて互いに学びあって、歴史の真実や時代の本質を追究する授業をしよう。そして、同時に、どのようにしたら歴史の本当の姿を暗記じゃなくて自分たち自身で解明できるのか、その方法、科学的歴史認識の仕方を身をもって学んでいけるような授業を作っていこうと考えました。

　試行錯誤という言葉がありますが、私の場合は悪戦苦闘です。筋書きのないドラマをしていくようなもので、生徒は何を言い出すか、何を答えてくれるかまったくわかりません。教壇で立ち往生したり、授業後に「あの意見をこういう風に活かせばよかったのに」という思いを重ねながらやってきました。

1.『病草子』肥満の女図を教材にした授業──「風呂敷包みの中身は？」

　これから、どのような授業をやっているのかを実演風に再現しようと思います。

　さて、ここは夏休み明け、高校3年生のクラスで教科は地歴科、科目は日

本史Ｂ、単元は中世前期の社会経済史、鎌倉時代最後の単元です。

　いつもは『日本史恒例１枚の写真！』、そう言いながら授業を始めるのですが、今回は絵です。レジメの最初に鎌倉時代の高利貸である借上に関する２枚の絵を掲げておきました。その内の『病草子』肥満の女図を使った授業を最初に紹介させていただきます。『病草子』というのは、平安時代末ないしは鎌倉時代の初期に作られた絵巻物で、人々が病気で苦しむ様子を描いた世界的に見ても大変めずらしい絵画史料の中の１枚です。いかにも肥満体の女性が描かれています。彼女は、２人の下女に肩を借りながら歩いています。それから後ろに、風呂敷包みを持った、こちらも下女が描かれていますね。この肥満体の女性が借上と呼ばれる鎌倉時代の高利貸的な金融業者であることは、詞書に書かれています。

『病草子』肥満の女図

詞書を読みます。

> 【詞書】
>
> 　ちかごろ、七条わたりにかしあげする女あり。いゑとみ、食ゆたかなるがゆえに、身こえ、ししあまりて（ししとは肉のことです）、行歩たやすからず、まかたち（侍婢）のおんな、あひたすくといへども、あせをながしてあえたく（ぎて）、とてもかくてもくるしみつきぬものなり。

　借上の教材としてこの史料を見ると借上自身が描かれているということがポイントですね。それから詞書も平易で高校生でもその大意はつかめそうです。ですから、絵と詞書から借上の実態を解明する授業、つまり、この時代になぜ借上といわれるような業種の人たちが登場して活躍したのか、その疑問をみんなで解明していこうというような授業がこの絵を教材としてできそうだと思ったわけです。

　そして、『この絵はどんなことを描いている？』と聞きます。つまり、最初から正解があってそれを答えなければいけないという問題ではなく、絵を見れば何を言ってもいいわけです。そのような発問から入ります。そうするとどんな生徒も「なんか太っている女の人がふうふう言いながら歩いている絵だ」と答えます。この答えに対して『なぜこの女の人はこんなに太ったのか』と聞くと、生徒の意識は詞書の方へ移っていきます。それを読むと、「先生、借上ってあるよ」、「借上っていう仕事の人だ」という答えが出てきます。すかさず『借上ってなんだ？』と問います。

　私の授業では、分からない言葉が出てきたら教科書の索引で調べることを指導しています。だから、私の授業では「分かりません」「知りません」はご法度です。調べて教科書のそこの部分を読みます。そうすると、「教科書には借上は高利貸と書いてある」となる。要するに、ここまでの問答はこの時代に借上とよばれる高利貸業者が出現して大いに繁盛したということを生徒に理解させるためのものです。

　では、その実態はどうだったのか、なぜ借上がこの時代に出現して活躍したのか、生徒の関心は当然そのような方向へ向かっていくので、それに応じて、次のような発問をして討論を組織していきます。

　『借上の後ろにいる若い下女が、なにか風呂敷包みをもっている。この風呂敷包みの中身は何だと思う？』という発問です。

皆さんはどうでしょう。模擬授業風ということなので高校生になったつもりで想像して言っていただけるとありがたいと思います。実際の授業では、生徒に自分の答えをノートに書きなさいと指示します。すぐに討論を行うと頭の回転の速い生徒や知識のある生徒が次々と意見を言い出してしまいます。傍から見ると丁々発止と議論が展開されてすごいように見えるけど、一般の生徒は自分の頭の上を言葉が行き来しているだけで、自分には関係ないとなるので、討論をさせるためにはまず生徒全員に自分の意見を持たせることが大切です。私はその間に机間を回りながら、生徒の答えを見ていく。そして、ごく一般的な答えをしている生徒を探しておいてその生徒から答えてもらいます。

　『みなさんはどうですか』
　「お菓子」
　『実際の授業でも、なにか食べ物を持っているに違いない。昔の人はいつもおなかをすかせているから、という答えが出てきます。後ろの方はどうですか』
　「着替え」
　『それも必ず出ます。汗かきだから。タオルなども出てきます。次の方はどうでしょう』
　「お金だと思います」
　『お金だと思う。実際の授業ですと、お金、お金と出てきます。さっき言った着替えとかそれからお菓子だとかも出てきますが、お金つまり銭という答えが一番多い。しかし、この絵をよく見て、あることに気づく生徒が出るとそれらはすべて違う、と教室全体が認識していきます。それは知識ではありません。この絵を実際に見て読み取ることです。分かりませんか？この意見が出ると、もう銭という答えは絶対出てきません。

　実際の授業は次のように進んでいきます。せっかくなので、お手伝いいただけますでしょうか。レジメにある二重括弧は教師の言葉ですので、私が言います。生徒の言葉は一重括弧なので、次々と読んでいただけますでしょうか』

　『後ろの若い下女が持っている風呂敷包みは何が入っているのだろう？』
　「銭。歩くのも大変なのに、どっかに出かけている。それはこの人は借上なんだから銭を貸しに行く以外ありえない」

『この答えに対して、賛成か反対か、賛成ならその理由ないしは付け足しの意見、反対なら批判や質問をしてください』

「賛成。福岡の市では農民も商人も銭を紐を通して使っていた」

『紐ってやつだね』

「風呂敷の形から見て、そんな状態の銭が入っているんじゃないか」

「反対。もし、そうなら、そうとう重いよ。こんな女の子じゃ、とても持てない。汗ふきの布みたいなものが入っているんじゃないの。太った人は汗かきだから」

「反対。たしかに、重そうじゃないから銭ではないと思う。でも、大事そうに持っているから汗ふきみたいなもんじゃないよ。証文じゃないかな。借金した人に書かせたやつ。前に農民が書いたのを見た」

「証文説に賛成。お金を貸すためにこんな苦しい思いまでして借りる人のところへ行くことはない。借りる人の方が来る。貸した方の借上がわざわざ出向くのはなかなか返済しない人の家に行って取り立てをするため。それなら証文は絶対に必要だから」

「証文だと思う。相手は武士。教科書に『（蒙古襲来の）恩賞の土地はほとんどなく、異国警固番役・石築地役などの負担は御家人の生活を圧迫した。また、分割相続で御家人の領地は細分化され、貨幣経済にまきこまれて支出もかさみ、領地を質入れしたり、売却する者がふえてきた』とある。多くの武士が借金をしていた。返せないとなると領地をとられる武士もいたわけで、なかなか言う通りにはしなかったんじゃないか。そこで、借上が直々に交渉に出向いたって言うのが、一番ありそうな気がする」

「1297年以前なら、そういう武士を訴えに裁判に行くところかもしれない」

『その年になにがあったの？』

「永仁の徳政令が出て、幕府は御家人の借金を帳消しにし、訴訟を受け付けなくなった」

　はい、ありがとうございました。さっき言った『この絵をよく見て、あることに気づく生徒が出る』というのは、風呂敷を持っている女の子の姿が重そうじゃないということです。

　銭ならば相当重いはずです。だいたい1貫、1000枚の銭というのは、3.5kgになる。風呂敷の大きさから言うと5貫ぐらい、5000枚くらい、17kg以上

の重さになります。そうなるとこれはどう見ても銭を持っているという姿ではありませんよね。しかし、この子は大事そうに主人の後からその風呂敷包みをもっているので、軽いものだけどそれは大事なものであったに違いない。となれば、汗ふき用の布だとか食べ物とかでもないことがわかります。

　そこから、歩くのも大変な借上がわざわざ出かけている。銭を貸しに行くのか。そういう時は借りる人が来るのではないか。外へ出るのも大変な借上がわざわざ行くのは借金取りに行くからだ。その時には証文が必要ですよね。その発想から、いやそれでも返してもらえない時には裁判に行ったんじゃないかとか、そんなふうに生徒の発想がふくらんでいく授業になったわけです。

　つまり、生徒はこの絵の持っている意味を彼らの持っている金融業者についてのイメージとか、それから既習の知識、福岡の市で農民も商人も銭を紐の状態で使っていたと生徒は言っていましたよね。福岡の市についてはこの授業の前に、『一遍聖絵』の福岡の市の画面を使って班別討論授業をやってその画面（336ページ参照）を生徒はじっくり見ている。そこには、布屋へ買いに来た農民が紐の状態（96から7枚の銭を藁などできた紐を通してまとめて100文として扱う）の銭を持っている。布屋の商人も紐の銭を一生懸命に点検（撰銭）している。そこから、いかにこの時代に貨幣経済が発達していたかということを生徒はつかんでいます。それから生徒が言った、前に農民が書いた証文を見たというのは奈良時代の授業で班田農民の書いた借銭証文（正倉院文書）を教材として生徒に見せています。

　このような既習の知識や教科書の記述というようなものを活用しながら、生徒は肥満の女図の歴史的な解釈をしていきました。その結果、この時代の借上の実情や活躍ぶりについて、貨幣経済の発達、それから蒙古襲来や領地の細分化によって御家人たちがとても困窮していたということ、それに有名な永仁の徳政令など鎌倉時代の歴史的な事実を関連させながら生徒は認識形成をしていったわけです。

2. 教材の要件と留意点

　こうして、生徒一人ひとりの鎌倉時代像、中世史像は発達していったのですが、なぜこのような豊かな認識発達がこの授業でできたのかと言えば、それは何といっても教材とした『病草子』肥満の女図、これの持っている力、教材としての力そのものです。では、その教材としての力とは何かということですが、あるものを教材にする時1番大切なものは、教育内容、この場合

だと鎌倉時代における借上の活躍、金融業の発達ですが、それが十分内包されていることです。

　しかし、それだけではなく、教師が設定した教育内容を生徒が自分たちの力で探究し、獲得していく。つまり、主体的に歴史像を自分たちがつくっていく。そのためには、生徒が考えてみようと思ってくれるような魅力的な問題提起や発問が必要です。教材というとどうしても第1の要件、教師が教えたい教育内容がどれほど内包しているのかということだけに焦点が当たりますが、もう1つの要件、つまり、この教材をどう使ったら生徒が身を乗り出して、自ら歴史の真実を探究しようとする意欲や姿勢をもたせられるか、そのための有効な問題提起や発問ができるか、その視点から検討していくことも非常に重要なのではないかと思います。この肥満の女図は第1の要件、第2の要件を共に十分兼ね備えていると思います。

　それから今回は触れませんでしたが、この図から、鎌倉時代の貨幣経済の発達や金融業の発達にいかに女性が活躍したかということも捉えさせることができます。ジェンダーの視点から歴史を捉えさせることの重要性が言われていますが、この教材からはそれもすることができます。大変魅力的な教材です。ただし、だからといって毎年毎年私がどのクラスでもこの教材を使って授業しているかというとそうではない。今年はこの教材を使うのやめたという時があります。それは、ある判断をした時です。どんな判断だか分かりますか。これほど魅力的な教材です。使えばどのクラスでも、生徒は興味を持ちますし、次々と意見が出ます。この教材には今言ったように非常にすばらしい利点・魅力があるけど、決定的な欠点もある。分かりますか。

　「肥満の子が多い時」

　そうですね。女性の容姿、とくに肥満体の女性に対する蔑視のまなざし、絵の中では、端っこに描かれている男性2人の表情に表現されていますが、この絵にはそういった女性の容姿に対する蔑視が内包されているということです。それはこの絵がですね、六道絵という種類の絵だということです。つまり、六道の中の1つである人界の苦しみ、簡単に言うとこの世は苦しいことがいっぱいあるよ。だからもうこの世では救われる望みがないから早いところ、極楽浄土に往生したいなという気持ちをもたせようとする、浄土思想ですね。これを広めるための宗教用の絵であるということです。さまざまな種類の病人の姿が描かれています。この絵は、そのうちの1枚で肥満という病気を描いたものですから、肥満体の女性に対しては非常に差別的な視線が

この絵の中にはある。高校生には、自分の容姿に対してコンプレックスを持っている子が多くいます。無神経な友達の言葉に傷ついています。ですから、現代の生徒がもたされてしまっている肥満体の容姿に対するコンプレックスみたいなものが、この絵が持っている肥満体の女性に対する差別的な視線と共鳴して教室が日本史のこの授業を起点に差別的な空間になることだけは避けたい。だから、私は自分の教えている教室を思い浮かべます。もちろん教室の中の生徒の人間関係はいろいろですから、そんなことなんか気にせずにこの教材を使って授業できるクラスもあります。そちらの方が多いのですが、場合によってはこの史料は使いません。

　今の高校現場ではなにを教材化するかを決める時に教師は十分に吟味しなければならないことがある。それは、生徒の内面性や教室のなかの人間関係というものです。できるだけアンテナを高くして、それに問題や支障がないことを確認しないといけないということです。また、そういう観点をもって教材を選んでいけば、授業をやっている最中でも何か問題があるなと思えば、臨機応変な対応をすることができます。これが教材作りの第3の要件です。第1は教育内容を内包している。第2は魅力的な問題提起や発問ができる。第3は生徒の内面性や人間関係に問題がないということを確認できる。まずは、この3点が教材作りの要件となります。

　実は教材づくりには、もう1つ、「生徒がさまざまな疑問や自分なりの解釈・仮説を持つことが出来、それらを教師に伝える素材・媒体でもあること」という第4の要件があるのですが、これについては「教材選択の基準について－借上の図像をめぐって－」（『社会科教育研究』102号、2007年12月、拙著『考える日本史授業　4』地歴社、2015年に転載）と題する拙稿で論じていますので、ご覧ください。

３. 『山王霊験記』縁側に跪く男図を教材にした授業
　　──絵巻物のストーリーを推測してみよう

　さて、２つ目の絵画史料（『山王霊験記』縁側に 跪 (ひざまず) く男図）を用いた授業ですが、この絵も大変有名で借上の教材としてよく使われています。

『山王霊験記』縁側に跪く男図（図Ｄ）

　『山王霊験記』は比叡山の僧侶の伝記を中心として描かれた絵巻物です。作られたのは鎌倉時代末から室町時代初期といわれています。この絵の奥に描かれているのが主人公の女房、つまり貴族階級の女性です。彼女は今、鎌倉の小町に住む借上から20貫の銭を借りています。縁側に跪いている烏帽子の男性を借上だとする説が多いのですが、そうするとこの絵には、借上自身が銭貸しの商行為をおこなっている画面が描かれています。訴訟のために彼女は鎌倉に来ているのですが、その訴訟というのはおそらく地頭の荘園侵略を訴えるためといわれています。しかも５貫分の銭が紐の状態で描かれています。借上を教えるための第１の要件（教育内容の内包性）ということから考えると本当に申し分のない教材ということになります。多くの教科書や図説などではこの絵が借上の教材として取り上げられています。しかし、今申し上げた一般的な解釈には誤りがあります。それは、烏帽子の男性を借上と

することです。該当の箇所の詞書にはこうあります。

【詞書】
　訴訟事ありて京より下りたる女房ありけり。ならはぬたひのすまい事
にふれてたよりなかりければ、あさ夕の煙たえたるおりもありけり。在
時ことに難去事侍て、鎌倉の小町といふ所に廻旋する入道のありけるに
廿貫の用途をそ借りたり

　用途は銭ですね。そして、借上は入道なのです。詞書には、はっきりと小
町という所を本拠に各地を廻旋する、つまり、あっちこっちまわっている入
道から20貫借りたというように書いています。この画面にいる男性は烏帽子
をしていますから入道ではありません。と言うことは、彼は借上ではないの
です。では、本物の借上はどこにいるのか。ここ（図A～C）にいます。

（図A）

（図B）

（図C）

（図E）

白い装束の男性が剃髪して僧侶の姿をしていますね。実は彼こそが女房に銭を貸した借上なのです。先ほどの縁側に跪いている男性は借上の下人で、図Dは、その下人が主人の借上の命令で20貫の銭を女房に届けに来た画面であるわけです。または、確定的ではありませんが、図Dで女房と対面している女性が借上の妻だとすれば、借上の妻に従って銭を運んできた画面なわけです。と言うことは、従来の縁側に跪いている男性を借上という解釈に基づいて行われていた多くの授業は誤りということになります。

　では、なぜ誤りが生まれ広まってしまったのでしょうか。1つは、黒田俊雄さんの『蒙古襲来』という本です。この本は1965年、戦後日本に歴史ブームを巻き起こしたシリーズ（中央公論社版・日本の歴史）の1冊で、その373ページにこの絵が挿絵として掲載されていて、「借上」と題されています。2つ目は、1993年に朝日新聞社から出された『見る・読む・わかる日本の歴史 ② 中世』で、瀬田勝哉さんがこの絵を紹介するのに、この跪いている男性が、いわゆる借上だという解説を書いており、日本史の教科書や図説の中でも、この男性が借上であると記された。このことが誤った解釈を広めて、それに基づく授業が行われてしまったのではないかと思います。

　となれば、従来の解釈は誤りなので、この『山王霊験記』は教材として使用するのをやめてしまいましょうか。それはあまりにもったいないと私は考えました。この絵（図D）が先ほど述べたように借上の営業の実態や借り手の階級性、それから貴族が借上から銭を借りなければならなくなった理由を示す貴重な史料であることには変わりはありません。したがって、なんとか正しい解釈に基づいてこの絵巻を教材化できないかと考えました。私が考えついたのは、この画面だけでなく、『山王霊験記』絵巻のこのストーリーは5つの画面から成っているので、そのすべての画面を教材にしたら良い授業が出来るのではないかと言うことでした。

　生徒に席の近い同士で班、今回はペアー（2人）を作らせます。そして、この5枚の絵について考えさせます。

　第1の発問は『この中に借上がいるんだけど誰だと思う？ 2人で協力して探しなさい。探せたら、その人物の似顔絵を描きなさい』です。

　この発問のねらいは、まず、教材の各画面をじっくり自分の目で観察させることです。そして、しばらく時間をおいて、さっき言ったこの入道こそが借上であるということを言います。

次の発問は『このAからEまでは、本当の並び方ではなく、5つの画面を順序バラバラにしたものです。本当はどういう順序だったのか、物語のストーリーをペアーで考えなさい』です。

　どのクラスでも生徒はペアーで話し合いながら夢中になって考えます。3学期の学年末試験の最後に必ず『1年間日本史を勉強してきたけど、君が1番印象に残っている、面白かった、楽しかった、と思う授業はどれですか』ということを書かせますが、この授業が1番面白かったと書く生徒が何人もいます。自分たちで想像力を使いながら、ペアーになった子と色々と知恵を出し合って考えたのは生徒にとって楽しい作業だったようです。

　みなさんもどのようなストーリーか、想像してみてください。……

　はい。実際の授業でも、しばらく経ったあとヒントを与えます。それは、1番最初はDだよ、というヒントです。「えーっ」ということになりますが、Dのシーンについて説明をします。

　『鎌倉時代の4代将軍藤原頼経の時代に裁判のために京都から鎌倉にやってきた女房、つまり貴族階級の女性がいた。ところが、彼女は訴訟費用や滞在費が足りなくなったのだろう。鎌倉の小町というところで借上をしている入道から20貫の銭を借りる。画面Dは、その銭が借上の下人によって届けられた画面です。さぁ、続きはどうなるかな』

　だいたい生徒が想像したストーリーの多くは、お金を借りた女房がお金を返せといわれて返せないといったら、物を持って行かれたり、人が連れて行かれた。残された人たちは悲しんでいる、といったストーリー（D→A→C→B→Eなど）です。やっぱり、金融業者＝借金取りのイメージがいまだに生徒の中に多いのではないかと思います。

　しかし、みなさんも同じだと思いますが、こうじゃないかなと答えを出しても、絶対にこれが正しいという確信をもって予想したわけではないと思います。考えていくうちに、むしろ多くの疑問点や矛盾点を見つけていったのではないかと思います。ただ、その疑問点や矛盾点は正解の順番（D→E→A→B→C）と次のような各画面の「解説」を読み合わせることによって、これはそういうことだったのか、ということがわかってきて、生徒の画面解釈はより精密なものになっていきます。

　では、各画面の「解説」を読んでいきます。最初の画面（D）は先ほど述べた通りです。

┌───┐

【『山王霊験記』各画面の解説】

≫2番目の画面（E）

　女房は借金返済のめどがたたず、利子がたまって80貫になってしまっ
た。もはや、進退窮まってしまい、仕えていた下人が10人ほどいたのを
借金の抵当（かた）に取られてしまうことになった。親の代から仕えている譜代
の者、1つ2つの頃から仕込んだ者もいて、行き先もわからず離ればな
れになるのは互いに誠に忍びない。主人と下人とはいっても長く生活を
共にしているだけに彼らのなげきは深く、別れる前にせめて日頃信仰し
ている日吉神社に参詣しようということになった。全員で参詣し、来世
で再び縁を結ぶことを祈ったのである。

≫3番目の画面（A）

　このころ借上の入道の娘が病気にかかる。この娘が神のお告げをうけ
て、かの女房の借金を今すぐに帳消しにせよと言う。借上夫婦は女房の
証文を探そうと多くの借金証文を綴ったものを持ち出して調べ始める。
すると、娘が証文の束を取り上げ、沢山の中からただちに目的の文書を
選び出し、病気はぴたっと治まったのである。

≫最後の画面（B→C）

　日吉山王の神が心にかけておられる方を責め立てて借金を取り立てよ
うとしたのはまことに申し訳なかったと借上夫婦は反省し、80貫の証文
を破棄するだけでなく、女房に衣装や酒なども贈った。

└───┘

4. 生徒の「変だなぁ」を考える──紙上討論で迫る宗教と金融の関係

　次の発問は、女房が訴訟のためにはるばる鎌倉に来たのはなぜかです。こ
の発問は、教科書の荘園の地頭侵略の項を読ませて時代背景をつかませるこ
とがねらいです。そして、『山王霊験記』の各画面やストーリーについて
「変だなぁ」と思ったことをあげなさいという発問につなげていきます。

　一生懸命に画面を見てストーリーを考えた生徒は「これは何だ？なぜここ
にこのようなものが描かれているんだ？どうしてこんなシーンがあるん
だ？」というような疑問を多く持ったに違いない。この発問の目的は、その
中からみんなで探究するテーマを選んで、この時代の真実に迫っていこう
というわけです。

むろん、生徒の疑問のすべてを探究しようというのではありません。たとえば、「太鼓はなにに使うの？」といった疑問が出されます。画面BやCに大きく立派な太鼓らしきものが描かれています。しかし、これは太鼓ではありません。この時代にはやっていた酒樽なんです。でも、生徒はなかなか信じてくれません。そこで、みんなと前に見た『一遍上人絵伝』の中でも描かれているよというと、「あっなるほど」と納得してくれました。有名な「筑前国武士の館の図」ですが、筑前国の武士の館では遊女を呼んで宴会が開かれています。そこに、同じ太鼓型の酒樽があります。このような謎解きもしていくわけです。

　次の疑問は、「なぜ僧侶つまり入道が借上をしているのか？」です。この疑問が出されることは、私が授業する前から予想していたことであり、期待していたことでもあります。なぜかというと、現代の日本のような高度に発達した資本主義社会に住む高校生にとって、金融と宗教は最も疎遠な関係にあります。ところが、鎌倉時代にはこれが一体化していた。生徒にとってはこれほど意外な事実はありません。

　生徒が歴史を主体的に考えようとするためには、それまで生徒が持っていた歴史についての常識では説明できない事実を提示するということが欠かせません。誰でも多分こういうことだろうと思っている常識が事実で揺さぶられたり、否定されれば、本当はどうなんだ、どうしてなんだと自分が納得できるまで考えたくなりますよね。僧侶姿の借上の存在は生徒にそんな気を起こさせ、彼らを歴史認識の主体として立ち上げていく効果を持つ。

　さらにそういう問題であれば自らが何か答えを思いつくと誰かに言ってみたくなりますよね。また、それを聞いて、なるほどと思えば付け足しや賛成の意見をいいたくなりますし、いや違うのでは、なんでそうなるのと思えば、生徒の言葉でいえば「ツッコミ」や「ダメ出シ」をしたくなる。それを受ければ反論や回答もしたくなる。つまり、討論という形式で授業が活発な意見交換の場になりやすいということです。ですから、２時間目の最後にこの疑問をみんなで考えていこうと私は呼びかけて次の授業に入っていくわけです。

　というわけで、普通ですと次の授業から討論ということになるのですが、今高校３年生のクラスで討論をやるのはだんだんつらくなってきています。なぜかというと、２学期になると生徒の欠席率がだんだん高くなってくる。生徒の多くは大学に行きたいと考えていますから切羽詰まってくるんですね。そうすると、学校に行くより予備校もしくは自宅での勉強に走っていくんで

すね。教室の中で欠席者が増えていってそれが蔓延します。その中で討論を組織するのは至難の業です。昨日良い意見を言った生徒がいて、明日の授業は君の反論からねと言っても明日になるとその生徒がいないということになりかねません。

　そういう時はどうするかというと、1つのやり方として紙上討論にします。意見を書かせて、その中から私が代表意見をピックアップして日本史通信という、私が担当しているクラスの生徒を対象に発行している通信に載せます。それに対して批判、質問、賛成意見を出しなさいとして、それを日本史通信で発表する。そして、批判や質問を受けたら反論・回答しろといって代表意見を書いた子を中心に意見を書かせて載せていく。これにはもう1つの利点があります。それは日本史通信ではずっと論争が続きますが、実際の授業は先に進むことができることです。

　では、紙上討論でなぜ僧侶＝入道が借上をしているのか？　というテーマはどうなったか。私が代表意見として選んだのは次の意見です。

> 　僧侶は人々を救うイメージがある。お金を貸すのも、元々は困っている人を助けるためだったのではないか。だから、はじめは僧侶がやっていた。それが儲かるってわかると普通の人もやりたくなった。でも金融は僧侶の仕事みたいに思われていたので、僧侶にならないといけなくなった。ニセ僧侶？　この絵の僧侶だって別にお寺で本当の僧侶をしているわけではなくて、ぜいたくもしているわけだから、そんな理由だと思う。

　この代表意見に対して賛成・反対・批判・質問などの意見を募るわけです。ですから、代表意見にどのようなものを選ぶかというのはきわめて重要です。論旨が明確でなるべく生徒が自分で考えたオリジナリティに富んだ意見を載せます。そうすることでそれに触発されてさまざまな意見が出てきます。たとえば、次のような意見です。

> 　お金を貸す人にとって一番心配なのは返してもらえるかだ。世の中いい人ばかりではないし、朝廷や幕府に訴えても貴族や武士からお金を取り戻してくれるとは考えられない。永仁の徳政令では「今後は、金銭貸

借の訴訟はいっさい受け付けないことにする」なんてしている。農民は
逃亡する。だから借りた人が自分から返さなきゃっ！って思わせないと
いけない。その点、お坊さんなら裏切ったらバチがあたりそう。返さな
いと地獄に落ちるって言われたら、みんな恐くなって返そうとするんじ
ゃないか。

　永仁の徳政令が発令されたこととか、この時代農民が盛んに逃散をしてい
たことは既習の知識です。しかし、それらは今までは単にそうだったと知っ
ているだけのいわば事実認識に過ぎなかった。ところが、この生徒は先の代
表意見を読んで新たな事実認識を獲得した。それは、金融とはもともと僧侶
による困った人々を助けるための宗教活動の一環だったということです。そ
うすると、この時代の金融業者が僧侶の姿をしているという最初自分では納
得できなかった事実もこれらの事実認識と結びつけることで説得的に解釈で
きる。
　つまり、僧侶からの借金を返済せずに踏み倒したら仏への犯罪、バチがあ
たるとか地獄に落ちるというように当時の人々は考えていた。だから、この
時代の金融業者（借上）は借金の踏み倒しを防ぐために僧侶姿の入道になっ
た、と。今までバラバラだった事実認識が一定の論理で結びつけられて、構
造化されて１つの歴史像が創造されるようになったわけです。関係認識の構
築と言いますが、生徒による主体的な認識形成とはこのように行われるので
はないかと思います。そして、このような討論を通じて生徒は次のような歴
史観を獲得していきます。つまり、金融というのは元来公共性、困っている
人を助けるためという要素を持っている。そのために宗教活動の一環として
行われていた。ところが、やがて宗教性が形骸化、手段化していくことで金
融業自体は繁栄、発展していくけど、同時にもともとあった公共性が失われ
ていったということです。
　では、この時代失われ始めた金融の公共性は今後どのような展開を遂げて
今日の金融のあり方をもたらしたのか、生徒はこのような問題意識をもって
今後の日本の歴史を見ていくことになります。こうして得た知識・認識は現
代の日本や世界の金融の問題性を生徒が気づき、かつ、これからの金融のあ
り方について、どうあるべきかを考えていくための１つの基礎的な知識・認
識になっていくのではないか。この授業はそういう意味で学びがいのある授
業になったのではないかと思います。

おわりに──授業の４大要素を考える

　最後に、授業の４大要素について話したいと思います。私が考える授業の４大要素とは次の４点です。

【授業の４大要素】

◎教育目的

　　今、生徒は歴史認識の主体としていかなる発達課題をもっているのか。なんのために、どのような授業をするのか。授業を通じてどのような人間になってもらいたいか。

◎教育内容

　　その授業、単元では、具体的に何を教えたいのか、考えさせたいのか、身につけさせたいのか。

◎教材

　　教育内容とした概念や理論、技術などを学習内容（生徒が学びたいこと、考えたいこと、習得したいこと）にいかにして転化させるか。その媒体となるものはなにか。

◎授業方法

　　教材を活かして、教育内容を実現して教育目的を達成するためには、どのような学習活動を組織するか。

　私はこれらのことを頭に置きながら、それぞれの要素がより今の生徒に適合したもの、ふさわしいものになるよう授業づくの日々、最初に戻りますが悪戦苦闘の日々を送っているということであります。

　ご協力、ご静聴ありがとうございました。

【コラム①】

生徒はくっつけるのが好き
──加曽利の犬の場合の対処法──

　拙著『考える日本史授業　1 〜 4 』（地歴社、1991年、1995年、2007年、20
15年）のすべての巻で、実践年度の異なる「加曽利の犬」の実践報告を載せ
てきました。加曽利貝塚から発見された犬の骨について、成獣でなぜ犬だけ
がバラバラではなく死んだままの完全な状態で出土したのかと生徒に問うて
討論させるという授業ですが、教科書（実教出版『高校日本史Ｂ』）でも、
下の写真や解説とともにこの授業の進行のアウトラインを掲載し、NHK教育
テレビの『わくわく授業─私の教え方』という番組では、実際の授業にカメ
ラクルーが入り、生徒による討論の様子が撮影され、放送されました（2003
年 6 月12日）。そのためか、この授業は多くの先生方に追試をしていただい
ています。校種は高校とは限りません。中学校でも、小学校でも、生徒（児
童）がたのしく活発に討論しているとの話を聞くにつれ、私としても嬉しい
かぎりです。

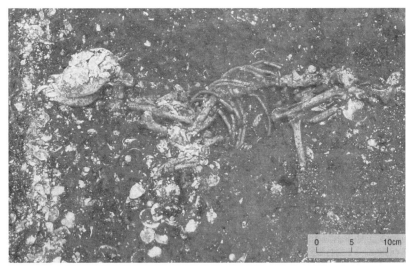

加曽利貝塚から出土した犬の骨

●加曽利貝塚は坂月川の上流域にあり、下総台地の斜面に位置する遺跡である。坂月川は、千葉市街を流れる都川に合流して東京湾にそそいでいる。
●長径160メートル・短径145メートルの北貝塚と、長径185メートル・短径155メートルの南貝塚が、めがね状に接している。
●縄文早期から晩期にかけての遺跡だが、最盛期は中期から後期にかけての時期である。
●貝層の厚さは2メートル以上の所もある。はまぐり・あさり・おきしじみなどの貝殻のほか、いのししや鹿などの獣類、かも・きじなどの鳥類、くろだい・まあじ・ぼらなどの魚類の骨も出土する。
●全体の約1割が発掘されただけだが、そのなかに50体以上の人骨とともに5頭の犬の骨が発見されている。
●加曽利の人々は、遺跡＝集落から東側の緩やかな斜面を下って坂月川に丸木船を浮かべ、都川に出て東京湾の海浜で貝や魚をとっていた。

貝塚の断面　　　加曽利貝塚全景

加曽利貝塚の解説

　しかし、うまくいかなかったという報告を受けることもあります。たとえば、猟犬説・番犬説・ペット説が立ったので討論させようとしたら、1人の生徒が「この犬は昼間は猟犬として働き、夜は番犬としての役目を果たし、子犬の時は子どもたちの遊び相手で大人にも癒しを与えるペットであった」と言い出したら、みんなそれに賛成してしまって討論にならなかったというのです。

　その先生は『生徒はくっつけるのが好きなんです』と肩を落とされました。

　たしかに、猟犬・番犬・ペットは互いに排除しあう存在ではありません。つまり、猟犬ならば自動的に番犬ではありえないということはない。なので、上記したような生徒の答えも一応は成り立ってしまうのです。しかし、それをそのまま認めてしまったら、その先生の授業のように生徒はそれ以上考えようとはしません。新しい説が出ても際限なくくっつけ続けるだけです。

　必要なことは分析させることなのです。写真に写っているのは1匹の犬の骨です。それに猟犬・番犬・ペットという要素が同時に内在していると生徒は認識しているのですから、それらを腑分けさせるのです。

　宮原武夫氏は次のように言っています。

「子どもにとって『分析』という概念は……１つの教材のなかに含まれている何種類かの異質の要素を識別する過程で活用されるもので、漢字の用語で表現するほどの高度の概念ではなく、日常生活のなかでも活用している概念である」（『子どもは歴史をどう学ぶか』青木書店、1998年）

　ただし、分析するには観点が必要です。教師の仕事はまずはその観点を例示することです。たとえば次のようにアドバイスしてみてはどうでしょうか。

　『そうかもしれないな。でも、加曽利貝塚で生活していた縄文時代の人たちが、自分たちの貴重な食料の一部を餌として与えるってことまでして、この犬を飼っていた１番大きな理由はなんだろう』

　「う〜ん」

　『じゃ、別の聞き方をするよ。加曽利貝塚の人が最初に犬を飼おうとした理由は何だと思う?』

　理由＝要素が複数内在することはあっても、それらは互いに無関係であるわけではありません。そこには一定の構造性があり秩序を形成しているのです。なので、観点さえ立てさせれば、そこに序列ないしは優劣が出現するのです。上の例は犬の用途はなんだったかという観点を提示したわけで、基本的に狩猟採集社会で、たとえ農耕が始まっていたとしても食糧難の時代であった縄文時代の人々にとって犬の１番の有用な用途は猟犬に違いなく、番犬やペットはそれから派生した２次的３次的用途に過ぎないとなるわけです。

　しかし、観点は複数考えられ、生徒自身によって立てられる場合もあります。実際の例ですが、ペット説の生徒は他班から「食糧難の縄文時代にペットなんてありえない」とさんざん批判されてしまいました。これに答えられないと自説は破綻するという危機感のもと、彼らは次のように反論しました。

　「この犬は猟犬だったかもしれない。番犬でもあったかもしれない。でも、猟犬って狩猟のための道具ってことだよね。番犬もムラを見張るための道具ってことだよね。もしそういうように当時の人たちが思っていたら、イノシシ狩りで逆にイノシシにやられて死んだ犬はもう猟犬としては役立たないわけで、そこらへんに捨てて行くんじゃないの。わざわざ、ムラに死んだ体を運んで人間と同じように貝塚に埋葬するなんてする?番犬だって同じ。この写真の犬は人間が屈葬されたように前足と後ろ足を屈めて丁寧に埋葬されている。ってことはそこに愛があったからだ。ペットというと単なる愛玩犬って思われちゃうけど、縄文時代にも人と犬は愛で結ばれていたから、犬だけが貝塚に埋葬された」

つまり、この班の生徒は、犬の用途という観点ではなく、縄文人による埋葬の理由はなにかという観点を立てて、この写真の縄文犬に内在する複数の要素を秩序化し、自分たちの班の説に有利な分析を行ったのです。なお、イノシシ狩りに際して犬がいかなる役割を果たし、多くの犬がイノシシによって死傷させられたことは小宮孟著『イヌと縄文人』（吉川弘文館、2021年）に詳述されています。ご一読ください。

第2章
授業者を育てる
——大学「教職課程」の実践——

【本章を読まれる前に】

　教員生活44年目にして、私は最大のピンチを迎えました。それは、2020年4月27日付けの国士舘大学教務課からの通知でした。「今回、本学では春期すべてをオンライン授業で行っていただくことになりました」というのです。学年当初には新型コロナウィルス感染拡大にともなって4月の2週分はオンラインでの授業になるかもしれないといった話しでした。私は内心その間の2回の授業は休講にして、通常に戻ったら補講すればいいと思っていたのですが、そうはいかなくなってしまったのです。そもそもオンラインって何だ？　頭の中は真っ白。「ぎゃぁ〜　どうすりゃいいのさ、この私」というのがその時の私の心境です。

　でも、頭を抱えていてもしょうがない。こういう時は恥も外聞もない。SOSを送って助けを乞うしかない。さっそく、教務課に電話しました。しかし、通じない。そりゃそうだ。大学自体が閉鎖状態、職員は自宅待機なのだから。そこで、教育学科の担当の専任教員にメールで事情を説明し、教えを請うことにしました。親切な担当のT先生は私のPC音痴ぶりに危機感（このままだと社会科教員養成の科目に穴があく）を覚えたのか、懇切丁寧に教えてくれました。やがて教務課とも連絡が付くようになり、活路は開かれていったのです。

　一口にオンライン授業といっても【動画・音声配信型】（講義内容の録画映像や録音音声の配信を中心とした授業）、【資料配信型】（資料などをmanabaという学生向けのクラウドサービス＝「インターネットを経由してデータやソフトウェアを提供するサービス」に掲載し、それを教材として進める授業）【双方向型】（ZOOMなどを使ってリアルタイムに実施する授業）の3つの方法が設定されていました。私は【資料配信型】で行うことにしたのですが、理由は私のPC操作の力量でもどうにか出来そうというのが第1、それに、これまでの私の授業（「社会科・地歴科教育論」「社会科・公民科教

育論」）は、学生に事前に資料（社会科教育を代表するような実践家の授業記録や、今後の社会科教育の方向性を示すような若手教師の授業記録など）を配布し、「この実践の優れている点、学ぶべき点はどこか」と「この実践への疑問点、批判点、改善点はなにか」の２つの観点から分析してくることを宿題として、それを教室で交流し、私が解説を加える形態でした（詳しくは第12節参照）。その基本を崩さずになんとか授業が出来そうだと思ったからです。

　主に学習指導案の作成を指導する「地理歴史科指導法」「公民科指導法」や大学院の授業も資料を事前に配布して課題を提出させ、それをもとに受講者同士の意見交流を図り、私が解説を加えるというやり方だったので、同様に【資料配信型】で行いました。

　こうして、学部の４コマ、大学院の２コマ、そして同様にオンライン授業となった武蔵大学の１コマも同じ方法で行うこととして、７コマの授業をオンラインで行うこととなったのです。結果、私のメールアドレスには１週間で150人近くの学生・院生の課題レポートが送られてくることとなりました。私はそのすべてに目を通し、受信確認の返信をし、「社会科・地歴科教育論」「社会科・公民科教育論」では、時に分析不足を理由に再提出を指示することもありました。そして、学生の課題レポートを踏まえた解説（講義録）と次回分析する資料（実践報告など）をmanabaに掲載していったのです。

　８月第２週で春期の授業は終了しました。さまざまな人に助けられて、どうにか乗り切った感じですが、得がたい体験であったことは確かです。なにしろ忙しかった。受講生からの課題レポートは深夜２時を過ぎても送信されてくるし、それらを踏まえての講義録と次回用の資料をカリキュラム上の講義日の２〜３日前にはmanabaにアップしなければなりません。

　しかし、悪いことばかりではありません。今までだと学生の課題レポートの点検は授業開始直後の数分間で行っていたため、やってきたかどうかのチェックが精一杯で内容を確認する余裕がなかったのですが、今回はじっくり読むことが出来ました。そこには学生の社会科教育についての様々な認識や意識が反映しており、彼らが社会科（公民科・地理歴史科）の教師＝授業者となっていく上での困難や課題をよりリアルに知ることが出来ました。

　彼らの多くは、manabaを通じて紹介されるような生徒が主役になって活躍する授業がしたいと思うのですが、自分にそれが出来るか不安に思っています。不安の原因は、講義式やプリント学習の授業しか受けてこなかった自分

に討論授業などのアクティブラーニングを本当に指導できるのか、そうはいっても現場では受験対応の授業が求められるのではないか、教科書べったりではない魅力的な授業を創造するには自分には専門知識が不足しているのではないか、などなどです。これらの不安を解消して、彼らの授業者としての主体性や力量を向上させるにはどのような内容の学修をいかなる体系のもとで組織すれば良いのか、教職課程の授業の担当者（社会科・地理歴史科・公民科教育者の教育者？）としての自分の責任と課題をより強く意識させられる結果となりました。

　本章は、国士舘大学（「社会科・地歴科教育論」「社会科・公民科教育論」）と武蔵大学（「中等社会科教育研究１」）でのオンライン授業７本（学生が授業の感想などを書いたレスポンスカードは対面式で授業をしていた年度のものも含くめて分析しています）と対面式授業２本の実践報告です。

　なお、国士舘大学での授業で分析した実践は年度により入れ替えましたが、主なものは下記の通りです。そのうちの安井俊夫「中学校歴史・小さな川に命をかける」を学生に分析させた東京学芸大学での実践を拙著『考える日本史授業　４』（地歴社、2015年）に載せたので、ご参照ください。武蔵大学の授業で取り上げた実践は第13節でリストアップしました。

【社会科・地歴科教育論】

　石堂正彦「小学校３年・学校のうつりかわり」（『子どもが主役になる社会科の授業』国士社、1994年）

　木村誠「小学校５年・水産業学習」（『子どもが主役になる社会科の授業』）

　山本典人「小学校６年・野尻湖人はナウマンゾウをどうやってとったか」（『小学生の歴史教室（上）』あゆみ出版、1985年）

　石上徳千代「小学校６年・刀狩の本当のねらいは何か?」（『社会科教育の今を問い、未来を拓く』東洋館出版社、2016年）

　白鳥晃司「中学校地理・三線・黒砂糖と沖縄学習」（『子どもが主役になる社会科の授業』）

　滝口正樹「中学校地理・原発被ばく労働で息子を失った母と中学生との交流」（『歴史地理教育』610号、2000年６月）

　石井建夫「中学校歴史・象の旅から見えてくる鎖国」（『子どもが主役になる社会科の授業』）

　安井俊夫「中学校歴史・小さな川に命をかける」（『子どもと学ぶ歴史の授業』地

歴社、1977年)

小林朗「中学校歴史・原始人日記を書こう」(『社会科教育の今を問い、未来を拓く』)

高嶺直己「中学校歴史・写真花嫁はなぜ海外へ渡ったのか」(『考える歴史の授業（下）』地歴社、2019年)

新納ひかり「中学校歴史・戦争加害者の証言は何を伝えているのか」(『考える歴史の授業（下)』)

小林光代「中学校地理＋学年行事・地域の課題を子どもとどう学んだか」(千葉県歴史教育者協議会会誌『子どもが主役になる社会科』25・26合併号、1995年7月)

泉貴久「高校地理・北方領土は誰のもの？」(『中等社会科の理論と実践』学文社、2007年)

若杉温「高校日本史・幕末の打ちこわしをあなたは支持しますか」(『考える歴史の授業（下)』)

楪澤和夫「高校日本史・『御真影』が崇拝されたのはなぜか―近代天皇像の成立―」(『絵画・写真・地図を使って討論を』日本書籍、2000年)

柴田祥彦「高校地理・都立高校の生徒たちに原発立地地域から東京をふりかえらせる授業」(『社会科教育の今を問い、未来を拓く』)

加藤公明「高校日本史・藤原元命はなぜ国司を罷免されたのか」(『考える日本史授業 3』地歴社、2007年)

北尾悟「高校日本史・原爆はなぜ投下されたのか」(『子どもが主役になる"歴史の討論授業"の進め方』国土社、2002年)

青木孝太「高校日本史・ハジチを禁じられた沖縄女性の葛藤」(『子どもとつくる平和の教室』はるか書房、2019年)

齊籐征俊「高校日本史・ハンセン病問題から近代日本を問い直す」(『〈社会的排除〉に向き合う授業』新泉社、2022年)

愛沢伸雄「高校世界史＋生徒会指導・教室から地域・世界へ―世界に目を向けた生徒のウガンダ救援活動」(『子どもが主役になる社会科』25・26合併号)

棚沢文貴「高校世界史・遊牧社会の成立」(『子どもが主役になる社会科の授業』)

米山宏史「高校世界史・世界最初の奴隷解放革命・ハイチ革命を扱って」(『中等社会科の理論と実践』)

【社会科・公民科教育論】

河野栄「中学校公民・少女ナツミから学ぶ労働基本権」(『子どもが主役になる社会科』42号、2011年8月)

熊井戸綾香「中学校公民・平和のために核兵器を禁止すべきか、討論する」(『考える歴史の授業(下)』)

岩崎圭祐「中学校公民・難民の現実を知り、ともに生きる方途を考えあう」(『考える歴史の授業(下)』)

栗原久「中学校公民・学習者の素朴理論の転換をはかる社会科授業の構成について―『山小屋の缶ジュースはなぜ高い』―」(『社会科教育研究』102号、2007年12月)

升野伸子「中学校公民・男女差別が見えにくい現代社会で、『ジェンダー教育』をどう進めるか―賃金分布から見えない差別について気づく眼を育てる授業―」(『社会科教育の今を問い、未来を拓く』)

安井俊夫「中学校公民・婚姻届を書こう―憲法入門―」(『主権者を育てる公民の授業』あゆみ出版、1986年)

柄澤守「高校現代社会・八千西をさがせ! 桑納川で何かがおきている 〜身近な題材を用いた授業開きと"川"の授業〜」(『子どもが主役になる社会科』37号、2006年7月)

松井延安「高校現代社会・自殺は自己責任なのか」(『子どもとつくる平和の教室』)

華井和代「高校政治・経済・模擬体験で学ぶシリア紛争と難民受け入れ問題―「当事者」として考える国際政治―」(『社会科教育の今を問い、未来を拓く』)

深谷倫子「高校政治・経済・戦争は希望か―教員1年目の政経の授業」(『子どもが主役になる社会科』39号、2008年8月)

加藤公明「高校倫理・クローン人間は許されるのか－人権・科学進歩・死の価値を考える高校生－」(『考える日本史授業 4』地歴社、2015年)

杉浦正和「高校公共・新科目『公共』に向けて－権利・人権授業を構想する」(『武蔵大学教育課程年報』34号、2020年3月)

青木賢一郎「高校公共・持続可能な社会のキーワード＝ＳＤＧＳ」(『歴史地理教育』937号、2022年3月増刊)

小学生はいかにして歴史を真剣に考えるようになるのか その1
——山本典人実践に学ぶ——

はじめに

　教職課程（「社会科・地歴科教育論」）の学期始めにどのような授業ができるようになりたいかと聞くと、学生の多くが一方的な教え込み（チョーク＆トーク）の授業ではなくて、生徒が真剣に歴史を考え、みんなで協力して歴史の謎を解いていくような授業と答える。では、どうしたらそのような授業を実現することができるのかと問うのだが、明確な答えは返ってこない。その理由は、彼らがこれまでにそのような授業を受けたことがなく、自分の体験を総括してこうすればそれは可能だと言えないからである。

　であれば、まずは、実際に子どもが歴史を真剣に、つまり自分事として考えて、みんなで歴史の真相に迫る授業の実例を紹介する必要がある。そして、それらの授業ではなにが子どもをそのような主体的で協働的な歴史学習に向かわせているのかを学生自身に分析させる。その分析を交流した上で私の解説コメントを読む。私の授業はそのようにして、学生の歴史教育者としての授業観の形成と授業力の育成に取り組んでいるのだが、小学6年生を対象にした山本典人実践から学生はどのようにすれば子どもが真剣に歴史を考えるようになるのかを学ぶことになる。

1. 実践の概要

　実践者の山本典人氏は1954年に東京都の公立小学校に赴任し、小学校社会科、特に歴史の先駆的な実践を数多く発表して小学生の思考や感性、行動の特徴に応じた授業のあり方を追求した。

　取り上げた実践は、テーマ「大むかしの人びとのくらし」の第2時限「野尻湖人はナウマンゾウをどうやってとったか」である。山本氏の著書『小学生の歴史教室 上』（あゆみ出版、1985年）に掲載されている。

　まず、山本氏は野尻湖から発掘された実物大のナウマンゾウの臼歯をみせて、体高3mにもなる大きさを実感させたり、牙の長さが114cm、太さが最

大10cmであったことなどを説明し、『野尻湖人たちよ。おまえたちは、おなかペコペコだ。ナウマンゾウを殺せないと飢え死にだぞ。先生がナウマンゾウになる。さあ、殺してみろ！』と宣言する。6年生の子どもを約4万年前の旧石器時代にタイムスリップさせるわけだが、山本氏は『ずばり第1時から歴史の世界に子どもたちをひきずりこんでいく』と自らの授業方法を表現している。そして、自分の授業の特徴を「もの」を使い、「からだ」に訴えさせることだともしている。この授業はまさに山本実践の典型といえよう。

　子どもは石を投げるとか、飛び乗って目をつぶすとか、落とし穴を掘るなどと言うが、ナウマンゾウ役の山本氏によってことごとく否定される。そして、『もう少しだ。石器を使え、それに集団でやることが大切だ。前は野尻湖だぞ。水の中に追いこめ』とのアドバイスを得て、数人の児童が黒板に石器を振り上げてナウマンゾウを野尻湖に追い込む絵を描いた。

　『ナウマンゾウを殺したとき、野尻湖人たちはどう思ったと思うか、叫んでみろ』との山本氏の促しに「やったあ。とうとう殺したぞ」、「こんやは、うまいごちそうにありつくぞ」などとの声があがった。放課後、ナウマンゾウをとって食べた時の様子を詩にして書いた児童がいたので、それらを通信「ぼくらの歴史教室」に載せた。

2. 学生の分析

　学生に予習としてこの実践を分析させて結果を提出させた。分析の観点は「この実践の優れている点、学ぶべき点」と「この実践への疑問点、批判点、改善点」の2つである。それらのうち代表的なものを選んで全員に紹介した。

【学生①】野尻湖人の気持ちに共感することができた

　この授業の優れている点は主に2つ存在していると私は考える。1つ目は児童を野尻湖人になりきらせて授業を展開した点である。ただ先生が絵本を読んで聞かせるだけでは児童自身は野尻湖人がどのようにナウマンゾウを仕留めていたのかの想像がしにくく、知識としても定着しにくい。しかし児童が実際に野尻湖人を演じ自分たちの考えを活用してナウマンゾウを仕留めたことで、児童は当時の野尻湖人の気持ちに共感することができ、時間的に遠い距離であった野尻湖人という存在を身近に感じることができるようになったと考える。また児童は野尻湖人という存在が身近になったことで野尻湖人についての興味を持ち、その興味が人

間ザルというより大きなカテゴリーに対する関心につながっているという点もこの授業の優れている点であるといえる。

　もう1つの点は授業内で多くのリアクションを取り入れている点である。児童の発言に対してその発言が正しい場合にはその子を多少大袈裟に誉め、正しくない場合も間違いを指摘するのではなくその意見を一度肯定しつつ児童を正解に導こうとしている所は素晴らしいと思う。このリアクションがあることで児童の肯定感ややる気の増大に繋がり、また記憶の定着にも結びつくと考えられるためである。

　しかしこの授業において私が改善した方が良いと思ったのは、アクションの所である。確かにアクションを取り入れることのメリットは大きい。しかしそれはアクションに参加している児童に限定されてしまうと考える。発表が苦手な児童にとってはアクションを取ることが出来ないといったことも考えられるため、児童全員が参加できるような授業を考える必要があるように感じた。

【学生②】まさに、アクティブラーニングの実践

　私は今回の山本先生の実践を読んで、自分がナウマンゾウ役になることで児童を当時の人の考え方などを身をもって感じることができるようにしていたところが優れていると感じた。当時の人の気持ちになろうと言うことは簡単だが実際にその立場になりきることは難しいと思う。それを実践できているので学ぶべきだと感じた。まさに、アクティブラーニングの実践である。また、詩を書くことでインプットしたものを自分の言葉としてアウトプットしている。理解ができていないと詩は書けないと思う。そのため、詩を書くことで理解がより深まっていると思った。

　山本先生の実践で改善すべきだと思った点は、擬音を多く使っていたことである。擬音を使った方が伝わるのかもしれないが、対象の児童は小学校6年であり、来年には中学校に進級する。現代の中学生は日本語が弱いと感じている。そのため、擬音を使うのではなく、言語化して伝えるべきであると考える。

【学生③】学ぶべき点は、演じるという部分

○優れている点、学ぶべき点

　優れている点は、児童が全力で社会科の学習に取り組むための良い方法を取り入れている点だ。このような授業は教師側からすれば、もしかすると「少しやり過ぎなんじゃないか」と思われるかもしれないが、児童からしてみれば１番楽しく全力で取り組める方法ではないだろうか。実践を見ていて、私も小学生の頃にこのような授業を受けてみたかったなと強く感じた。

　学ぶべき点は、演じるという部分だと私は感じる。私は、児童を教え導くあらゆる職業は「役者」とにている部分があると考えている。なぜなら、児童の前で普段の顔を見せるわけではないからだ。教壇に立てば、「先生」と言う顔で児童と向き合っていく。悪い意味ではなく、いい意味で演じるという点が私には学ぶべき点であると感じられた。

○この実践への疑問点，批判点、改善点について

　改善点について、少し残酷な表現が多すぎるため、もう少し柔らかい表現があってもいいのではないかと言うところだ。確かに、ありのままを伝えることが学びを深めることに繋がる。しかし、男子たちが全力になれても、女子たちが全力になれるかはわからない部分がある。そのため、残酷な表現に慣れていない児童がいるかもしれないと言うことを考慮し、表現の仕方を多少変えた方がいいのではないかなと感じた。

3．加藤からのコメント

　上記の学生らによる分析をふまえて、私からの下記のコメント（講義録）を受講生全員に送った。

【加藤からのコメント】

歴史認識の方法——内在的な方法と分析（客観）的な方法

　学生①はこの授業の優れている点として「児童が実際に野尻湖人を演じ自分たちの考えを活用してナウマンゾウを仕留めたことで、児童は当時の野尻湖人の気持ちに共感することができ、時間的に遠い距離であった野尻湖人という存在を身近に感じることができるようになった」とし

ています。まさに、この授業の歴史の授業としての特性はその点にあります。

　実は、歴史を知る、つまり歴史認識を獲得する、この頃では構築するといいますが、2通りの方法があります。

　1つは、自分がその時代に生きていたとしたら、その状況の中でなにを考え、どう思い、いかに発言し、行動するかを想像して、その時代がどんな時代だったのか、歴史はどのように推移していったのかについて自分なりの説明ができるようになったり、イメージを語れるようになったりすることです。歴史の中に入り込んで様々に考えると言う意味で「内在的な方法」と呼ぶことにします。

　2つ目は、内在的に対して外在的、歴史に入り込まないで外から観察する方法です。

　現代に生きるわれわれが遠い過去の時代を知るにはどうしたらいいか。もちろん、タイムマシーンなんてないわけで直接その時代に行くことはできません。でも、その時代の人が使っていた物や生活の痕跡、やがては書いた物なんかで、時代を遡れば遡るほど数は少ないのですが、現代まで残されたものがあります。史料といいますが、その史料から事実を見いだして、なぜそんな事実がこの時代に起きたのかを解明して、そのことにどんな意味があったのかを考えていく。つまり、史料から事実を分析し、解釈し、評価する（歴史的に意味づける）ってことですが、これによってその時代がどんな時代だったのか、歴史はどのように推移していったのかについて合理的で体系的な説明を考えるということです。このような方法が2つ目の「分析（外在）的な歴史認識の方法」です。でも、外在的って日本語としてあんまり使われないので、もっと一般的な言葉をつかって、「分析（客観）的な方法」と呼ぶことにします。

「内在的な方法」による小学校の歴史の授業

　むろん、この授業は「内在的な方法」によって児童に旧石器時代像を構築させたわけです。山本先生はベテランの小学校教師なので、小学生が歴史認識を獲得するにどちらの方法が適しているかをわかっていたんですね。

　「分析（客観）的な方法」で歴史認識を獲得するためには論理的に考える力だけでなく、抽象的で概念的な思考力も必要となる。それは小学

生には難しい。その点、「内在的な方法」は、その時代の人々の立場にたって自分ならどうするかを真剣に想像することなので、必要なのは、学生①の指摘の通り、それぞれの時代の厳しい環境のなかで懸命に生きようとしている人々に対する共感です。それならば大人よりもむしろ純粋で素直な感性の持ち主である小学生にふさわしい方法ではないかと山本先生は考えてこの実践をつくったわけです。

　現に中川孝治という子が書いた詩が載っていますが、「こわがっていたら、めしぬきだぞ、一人じめしようとして一人でやるな」とあります。この子は本当に野尻湖人になりきっていますね。教室の天井ほどもある大きなナウマンゾウを殺すなんて、ゾウも必死に抵抗するだろうから、人間の方に犠牲者も出るし、怖い。ひるんで逃げ腰の人がいたに違いない。でも、このゾウを逃したらみんな飢え死にだ。自分がリーダーだったら、なんと言ってみんなを奮い立たせるか。自分なりに考えたのです。そこで思いついたのが「こわがっていたら、めしぬきだぞ」であったわけです。でも、中には獲物を独占しようとして抜け駆けをしようとする奴もいるだろう。それを制止する言葉が「一人じめしようとして一人でやるな」だったわけです。

　この授業を「分析（客観）的な方法」で行うことも可能です。そういう場合はこの授業のMQ（メインクエスチョン）はなにかを考えるんです。この授業のそれは『野尻湖人たちよ。おまえたちは、おなかペコペコだ。ナウマンゾウを殺せないと飢え死にだぞ。先生がナウマンゾウになる。さぁ殺してみろ！』ですよね。　この先生からの呼びかけが、児童を旧石器時代の野尻湖の世界へ誘ったわけです。これを『野尻湖人たちはどうやってナウマンゾウを殺したか』に変える。すると、児童は、なにか手がかりになる史料はないかと思って野尻湖遺跡を調べて出土した石器や骨器の形や種類から旧石器時代人はどうやってナウマンゾウなどの大型獣の狩猟をしたのか、その方法を突き止めようとします。史料の分析→解釈→評価という「分析（客観）的な歴史認識の方法」による歴史学習の道が広がるわけです。

　ただ問題は、小学生は何人がその道を進むことができるか。山本先生はそこを考えて、先の「野尻湖人たちよ。…」をMQにして、「分析（客観）的な歴史認識の方法」ではなく、「内在的な歴史認識の方法」を採用したわけです。

なぜ詩を書かせたのか

　学生②はこの授業の優れている点として詩を書かせていることを挙げています。「詩を書くことでインプットしたものを自分の言葉としてアウトプットすることになる」としています。卓見ですね。

　学習の成果を児童や生徒にアウトプットさせることの重要性が言われています。でも、社会科の授業では大抵は「この授業でわかったこと、考えたことを書きなさい」という教師からの指示で授業のまとめをさせます。そうすると児童は自分が理解したことを事実にもとづいて客観的、理性的に書こうとします。結果、この授業を通じて児童が思ったことや感じたことは、主観的で想像にすぎないとして切り捨てられてしまいます。小学校6年生の歴史学習はあくまで内在的であるべきだと考えた山本先生は、そうであってはならないと考えたのではないでしょうか。児童にはたっぷりと自分がこの授業で感じたこと、思ったこと（感性的認識）を書かせて、それをその子の学習の総括とさせる。そのためには、詩という感情や思いを語るに相応しい形態でと判断したのではないでしょうか。

「殺す」はダメ？　「倒す」に変更すべきか

　ところで、学生③は「少し残酷な表現が多すぎる……表現の仕方を多少変えた方がいいのではないかなと感じた」としています。同様の意見が多くの人からあげられました。実は、この実践は30年以上前のもので、当時は教師や児童の言葉遣いには相当に寛容であったということなのですが、教室でのいじめが深刻な問題となっている現代では許されないという批判はもっともです。

　ただし、みなさんが「評論家」であれば批判は「この授業はここがダメだ」と疑問点や批判点をあげるだけでいいのですが、みなさんは授業の「評論家」になるわけではありません。実践者（教師）になるわけです。となると、他者の実践への批判は即自分に向けられます。つまり、「そうなら、あなたはどう（表現）するの」と問われることになるわけです。実践者であるみなさんに「私は旧石器時代の授業はしません」という答えは許されませんからね。

　たとえば、「殺す」といった言葉ですが、「倒す」とか「やっつける」

などの言葉に変更すべきだという意見が多く書かれていました。むろんそのようにすることは可能ですが、そうした場合の問題は意味が児童に正しく伝わるかどうかです。大人になれば言葉にはいろいろな意味があり、その言葉が使われている文脈や状況によって、その言葉がどの意味で使われているかが判断できるようになります。しかし、児童は言葉の本義、辞書で引けば1番最初に書かれている意味ですが、それだけしか思い浮かばない。むろん、この実践は6年生ですから、「倒す」「やっつける」といってもこの場合は「仕留める」という意味で殺すことだなとわかる子もいますが、そうでない子もいて、「倒す」ってナウマン象を転がすことかな、「やっつける」ってノックダウンさせることかなって思う子もいるかもしれません。

　話は飛びますが、鎖国の授業をしていて先生が黒板に描いた日本列島をクサリで囲んで、『鎖国ってこういうことよね』って言ったら、児童はきょとんとして「先生、そのクサリって海に沈まないの」と質問したそうです。先生はクサリには「かぎをかける。とざす」という意味があることを知っていて、そのような絵を描いたのですが、児童はクサリといえば「金属製の輪を数多くつなぎ合わせて、ひもや綱のようにしたもの」という本義しか思い浮かばず、そのような質問をしたわけです。この場合、児童が質問してくれたからよかった。板書の絵の意味が児童に通じていないことがわかって教師はフォローできたから。でも、大抵の場合はそんな質問は出ず、誤解はそのままになってしまうわけです。

　なので、「倒す」「やっつける」を使う場合は、ちゃんと意味が通じているか児童の表情や発言に注意して、もし通じていなければ、通じる言葉を言い添える必要があるわけです。

　では、「殺す」を使う場合はどうでしょう。正確な表現だとしても、児童同士の人間関係に問題や疎外があるようなクラスでは、その言葉が引き金になって教室がいじめの空間になってしまわないように注意を要すると思います。なので、人間は動物だけでなく、植物もふくめて生物の命の恵みを受けてはじめて生きることができる。だからこそ、一人ひとりの命は大切なのだということを、教師はちゃんと伝えることが大事です。

　さて、あなたはどういう言葉を使いますか、考えてください。

4. 学生は山本典人実践からなにを学んだか

　山本実践を取り上げた授業から学生はそれぞれの授業観に照らしてなにをどのように学んだか。これまでに提出されたレスポンスカードから探ってみる。

小学生には具体的なモノ（教材）や言葉を

> 　私は小学生にはただ話しているだけでは理解しづらいために実際に実物大を見せることなど、具体的なモノを使いながら授業を進める方が興味関心を引きやすいと感じました。「殺す」というワードに関しては私も「殺す」という言葉を使う方が抽象的な言葉よりもわかりやすいのかなと感じました。けれど児童たちの雰囲気などを考えながら、クラスごとや児童ごとに言い換えたり、フォローする必要があると感じました。教師が使う言葉はとても重要だと感じました。（松沢）

　多くの学生が山本実践で使用されている教材や言葉（発問や説明などの指導言）が具体的で抽象的でないことをあげている。そして、それは小学校の実践である以上、あくまでも小学生が教材の価値や言葉の意味を理解し、それらから自分（たち）で歴史を考え、探究し、歴史認識（時代像）を構築していく必要があるからとしている。授業を教師の独壇場的パフォーマンスとして評価するのではなく、子どもの立場に立って、彼らの主体的な学びが実現できたかが問題なのであって、教師はそのための学びのコーディネーターでなければならないという教師観＝授業観を学生（松沢）は獲得していった。

> 　私も実物大を見せるという部分が良いと思ったが、なぜと聞かれると理由までは分からなかった。しかし、そのなぜというところまで追究しなければそれぞれの学年にあった授業は出来ない。（佐伯）

　教材は、どの校種・学年・教科・科目（分野）でも実物大＝具体的がいいのか。そのようなことはない。抽象的な概念や理論を駆使して書かれた文献などが教材として有効な場合もある。どのような教材を用いるかを教師＝授業者として判断するに、なぜこの授業ではその教材が適しているかを説明できるようにならなければならない。学生（佐伯）は授業者としての未来の自

分を思い、そう考えたのである。

> 本時で最も考えさせられ学んだことは教師はやるかやらないかの２つ
> の選択であり、どっちもはないということであった。殺すと言うワード
> は教育上正しいのかという点に深く考えさせられた。（大沢）

「殺す」という言葉の是非について意見を書く学生がなん人もいた。下の
ように書く学生もいた。

> 殺すという言葉を教師が授業で使うことだが、私は使ってもいいと思
> う。生きるために食べることを目的とする「殺す」であれば、食の大切
> さや何かを殺して自分たちは生きていることを気付かせるためにも使っ
> てもいいと考える。（金城）

歴史認識の２つの方法──内在的な方法と分析（客観）的な方法

> 歴史教育の目的として生徒たち全員に歴史認識をつくらせることが大
> 切であると分かった。これには、内在的方法と分析（客観）的方法の２
> つがあり、今回の山本先生の授業では内在的方法が使われた。（雨宮）
> 歴史認識という言葉を新しく知ることが出来た。そして、その作り方
> を学んだ。内在的と分析（客観）的という２つのタイプを使い分けるこ
> とが大切ということも学んだ。これからの授業を通じてこの２つの方法
> のことを考えながら受講していきたい。（北村）
> 授業を組む時には、わかりやすいか、児童生徒主体かということだけ
> でなく、彼らの思考の能力や特徴まで考慮すべきだと思った。授業内容
> や学年によって内在的方法か、分析（客観）的な方法かを見分けて授業
> を構築することで、児童生徒にわかりやすい、児童生徒に合った授業が
> 可能だと感じた。自分も実践していきたい。（西川）

歴史認識の方法として内在的な方法と分析（客観）的な方法があって山本
実践は前者の典型的な実践であるとしている。そして、以後の授業で紹介さ
れる授業実践をその観点から分析していこう。自分も実践したい。それぞれ
に学生は問題（課題）意識を持って以後の授業に臨むことになった。そして、

内在的な方法と教材の関係について気付いたことを書く学生もいた。

> 　児童に歴史認識をさせるためどんな工夫をするかを学んだ。内在的な方法と分析（客観）的な方法の2つがあり、小学生ではまずは内在的なもの（想像）から行くことが必要であると分かった。そのためには、子どもが当時の人々に共感し、興味をもって参加できるよう、実物を実感させるさまざまな資料を用いていることに気づいた（桃井）

おわりに

「目からうろこです。たしかに、こんな授業だったら、歴史の授業は楽しいですよね。小学生の私がこの授業を受けていたら、誰よりはりきってナウマン象の倒し方を実演していたと思います」

「言葉で説明しようとすると、理屈が必要となる。理屈は論拠にもとづいた論理的な説明なので小学生には難しい。できる一部の子どもしか答えられない。でも、この授業では、体で表現すればいいので、理屈はいらない。誰でもが思ったままを表現することができる。これは小学生にマッチしたやり方ではないか」

「先生がナウマンゾウ役になっている。だから、子どもの自由な発言や演技が時代の実態に反していれば『そんなことでは、ゾウは倒せない』と拒否される。そのようにして子どもの思考が空想化していくのを防いでいる。なので、子どもは安心して想像の翼を広げられている」

レスポンスカードに書かれた感想である。

歴史認識の創造（獲得）に2通りの方法がある。1つは内在的な歴史認識の方法とされる。歴史は過去の出来事であるが、時代の環境が作り出すさまざまな困難や逆境を自分や家族や地域の人々のために克服しようとした人々がいたわけで、その願いや努力、苦労などを共感的に理解して、その人たちの身になって自分ならどう考え、どう発言し、いかに行動するかを想像することで、時代像を創造させようとする方法である。山本氏は小学校教師としての長年の経験からこの方法が小学生の知的、ないしは精神的発達段階の特質に適していると判断して授業づくりをしたのではないか。そして、この授業が、子どもが真剣に歴史を考え、みんなで協力して歴史の謎を解いていく授業となった理由はまさしくそこにあると学生は気づいていったのである。

第6節

小学生はいかにして歴史を真剣に考えるようになるのか　その2
──石上徳千代実践に学ぶ──

はじめに

　歴史認識の方法には2つのパターンがある。「内在的な方法」と「分析（客観）的な方法」である。前者は、もし自分がその時代の人間だったらという仮定のもとでいろいろと想像をふくらませて自分なりの歴史認識や時代像を形成することだが、それだけに、どうしても主観的な思い込みや一面的で視野の狭い歴史の捉え方に陥りやすい。そうではなくて、なるべく多くの確かな事実をもとに論理的客観的に歴史を解明しようというのが後者である。従来は、それは中学、高校になってから可能な方法であり、比較や抽象、概念的思考を必要とするので小学校では難しいとされた。しかし、小学生にも、彼らに適した歴史の分析（客観）的理解が可能な授業があるのではないか。そのような考えのもとで実践されたのが、石上徳千代実践「刀狩の本当のねらいはなにか？」である。

1. 実践の概要

　実践者の石上徳千代氏は茨城県の公立小学校の現職教員である。実践報告のタイトルは「子どもの考えを引き出し、活かす社会科の授業─『刀狩の本当のねらいは何か？』の授業から考える─」で日本社会科教育学会編『社会科教育の今を問い、未来を拓く』（東洋館出版社、2016年）に掲載されている。

　分析（客観）的な方法を用いた授業の要諦は問題提起にある。なにより子どもが解明（分析）したいと思う問題でなければならない。どんなに教師としては考えてほしい歴史の推移や時代の本質に関わる問いでも、それが子どもにとって興味も関心も持てず、解くことにパトスを感じられないものであれば、子どもの主体的な授業参加は望めない。その際のキーワードは意外感である。

　人はそれぞれ歴史について知識や常識、時代のイメージなどを持っている。

それは歴史を初めて習う小学6年生でも同じである。授業でそれを揺さぶる。つまり、子どもの既有の知識や常識、イメージに反する、ないしは説明のできない意外な事実を提示する。そうすることによって、子どもの歴史認識や時代像に矛盾や疑問を生じさせるのである。矛盾や疑問をそのまま放置すれば、自分がこれまで正しいと信じてきた歴史認識や時代像が破綻してしまう。なんとかしてその矛盾や疑問を解消（止揚）して、提示された意外な事実をもきちんと説明できるように自分の歴史認識や時代像を刷新したいと考えるようになる。こうして、子どもは歴史を自分の問題として真剣に考えるようになるのである。

石上氏の授業では、まず、事前の調べ活動で秀吉を調べた児童に刀狩について、それが一揆防止のための政策であったことを発表させた。そして、教師から実際に加賀国江沼郡での刀狩でどのような武器がどのくらい回収されたかが示された。「刀1073」、「脇差1540」。そして最後に「鉄砲0」と紹介されると、子どもは、「なんで？」「教科書と違う！」などと驚く。刀狩が農民の武装解除を企図したものという事前の調べ学習で得た知識と矛盾する事実だからである。驚きの声は彼らに意外感を持たせることに成功した証といえる。子どもにとってぜひとも解きたい自分たちの「謎」の誕生である。みんなの知恵を結集して、時には意見の対立が討論に発展し、そこから新たな発見や発想が生まれる。

印象的なシーンがある。なぜ、当時の最新最強の武器である鉄砲が回収されなかったのか。その理由は、鉄砲は武器としてだけではなく、狩猟具や獣害防止のための農具でもあったからだと推測した子どもが「国語の『ごんぎつね』で、兵十が鉄砲で狩りをしていたので、鉄砲は戦い以外にも必要だから取り上げなかった」と発言したのである。

こうした発言が刀狩の本当の、つまり隠された目的がたんなる武装解除ではなく、武士と百姓の身分を分ける兵農分離にあったという抽象的な真実に気付かせ、児童の刀狩についての歴史認識を深めていったのである。それにしても、国語の授業で学習した内容を想起し、どちらが「武士っぽい」かといったいかにも小学生らしい概念で刀と鉄砲を比較し、それを根拠に歴史を考えるなどということをどうしてこの子たちはできたのだろうか。それは、この問いが彼らにとってぜひとも解きたい謎だったからであり、なにより自分が納得できる答えを得たいと思っていたからである。意外感を媒介にした授業は子どもを歴史認識の主体として活躍させ、みんなも知っている事実を

もとに論理的に、つまり飛躍や矛盾無く考えを進めることで構築した意見は自分にとっても、同じ問題に取り組んでいる仲間にとっても説得力をもつということを実感させる。「なるほど！」と感じた経験は、次にはもっと多くの事実をふまえてもっと論理的に考えて、もっと説得力のある意見を作ろうとする意欲を子どもに持たせることになる。彼らの歴史認識の主体としての成長はこのようにしてなされるのである。

2. 学生の分析

　学生に予習としてこの実践を分析させて結果を提出させた。分析の観点は「この実践の優れている点、学ぶべき点」と「この実践への疑問点、批判点、改善点」の2つである。それらのうち代表的なものを選んで全員に紹介した。

【学生①】分析（客観）的な歴史認識の方法によって授業を行っている

　この実践の優れている点・学ぶべき点は、児童の考え方を均質化させずに個性的な歴史認識を尊重する授業になっていることである。そのため、児童の学ぶ意欲を喚起するために、「なぜ」という「問い」を持たせ、その「問い」の解決に取り組ませる授業になっている。児童たちで主体的に思考し、グループや全体での討論によって個性的な歴史認識を深めている。まさに児童主体の授業である。こうした授業は児童の学ぶ意欲が持続するだけでなく、授業によって得た知識も定着しやすいと考える。このような分析から、私は石上先生の実践は前回の山本先生の実践とは異なり、分析（客観）的な歴史認識の方法によって授業を行っていると考える。また、先生自身が自らの授業の分析を行い、「本当の意図は何だったか」という問い方に変更していた。教材研究などの授業の準備・振り返りを怠りなく行うことで授業のねらいがブレずに児童に効果的に学習させることができていると考える。

　この実践への疑問点・批判点・改善点は、この授業は事実と事実の関係性から児童自身の力で歴史認識を獲得するため、小学校6年生には少し難易度の高い授業ではないかと疑問に思った。この授業で歴史認識を獲得するためには、論理的に考える力だけでなく、抽象的で概念的な思考力も必要である。そのため、教材研究などの授業準備や授業中の児童の理解に合わせた臨機応変な対応、授業後の自身の授業の振り返りなど念入りな試行錯誤が重要になると考える。また、児童に対する問題提起

などが授業のねらいにふさわしいものか吟味していく必要がある。そうでないと、授業のねらいがズレてしまい、ただの暗記だけの授業になる恐れや、児童が間違った歴史認識をしてしまう可能性がある。先生自身の授業との向き合い方が重要であると考える。

【学生②】全て教科書通りにする必要はない

　この実践の優れている点、学ぶべき点の１つは、使用した教科書の良い点と悪い点をまとめていた部分だ。私の今までの感覚は（教科書＝生徒・児童の興味を刺激する）ものだと考えていた。しかし石上先生の実践を読むと、教科書はあまりにも均質化しているから児童の個性的な考え方を妨げてしまう。全て教科書通りにする必要はないことを学んだ。また刀狩令の際、教科書は鉄砲も徴収したとあるのに対し、授業では０本と表記して児童へ問題を提示していた部分である。もし石上先生が鉄砲について調べていなかったら、恐らく教科書通り進め、児童達からも質問は来なかったはずだ。この点も学ぶべき点である。さらに石上先生が様々な資料や写真を用意している点は先生が優れていると感じた。
　一方、疑問点、批判点、改善点は後半部分の内容が優秀な分析をした児童しか取り上げていなかったことだ。確かにＴ児やＳ児の分析結果は小学生ながら素晴らしい考えや感想だと感じた。しかし他の児童は最終的にどのような分析をしたのか疑問が生じた。

【学生③】歴史修正主義に対抗できなくなってしまうのでは？

　歴史の勉強はいかに強く記憶に残せるかがポイントである。いくら正確に教科書に書いてあることを教えても、児童の記憶に残らなければ意味が無い。その点、この授業は子どもが自分たちで調べたり、考えたり、話し合いをしたりして、それぞれが個性的な認識を獲得している。こういう授業は楽しいし、なにより忘れたりしない。
　歴史は立場性が大事だと思う。つまり、誰の立場から歴史を考えるかだが、この授業は刀狩令を出した豊臣政権＝秀吉の立場に立っている。刀狩を命じられた農民の立場ではない。それでいいのだろうか。さまざまな立場から多角的に歴史を考えられるようにすることが小学校の歴史

の授業では求められると思う。

　もう1つの疑問は、上に書いたことと矛盾しているようだが、教科書を否定するとまでではないが、それとは別のことや反することを授業で扱ってもいいのだろうか。教科書は有名な歴史学者が執筆し、文科省の検定にパスしたものなので、そこに書かれていることを否定したり、無視したりして、だれでも勝手に歴史を考えていいとなったら収拾がつかなくなるし、歴史を学ぶ意味がなくなってしまう。そうしたら、歴史修正主義に対抗できなくなってしまうのではないだろうか。

3. 加藤からのコメント

　上記の学生らによる分析をふまえて、私から下記のコメント（講義録）を受講生全員に送った。

【加藤からのコメント】
分析（客観）的な歴史認識の方法を用いた授業
　学生①が「石上先生の実践は前回の山本先生の実践とは異なり、分析（客観）的な歴史認識の方法によって授業を行っている」と指摘しているように、同じ小学校の歴史の授業でも、山本実践が内在的な歴史認識の方法にのっとって行われたのに対して、石上実践は分析（客観）的な歴史認識の方法を用いた授業です。学生①が疑問点としてあげたように「この授業で歴史認識を獲得するためには、論理的に考える力だけでなく、抽象的で概念的な思考力も必要」で小学生には無理、中高にならないとできないと言われていたのですが、小学生でもやりようによっては可能なのではないかと確信した石上先生の革新的な実践です。したがって、山本実践と比較すると難易度は高いのですが、難しいことは必ずしもダメなわけではなく、一生懸命に仲間と協力して頑張れば解決できるという程度の難しさはむしろ彼らのやる気を誘い、思考力を伸ばす可能性もあるわけです。ただ、実際にこの授業がそれを実現できているかどうかがポイントであるわけですが、みなさんはどう評価しますか。

探究心こそがこの授業の高い難易度を小学生が乗り越えていった原動力
　小学生にとっては難易度の高い授業を実践しようとする時に最も心配

なのは児童の集中度の維持です。1人ではなかなか解けない問題をみんなで必死になって調べたり、考えたり、話し合ったりするのは相当のエネルギーが必要となります。この授業の子どもはそのエネルギーをどこで獲得したのでしょうか。それは問題提起の仕方にあるというのが学生②の指摘です。「この実践の優れている点、学ぶべき点の1つは……教科書は鉄砲も徴収したとあるのに対し、授業では0本と表記して児童へ問題を提示していた部分である」としています。たしかに、教科書では刀狩は農民の武装解除のために行われたとある。なのに、実際には鉄砲は回収されない場合が多かったという事実をこうして示されれば誰でもなぜと疑問に思いますよね。となれば子どもたちはなんとしても解決したい、合理的に説明できるようになりたいと思うようになる。この探究心こそがこの授業の高い難易度を小学生が乗り越えていった原動力だったというわけです。

農民の立場から「刀狩」を考える

　学生③は歴史を誰の立場から考えるかという問題を提起しています。同じ歴史的事件を取り上げても、誰の立場で考えさせるかでまったく違う授業になりますし、結果として生徒・児童が獲得する歴史認識も次元、内容ともに違ったものになります。この授業で児童に考えさせているメインのテーマである鉄砲についても、授業ではなぜ秀吉は鉄砲を農民から取り上げなかったかを考えさせている。つまり学生③が言うように秀吉の立場で考えさせていますが、これを農民の立場から、なぜ彼らは秀吉の命令（刀狩令では鉄砲も取り上げるとある）に逆らってまで、鉄砲を差し出さなかったのかを考えさせることも可能だったはずです。その立場からはどのような歴史認識を獲得できたのでしょうか。

　鉄砲が秀吉のもとに回収されるか、農民のもとに残されるかは両者の力関係によって決まります。そして、現実に鉄砲が回収されなかった。ということは、この時代の農民、むろん、一人ひとりではなく惣村や一揆に結集した農民の世界といった方が正確かもしれませんが、秀吉の命令だと言うことだけで全面的に従うわけではない、それだけの力量を有していたということです。実は、石上実践でも紹介されていた藤木久志氏の研究によれば、刀狩令後も、刀にしろ、槍にしろ、相当の量が回収されずに農民・都市民のもとに残されていたのです。

では、なぜ、全部ではないにしろ、農民は刀や槍などの武器を刀狩令に従って差し出したのでしょうか。それは、刀狩令は、惣無事令や喧嘩停止令などと同じく豊臣平和令の一部を構成する法令として出され、この平和令は、中世の政治的、社会的矛盾が噴出し、際限の無い破壊と殺戮、略奪が続いた戦国時代を、秀吉がこれまでの中世権力とは質の違う強大な権力をもって終わらせるという意志の表れであり、その意志に、戦国時代最大の犠牲者であり、時には生き残るために加害者にならざるを得なかった農民たちの賛意の表明だったのです。秀吉の後を継いだ家康にはじまる江戸幕府の政権が長期にわたって平和的に日本を統治しえたのは、農民からのパックス・トクガワーナ（徳川の平和）への賛意の調達（「百姓成立」、仁政イデオロギーへの信頼など※）が続いたからであり、それが続く限り、鉄砲をはじめ多くの武器が農民のもとに存したにもかかわらず、それが、たとえ異議申し立てのための一揆であったとしても使用されることはなかったのです。農民の立場に立って刀狩の意味を探究すれば、子どもの歴史認識はそのような近世社会全体の有り様やその基底に存在していた武士と農民との関係まで及んだのではないでしょうか。

　なお、※の「百姓成立」、「仁政イデオロギー」とは、「仁政」（「御救」「御恵」という）を施すことによって、領主は百姓が生存できるようにし、百姓はそれに応えて年貢を完済（すべて納めること）すべきだという。領主と百姓の間に共有されていた相互的な関係意識のことです。

歴史修正主義に対抗する——教科書や歴史学の成果のなにを尊重するのか
　また学生③は　石上実践は「歴史修正主義に対抗できなくなってしまうのではないだろうか」と心配しています。重要な論点です。たしかに「だれでも勝手に歴史を考えていいとなったら収拾がつかなくなるし、歴史を学ぶ意味がなくなってしまう」。自分たちの政治的信条に不都合な事実はなかったことにしようという歴史修正主義を容認することにつながります。なので、歴史学の科学的な研究の成果やその結晶を児童・生徒向けに提供している教科書をむげに否定してはならないという主張はよく理解できます。

　ただ、それでは歴史学の研究成果や教科書のなにを尊重すべきなのでしょうか。それは権威でしょうか。権威主義はむしろ歴史修正主義者た

ちの常套手段です。そうではなく、私は説得力だと思います。歴史学の成果は長年積み重ねられてきた研究者たちの学問的営為によって生み出されたものです。その営為とはなるべく多くの確かな事実をもとに合理的体系的な解釈を作り出し、歴史の真実を解明するという研究者としての努力に他なりません。その結果としてうみだされた歴史像ないしは歴史叙述はきわめて高い説得力を有しています。それは個々人の政治的立場や思想を超えて、人間の本性である知性や理性に訴える力を持っていると言えます。それをこそ尊重すべきことを小学生から体験させることが歴史教育としては大切なのではないでしょうか。

　言うまでもないことですが、尊重するということは鵜呑みにすることではありません。それこそ権威主義です。尊重の反意語は無視です。ですから、教科書の記述や、その元になった歴史学の成果を無視するのではなく、ちゃんとそれを知った上で、それはどのような事実をもとにいかなる論理で成り立っているのかを調べ、そのもととなった事実以外にも踏まえるべき事実はないのか、その展開されている論理に矛盾や飛躍はないのかを検討して、自分が納得できる部分は自分の歴史認識として取り入れ、疑問に思うところは、他の説を吟味したり、自分自身でも事実をもとに合理的体系的な解釈を試みる。そういった、自分の歴史認識は自分がつくるんだという主体性を一人ひとりが持ち、かといって、独りよがりに陥ることなく、みんなで話し合って合意を追求することが望まれるわけです。石上実践はまさしくそのことを小学生たちが試みているのではないでしょうか。

4.学生はなにを学んだか

　石上実践から学生はそれぞれの授業観に照らしてなにをどのように学んだか。これまでに提出されたレスポンスカードから探ってみる。

分析（客観）的な歴史認識の方法について

　まるで研究者みたいに刀狩の本当の目的を追求している6年生たちに感動しました。刀は差し出させたのに鉄砲は出さないでいいとした。農

民から武力を奪うつもりなら、そんなことはしないはず。刀は武器としてしか使いようはないけど、鉄砲は狩りや害獣駆除のためにも使われる。だから、どっちが「武士っぽい」武器かといったら刀の方なので、武士と農民の区別をはっきりさせるなら刀を取り上げるだけで十分だったなんて……大仏の釘にするから差し出せなんて秀吉の見え透いたウソ（名目）を見抜いて、刀狩りの本当のねらいが兵農分離の身分社会の樹立だったって突き止めちゃって。やるな、小学生って感じでした。（大和久）

刀や槍は差し出させたが鉄砲は差し出させなかったという現象を「武士っぽい」なんていかにも小学生らしい概念で分析し、最後は「ごんぎつね」の兵十が鉄砲を使ってたなんて話から刀狩の本当のねらい、つまり本質を明らかにした。分析（客観）的な歴史認識の方法ってこういうことなんですね。（薮）

小学生による分析（客観）的な方法を用いた歴史探究である。実践報告には、「名目」という言葉の意味が分からない子がいて討論が迷走したり、授業者である石上氏も発問を変更（『何のために刀狩をしたと思う？』→『秀吉が刀狩をした本当のねらいは何だったと思う？』）するなど、混乱がみられたが、そんな中で子どもたちは自前の概念（「武士っぽい」など）を用い、自前の知識（「ごんぎつね」）にもとづいて刀狩の隠れた真実を明らかにした。その探究に学生（大和久）は感動したといい、学生（薮）は分析（客観）的な歴史認識の方法はこういうことかと理解した。

混乱の意味と価値

混乱が生じることは、授業ではマイナスな面だと思っていたが、逆でそのことによって子ども全体の理解が深まり、より濃い授業につながることにとても驚いた。（松谷）

ここでいう混乱とは、「名目」という言葉の意味を理解せず、刀狩の目的を大仏のくぎにするためと考えた児童の出現である。しかし、その誤解に気付いた彼が以前に学習した国語教材「ごんぎつね」で兵十が狐を撃つ（害獣駆除）ために鉄砲を使用していたことを想起し、武器以外の用途のない刀とちがって鉄砲には農具ないしは狩猟具としても使われていた証として、刀狩

で鉄砲が回収されなかったことの理由の解明に大いに寄与したのであった。

> 混乱が起点となって、児童がもう1度問いに対して考え、ちがう理由を見つけ出すという、児童によって授業の内容が導き出されているところがすごい。（古井）

授業にとって、教師が予定していなかった事態の出現は混乱であり、カオスである。カオスは授業が破綻する切っ掛けとなるが、これまでの常識や蓄積、考え方のルーティーンが権威を失うわけで、そこに全く新しい発想が生まれたり、発見がなされて、思考の次元が刷新される可能性もある。後者の実例をこの実践に見た学生（古井）の驚きはその点にある。

> 難しいことや混乱が起こることは必ずしもダメなわけではなく、それを基に授業を展開していき、児童の興味を引き、真実を探求させることも可能であることを学べた。（増田）

一般的には、困難や混乱を避けようとして教師は整然としていて分かりやすい授業をしようと考える。しかし、そのような授業は完璧であればあるほど、児童・生徒にとっては何のひっかかりも感じることがなく、上滑りしていき、彼らは立ち止まって深く自分で考えようとしない。そんな授業になりがちである。結果、彼らの認識は、その授業で教師が説明した内容に均質化されてしまう。この実践のような子どもの歴史感（観）や生活実感、学習体験に裏打ちされた個性的な認識が構築されていくには、随所に立ち止まって彼らが自問自答し、調べ、その結果や経過を仲間と語り合う授業が必要なのである。

グループ学習が力に
多くの学生がグループ学習について記入している。

> 今回の授業で分かったことは小6であつかうのは難しいとされていても、グループで協力していけば乗り越えられるのだなぁということです。さらに、ジグソー法などを導入すればもっと授業が良くなると思います。（柳澤）

石上実践では、難解な資料を読み取ったり、刀狩の本質（本当のねらい）に自分たちの概念（「武士っぽさ」）を駆使して迫っていく児童たちが活躍していた。彼らにその力を与えたものこそがグループでの協力であったと学生（柳澤）は捉えたのである。

> 児童は一人ひとり個性的な意見を持っている。しかし、クラス全体で授業していると発言できるのは数人。でも、グループごとに話し合えば全員が意見を言う機会が出来る。意見は思っていただけでは曖昧さや視野の狭さ、間違いに気付かない。言うことでそれらに気付くし、互いに学ぶことが出来る。（船泊）

石上実践のねらいは、子どもがそれぞれの生活実感を活かし、個性的な歴史認識を構築することである。そのためには、はじめは単なる思いつきに過ぎない段階の彼らの「意見」を事実と論理によって整合性や説得力を持つ意見に昇華させていく必要がある。グループでの話し合いはその機会となると学生（船泊）は考えたのである。

> 児童を主体的に授業にとりくませるためにはグループワークなどで自分の意見を伝えることのできる環境作りが大切であると感じた。グループで探究するテーマを小学6年生にもきちんと分かるような言葉で表現したり、資料をやさしく改作したりすることもそうだし、小学生がみんなで考えたいと思うような意外性がなくてはならない。それにクラスの雰囲気も大事。いじめがあるようなクラスでは話し合いはできない。そうした良い環境のもとではじめて子どものコミュニケーション能力や考える力を養うことが出来る。（落合）

学生（落合）はグループ学習がその効果を発揮するには、さまざまな点で教師による条件整備が欠かせないと述べている。クラスにいじめがあっては話し合いは成立しないとは実体験からの提言であろうか。

問題解決型授業
少数だが、この授業を問題解決型の典型とする意見があった。

> 　問題解決型の授業で、問題提起して研究－新しい発見、疑問が生まれ、考えることができている。児童だけでなく、教師の側も新しい発見がある。自分たちで疑問をもって解決する部分は良いが、一人ひとりの考えが違うため、テストにこのような問題は困る。（石井）

　デューイにはじまり、日本でも戦後の初期社会科の時期にさかんに実践された問題（課題）解決型の授業だが、子どもが教師の問題提起を受けて、調べ、考え、討議して、そこで新たな問題を発見して、みんなで探究していく授業という点において、この石上実践も同じ類型の授業と学生（石井）は考えたのである。となると、問題解決型の授業の常として、子どもの個性的な思考や意見がさまざまに作り出される（なので、教師にとっても新たな刺激を受けることができる）が、その評価をいかにすべきかが問題となる。

　系統学習型の授業ならば教育内容は統一されており、その理解度や定着の度合いを計測すれば済むが、問題解決型は個々の思考や意見を評価するのでその観点や規準をどのように設定するかで評価の妥当性も信頼性も異なってきてしまう。それでは困るといっているのである。学生（石井）は、この授業を問題解決型と類型化することで授業では扱われなかったこの授業の問題性ないしは解決すべき課題を察知したのである。

> 　社会科の授業と言えば先生の教科書を使っての説明、勉強といえば暗記、そんな固定観念を打ち破る授業でした。こんな問題解決の授業がもっと増えれば社会科嫌いの子どもはいなくなると思います。私も教師になったら、こんな授業がしてみたいと思いました。でも、実際に授業をするとなると、子どもはなにを言うか分からない。それをちゃんと意味づけて、歴史の真相に迫る討論をさせるには教師自身がいっぱい歴史を勉強しなければならない。（宇野）

　今日の社会科教育の弊害（チョーク＆トークの授業と暗記主義のテスト）を打破する方向性を、この授業のような問題解決型の授業にあるとする見方である。しかし、それを教師として実践するには教師自身が歴史学の成果に学び、豊富な知識ときちんとした歴史観を持っていなければならないことを学生（宇野）は実践記録から読み取っているのである。

おわりに

つぎのようなレスポンスカードを書いた学生がいた。

> 刀狩りの目的を大仏のくぎの材料にするためと考えたSD君は「大仏は『名目』だったので違うと思う」と批判されて「じゃあ、何だ？」と考え始めた。こうした1人の子どもの疑問がクラス全体の学習を深めることにつながっている点が、個人の意見を尊重すると共に全体の学びへと昇華していてとても良い点だと思った。（大道）

　子どもの認識の均質化をさけ、それぞれの生活実感を活かした個性的な認識を構築させたい。これがこの授業のモチーフである。ともすると、そのような授業はそれぞれの生活体験や実感は別々なのだからみんな違ってそれでいいといった相対主義に陥る。しかし、この授業はむしろ逆で、学生（大道）が言うように一人の子どもの主体的な追究がクラスの他の児童に受け入れられ、彼らの追究の深化に寄与するとともに、その児童の探究も深まっていった。個々の生徒の個性や主体性が尊重されるがゆえに、その主体同士の共同体としてのクラスが学びの集団として成立し、彼らの追究を支える状況が生み出されているのである。授業を通じてのクラスづくりとしても価値のある実践と言えよう。

第7節
中学生の疑問や発想を活かす歴史の授業とは
——石井建夫実践に学ぶ——

はじめに

　受講生の過半数が中学校の社会科の教師をめざしている。しかし、中学校の社会科は混迷の中にある。生徒主体のアクティブラーニングが推奨される一方、「ちゃんと教科書通りに教えてほしい」、「わかりやすく説明してほしい」、「どこを覚えればいいか明示してほしい」などの声も大きい。それは生徒の大半が高校受験で社会科のテストを受けるという状況が生み出す本音の要求ともいえる。

　では、どうすればいいのか。安易な解決策などないのだが、知識を教え込むのではなく、生徒が持った問いを解明していくために必要なものとして獲得させていく、楽しく・わかる学習を追求した実践者がいた。その江戸時代の鎖国の授業実践から多くのことを学ばせたい。

1．実践の概要

　実践者は石井建夫氏である。千葉県の公立小中学校に勤め、後に大学に転じた。著書としては『はてなの社会科』（国土社、2011年）がある。実践報告のタイトルは「歴史に問いかけながら学ぶ——象の旅から見えてくる鎖国」で『子どもが主役になる社会科の授業』（国土社、1994年）に掲載されている。

　知識を教え込むのではなく、生徒が持った問いを解明していくために必要なものとして獲得させていく、楽しく・わかる学習とはいかにしたら成立するのか。石井氏は、生徒が問いかけたくなるような事象を提示することが重要だとする。そして、たとえば、こんな教材を用いたこんな授業がそれにあたるとしたのが、徳川吉宗の時代にベトナムから象が輸入されたという事象を基にした、自身の鎖国の授業である。

　まず、石井氏が生徒に提示した事象とは次の2つである。

・1728年、中国船がベトナムから象を積んで長崎に来航した。それは将軍
吉宗の注文によるものである。
・その象は長崎から70日程かけて歩いて江戸に来た。途中、京都で天皇に
「謁見」した。そして、江戸で将軍が見て、最後は町人に下げ与えられ
て見世物にさせられた。

　この２つの事象から生徒はさまざまな意見・感想を持つが、それらは以下
の５つに大別できるとする。
(1)象を連れてきた商人の意図はなにか。
(2)天皇に見せるために象に位（従四位）を与えたことについて、どう思うか。
(3)象をもっと大切にできなかったのか（「将軍も、自分で見たいと言った
　　のだから、最後まできちんと飼うとかベトナムに送り返すとかした方が
　　象も幸せに暮らせたと思う」）。
(4)キリスト教以外なら入ってもよかったのか。
(5)鎖国とはどのようなものだったのか。疑問になってきた。
石井氏はこれらの内の(4)と(5)を生徒に考えさせた。すると、次の３つの意
見が出された。
　「いいじゃん」派：「ベトナムの象といっても、中国を通ってきたのだか
ら結局中国との貿易なんだからいいと思った。鎖国は、キリスト教禁止を目
的として始めたのだから、東南アジアなら全然かまわないと思う」
　「おかしい」派：「鎖国というと他の国とは絶対にかかわらないというイ
メージだけど、象の話なんか聞くと鎖国とはいえないんじゃないか」
　「幕府の貿易独占だ」派：「鎖国というのは、幕府が他の大名が貿易で力
をつけて反乱したり、いろいろされると困るからキリスト教追放を言い訳に
して大名とかに貿易させないで幕府だけが貿易できるように鎖国ということ
にした。鎖国には表と裏があった」。「鎖国によって幕府はとても力が強くな
ったと思う。小学生の時に習った鎖国というのは、日本からは誰も外国に行
ってはいけないし、あるいはきまった国以外の人は日本に入ってはいけない
のだと思っていたが、どうやら、鎖国とは名ばかりのただの幕府の政策だと
言うような感じがしてきた。幕府はキリスト教を利用したのではないか」
　最後の生徒の意見について、石井氏は、国内のいろいろな人の立場から鎖
国を見ていこうとしているとした。つまり、庶民の立場から見ると「外国に

行けなかった。外国に行っても帰ってこれなかった。完全な鎖国であった」。大名の立場からは「外国との貿易を自由にできなかった。鎖国であった」。幕府にとっては「吉宗（将軍）が望んだものであれば象でも中国、オランダなどを通じて輸入できた。これで鎖国といえるのだろうか」と。このように生徒が、鎖国を幕府の貿易独占、支配の仕組みと関連させてみていくきっかけになったというのが石井氏の本実践に対する評価である。

そして、この授業のように、すべての生徒が参加できて基礎的な知識を獲得できる授業が大切である。そのためには、教材（親しみやすい、発言したくなる、問いかけが生徒の歴史認識を豊かにする―生徒の主体性と教師の指導性の接点―）が重要で、その点で象は親しみぶかく、一生は意外性があり、哀れでもある。事実、「象がかわいそう」を含め多くの生徒が授業に参加、顔を向けてきていたとしている。

また、江戸時代の対外関係として４つの窓（長崎、対馬、薩摩、松前）を整理することは基礎知識として必要なことである。この整理なしで「いいじゃん」、「おかしい」もないのである。この基礎知識をバネにして鎖国のとらえ直し（歴史に問いかけていくこと）を迫ってみたいともしている。

２. 学生の分析

学生に予習としてこの実践を分析させて結果を提出させた。分析の観点は「この実践の優れている点、学ぶべき点」と「この実践への疑問点、批判点、改善点」の２つである。それらのうち代表的なものを選んで全員に紹介した。

【学生①】鎖国概念を 覆（くつがえ）して……深い学びを実践できている

石井先生の実践で優れている点は、ベトナムから来た象の資料を基に、中学生のほとんどが抱いているであろう「鎖国＝閉ざされた世界」という概念を 覆（くつがえ）して、生徒に多角的な見方を提供し、深い学びを実践できているという点である。

石井先生は生徒の歴史への問いかけを大切にしていると冒頭の資料に説明があったが、鎖国下での象の資料を見せれば、「なぜ？」「どうして？」といった疑問が自然に出てくると思う。実際、象は連れてきてもよかったのかという問いかけに対して、いいじゃんといった意見、おかしいといった意見、幕府だけが貿易が出来るという３つの意見が出され、皆の「鎖国＝閉ざされた世界」という固定概念がなくなっており、

「鎖国」という単語1つを突き詰めてそれぞれに自分の意見を持つように
なっていった。私も、鎖国されたということに対しては、そうなのか
と思っただけで、鎖国の本当の意味やねらい、鎖国下で行われているこ
となどを考えたことがなかった。この概念を覆して、生徒に深い学び
を実践した石井実践はとても素晴らしいものだと実感した。このような
意外性のある資料を準備することも参考にしたい。

　石井先生の実践への疑問点は、生徒の最終的な意見を聞き出せたの
か？ということである。石井先生は最後に、生徒たちの意見や感想を十
分授業に生かせなかったといっており、最初は疑問に思ったが、読んで
いくうちに生徒が最後に何を感じたのかがまとめられていないことに気
が付いた。自分の意見を持つことはもちろん大切であり、それらを発表
して意見を交えていくことで、新たな考えが生まれてくるはずである。
実際、交流をして意見が少し変わった子の様子が分かるものもあった。
それを全体を通して行い、ディベート形式で行ったりすれば、最後にま
とまった意見を持つことができるのではないかと考えた。そして、それ
らを紙に書いてもらい、はっきりと明確化することで鎖国に対する考え
がもっと深まるのではないかと考えた。

【学生②】「象」……興味を持たせる上でこの上ない教材

　私がこの実践で優れていると思った点は、一見して歴史の授業とは全
く関係がないように思える「象」をテーマにしている点である。このこ
とは、授業に身が入っていない生徒にとっても驚くべき点になると私は
考え、このような生徒も含め、驚きと共に、今後の授業展開でどのよう
に「象」が登場、関連してくるのか興味を持たせるこの上ない教材であ
ると感じた。また、「象」が日本に連れてこられた理由を、その背景につ
いて思考させることにより、歴史をより立体的に捉えることが出来るよ
うになることにおいても素晴らしい教材であると考える。この立体的に
物事を捉える姿勢は、現代社会や公民などにおいても使えるため、他教
科にも使える力であると考える。

　他の点では、鎖国について単なる禁教、外交制限と教えているわけで
はないという点である。教科書の内容に疑問を持たせることで、自分で
考える思考力を磨くことが出来るのではないかと考えた。

逆に問題点として、実践の最初で上げていた全体計画で設定されていたテーマ数が30だと少々多いのではないかと感じた。丁寧な授業を行ない続けられるならいいが、最後の方で時間数が足りなくなり、少しばかり雑な授業になってしまうのではないかと疑問に思う。江戸時代のテーマを見たところ、①（江戸幕府の大名・民衆などの支配の様子がわかる）と②（その中でも生産力を高め、生活を向上させようとした民衆の努力がわかる）をまとめて教えることが出来るように感じる。そして、③（その努力の結果、余剰を生み出し、このことが幕藩体制を揺さぶる〈社会が変わる〉原動力になったこと。これとの関連で幕府の諸改革がわかる）と④（幕府を倒したいろいろな動きがわかる）もまとめることが出来るように感じた。むしろ流れを重視して歴史を教えるのならば、まとめた方がいいとも思う。このようにまとめていけばテーマ数を減らし、時間をかけて授業を展開できるようになるのではないかと感じる。他の点では、授業内で鎖国下における「象」の渡来について多様な意見が出ているのに、そのまま進めている点だ。ここまで多様な意見が出ているのならば少しばかり討論をしても良いのではないか。今回のように答えがない問題について討論することで得られる力もあると思う。

【学生③】疑問のまま放置してしまうと学習意欲低下にも繋がるのではないか

　この授業は生徒の主体的な学びに特化していることがすばらしいと私は思った。ただ単に鎖国中なのに8代将軍の徳川吉宗が象をベトナムから輸入したという事実を教えるだけでなく、こんなことをしていてこれで本当に鎖国って言えるのかを生徒たちに議論させている。けっか、生徒たちはいろいろな視点や立場から考えて討論している。そして、鎖国とは国を閉ざすことだという生徒たちの単純なイメージを変えることに成功している。私もこんな授業がしてみたいと思った。

　疑問点は、生徒たちから出てきた5つの意見、感想のなかで解決していない疑問が残っていると言う点だ。特に(2)「天皇に見せるために象に位をあげたことについてどう思うか」は私も疑問に思ったし、そもそもなんで天皇に見せなきゃいけないのか。天皇が見たいと言ったのかとか、多くの疑問点がうかぶ。生徒も同じだろう。疑問のまま放置してし

まうと、生徒の学習意欲低下にも繋がるのではないかと思う。

3. 加藤からのコメント

　上記の学生らによる分析をふまえて、私から下記のコメント（講義録）を受講生全員に送った。

【加藤からのコメント】
認識の発達は矛盾と止揚の積み重ね＝弁証法というシステムが作動することによる

　学生①は「石井先生の実践で優れている点は、ベトナムから来た象の資料を基に、中学生のほとんどが抱いているであろう『鎖国＝閉ざされた世界』という概念を覆して、生徒に多角的な見方を提供し、深い学びを実践できているという点である」としています。この授業は、江戸時代の外交体制である「鎖国」がテーマですが、生徒にその内容理解の捉え直しをさせることに成功しているというわけです。

　でも、それはいかにして成功したのでしょうか。ポイントは矛盾の発見です。江戸時代といえば鎖国、つまり国を閉ざしていて外国との交流や貿易を極端に制限していたという認識を生徒たちは持っています。それは小学校での学習から獲得したものです。なのに、象が輸入されている。「それって矛盾してない？」と生徒は意外に思うわけで、意外感は矛盾の発見にともなう感情であると同時に「なぜ？」とか「本当はどうなの？」という問いの発火点でもあります。なぜなら、その矛盾を放置する、すなわち問いに答えられないでは自分のこれまでの鎖国観⇒江戸時代像⇒日本史認識が破綻してしまうわけで、なんとか、その意外な矛盾している事実もうまく説明できるようになりたいと生徒は思うわけです。そして、その思いが授業への積極的な参加を生み出し、彼らの主体的な学びが実現するわけです。

　矛盾を解決することを止揚といいます。ドイツ語だとAufheben（アウフヘーベン）です。歴史に限りませんが、人間の認識が発達するのは矛盾と止揚の積み重ね＝弁証法というシステムが作動することによるのです。では、生徒はどうやってこの矛盾を止揚していったのでしょうか。1つは「象はキリスト教に関係ないから輸入されてもいい」とすること

です。生徒は考えました。小学校で鎖国は単に国を閉ざすことではな
く、それはキリスト教禁教のためと習った。そうなら、象は別に日本に
来てもキリスト教を布教するわけがないから、鎖国中に象を輸入しても
問題ないじゃないか、と。資料（省略）に載っている「いいじゃん」派
の子どもたちの意見です。

それに対して、「おかしい」派はどう解決していったか。それが資料の
表（省略）。つまり、庶民の立場から見ると確かに中世みたいに自由な外
国との行き来はできなくなったから江戸時代は完全な鎖国の時代だっ
た。大名もこれまでのように外国と貿易することは許されなくなったか
ら、彼らから見ても江戸時代は鎖国だった。でも、幕府はどうだ。象で
もなんでも中国、オランダなどを通じて輸入できた。こりゃ鎖国なんて
もんじゃない。鎖国といわれた外交政策は庶民や大名には外国との交
流、貿易を禁止しながら、幕府だけが貿易できる仕組みのことだとした
わけです。

多角的とか多面的な歴史の見方といいますが、同じ鎖国と言われる外
交体制でも、その持つ意味は庶民、大名、幕府といった立場によって異
なるってことを生徒は気づき、この矛盾を解消していったわけです。こ
のことを学生②は「『象』が日本に連れてこられた理由を、その背景につ
いて思考させることにより、歴史をより立体的に捉えることが出来るよ
うになる」と評価しています。

鎖国とは国を閉ざすことという素朴な認識から、「いいじゃん」派は鎖
国はそもそもなんのためという目的論の観点を導入することによって、
「おかしい」派は同じ制度も立場や階層によって持つ意味が異なると言
う多面的な分析の観点を導入することで、鎖国認識を深めていったわけ
です。そして、この2つの理解は決して両立不能の対立関係にはないの
で、生徒は討論する中で互いの考えを理解し、鎖国の二面性として理解
を深めていったと考えられます。

象の旅は将軍の武威と天皇の権威を高める役割を果たさせるため

次に、この実践への疑問点ですが、学生③は次のように述べていま
す。「生徒たちから出てきた5つの意見、感想のなかで解決していない疑
問が残っている」。たしかに、「生徒の素直な意見、感想」として(1)から
(5)が挙げられていますが、そのうち、実際に授業で取り上げられたの

は、(5)「鎖国とはどのようなものだったか」と (4)「キリスト教以外なら入ってもよかったのか」で、それに貿易のことなので (1)「象を連れてきた商人の意図はなにか」も間接的にやったと言えます。しかし、(2)「天皇に見せるために象に位(従四位)を与えたことについて、どう思うか」と (3)「象をもっと大切にできなかったのか(将軍も、自分で見たいと言ったんだから、最後まできちんと飼うとかベトナムに送り返すとかした方が象も幸せに暮らせたと思う)」はまったく取り上げていません。石井先生自身が「『象がかわいそう』を含め多くの生徒が授業に参加、顔を向けてきている」って書いているので、学生②が提案しているように「テーマ数を減らし、時間をかけて授業を展開」すべきだったでしょうか。

　でも、生徒の疑問や仮説を授業ですべて取り上げるべきでしょうか。いくら多くの生徒が興味や関心を示していても、それを取り上げて追究することで、どんな歴史認識を生徒が獲得できるのか。生徒にとって価値ある歴史認識や(江戸)時代像が得られる可能性がないとなかなか踏み切れないのが実情です。その見通しが立たなかった。それが石井先生がこれらの疑問や仮説を取り上げなかった理由です。

　しかし、本当にその可能性はないのでしょうか。実は、あるのです。

まず、象ですが、江戸時代の人々にとって象はけっして見知らぬ動物ではありません。むろん、実物は見たことないですよ。資料(省略)にあるように、今回の象の渡来は1728年。前回は1602年だったわけで生きた象を見た人はだれもいません。でも人々にとって象は案外親しい動物でした。

　右の絵を見てください。普賢菩薩の図像です。この仏は知恵に優れ、特に女性の信仰を集めていました。なので、多くの寺で、仏画として描かれたり、仏像として彫られたりしていました。この仏は常に象に乗った姿で表されているのです。江戸時代の人々にとっては象は牙が6本もあって、やはり実物を見ていないので相当デフォルメされているのです

伊藤若冲筆　普賢菩薩像

が、よく知られていた動物だったことに違いありません。しかも、それは尊い普賢菩薩を乗せている聖獣と考えられていたのです。その象がはるばる天竺から将軍のもとにやってくる。天皇にも謁見した。そのことを知り、実際にその象の姿を見物した人々は将軍や天皇に対してどんな思いをもったでしょうか。少し想像してみてください。

　江戸時代は、人々が自分は日本人であるという意識を強く持つようになった時代です。ナショナルアイデンティティを持ち始めた時代ともいわれています。近世史家の横田冬彦氏は「近世の出版文化と＜日本＞」『歴史の描き方　①　ナショナル・ヒストリーを学び捨てる』東京大学出版会、2006年）で次のように書いています。

　「1700年前後、元禄・享保期に成立した出版文化は、一定の空間的・時間的・文化的な内実（領域・歴史・伝統）を持つ＜日本という国家＞についての知識や概念、あるいはそこでの生まれを同じくする＜日本人＞という意識を、書物という媒体を通して、人々の共通認識＝＜常識＞として広く均質に普及させることになった」

　むろん、中世の人々にも日本人という意識がなかったわけではないですが、人々は東南アジアからもたらされた大唐米を栽培したり食べたりし、中国からの渡来銭を使い、大内氏のように朝鮮に出自を持つと公言する大大名がいて、将軍までも義満以来、外交的には明に臣従しています。日本人という意識は相当に低位だったと思われます。それが江戸時代になって、「鎖国体制」が敷かれ、銭も国産化され、識字率があがって書籍に盛り込まれている日本人意識が広まっていきます。そんな中で、権力、この場合は幕府権力、ないしは朝廷と一体化した幕朝権力は人々の形成しつつあるナショナルアイデンティティに、将軍の武威と天皇の神聖な権威のもとで栄えている国家、それが日本で、そのもとで平和で豊かに暮らしているわれわれ日本人は幸せだという意識をすり込もうとしていました。だからこそ、長崎からわざわざ聖獣たる象を歩いて江戸まで行進させ、人々にその姿を見せ、途中、京都では天皇に「謁見」するなどと言うパフォーマンスを演じさせて、将軍の武威とその将軍を任命する天皇の権威を高める役割を果たさせたわけです。

　『近世日本と東アジア』（東京大学出版会、1988年）の著者である荒野

泰典氏は次のように書いています。

「前近代の国家が、自己内部の身分制的関係に規定されて、対外関係を
自己中心に階層的に編成する、あるいは、編成しようと試みるのは、地
球上にほぼ普遍的にみられる現象といってよい……日本の幕藩制国家の
場合は、『武威』と『万世一系』の天皇を自己の他国・他民族に対する優
越の根拠としており、この点に特徴がある。このような自己意識にもと
づいた対外関係の編成のしかたを『華夷秩序』と呼ぶ……」
　「『華夷意識』はそれ自体で存在していたというよりも、常に、対外関
係の場で検証することを迫られていた。いいかえれば、日常的にくりか
えされる周辺諸国・諸民族との礼的関係において、具体的なかたちで実
現されなければならなかった。統一政権は、常に、その動向を領主層や
被支配層から見すえられていたからであり、彼らのエスノセントリズム
に背かないようなかたちで対外関係を設定できるか否かに、統一政権の
国家支配の正当性がかかっていたからである」

　石井実践に欠けているのは、幕府が象を輸入しようとした理由ないし
は目的への視線です。吉宗が象を見たかったからとなっていますが、志
村けんの「バカ殿」ではないのですから、ただ、それだけで象を輸入す
るわけがありません。これは、時代の趨勢を読んだ幕府のイデオロギー
政策だったわけです。だから、「吉宗への謁見」が終われば、象は用済み
ではなく、できるだけ長生きさせて、できるだけ多くの庶民に姿をみせ
て、この聖獣たる象がはるばる会いに来た将軍の武威と天皇の権威を印
象づける「仕事」をさせようとなるわけで、生徒が考えたように「かわ
いそうだから、ベトナムに帰す」などはとんでもない、ということにな
ります。
　そして、このようにして広められた、多分にエスノセントリズム（自
国・自民族優越主義）を含んだ日本人のナショナルアイデンティティは
今はなくなりましたか。将軍は大政奉還によりなくなったけど、日本は
武威の国だという意識は近代の軍国主義体制のもとで強化され、広めら
れました。その軍国主義体制も敗戦とともになくなっても、野球のナシ
ョナルチームを「侍ジャパン」と呼んだり、サッカー（男子）は「サム
ライ・ブルー」かな。そして、天皇については日本で最も「尊い存在」

として大日本帝国憲法の天皇主権制を経て日本国憲法の天皇象徴制のもと今日まで続いています。一昨年の現（今上）天皇の「即位礼正殿の儀」でその姿を日本国民はまざまざと見たわけです。その歴史的な根源ないしは経緯を、この授業で生徒が持った(2)(3)の問いを追究していけば、生徒が歴史認識として獲得する可能性があったということです。

4. 学生はなにを学んだか

　石井実践から学生はそれぞれの授業観に照らしてなにをどのように学んだか。これまでに提出されたレスポンスカードから探ってみる。

生徒が主役の授業と基礎知識

　　授業の主役は生徒である。生徒が主体的に学べるように手助けをするのが教師の役目であり、そうした授業を展開することが大切であることを学んだ。一方的に話すのではなく、生徒が興味・関心をもつような内容を提示し、それをもとに生徒たちに考えさせ、最終的には基礎的な知識の定着を図ることが重要であることを知り、そのための授業づくりをしっかりすべきだと思った。（磯田）

　　授業は生徒主体でないといけない。そのためには生徒が主体になるようなしくみを考えなければいけない。そのためには生徒が歴史に問いをもつ。その問いを「解きたい！」という意欲をもつことで生徒は主体になる。⇒問いをみつけるにはいい素材（プリント）を渡すことが大事である。（安西）

　　基礎知識を獲得させることの大切さを石井先生は強調する。そして、江戸時代の対外関係として４つの窓（長崎、対馬、薩摩、松前）を整理することは基礎知識として必要なことであるという。でも、この授業では長崎から象が輸入されたことしか扱われていない。残りの対馬、薩摩、松前についても同じように授業したのだろうか。だとすればとても時間が足りなくなる。基礎知識の基準ってなんだ。（久保田）

　この実践の目標が、生徒が主役（主体）となって歴史を考え、結果として基礎知識を獲得させることであることを学生（磯田）は読み取った。そのた

めには、問いを持たせるという教師の働きかけが不可欠であると学生（安西）は理解した。しかし、基礎知識とはなにか。学生（久保田）の疑問はその点に向かった。

矛盾こそが認識発達の原動力

> 　矛盾を解決する、止揚するために、まず生徒自身に問いを持たせ、解き明かす意欲を促進して、生徒が主役の授業を進めていくことが重要。そうすることで、内容（今回は鎖国）についての理解が深まる。（武藤）
>
> 　生徒がもともと知っていたことに新たな事実が加わることで矛盾は発生する。その矛盾を止揚することで、生徒はより深く認識するようになる。なので、導入で使う教材は意外だと思わせることができるものでないといけない。そうすれば、生徒は授業の内容に興味や関心をもつようになる。その意外感を感じる度合いを大きくする工夫も大切。（清水）
>
> 　今回の授業は、鎖国していた江戸時代に象が輸入されていたなんてと思わせることから始まった。矛盾は意外感とともにどうしても解決したい問題を生徒に持たせる。そして、その問題を解決させるのに討論させたことがよかった。なぜなら、討論の中で鎖国はキリスト教禁教のためだったということを思い出した生徒がいたから解決することができた。生徒の認識の成長につながった。（齋藤）

　生徒が主役の授業が弁証法的な認識発達を可能にすると学生（武藤）は学んだ。そして、学生（清水）は、矛盾は新しい意外な事実を知ることで生まれるので、その意外さが伝わる工夫が必要としている。また、その解決（止揚）には新たな観点が必要となるのだが、学生（齋藤）は討論がその発見の機会となったとしている。

歴史の多角的な見方について

> 　中学生の発達段階にあった授業だと思いました。それは同じ鎖国でも庶民、大名、幕府（将軍）という身分によって意味が違うことに生徒が気づいたことです。歴史を多角的に見ようとしています。とても小学生には無理だし、中学生だって難しいと思いますが、それができたのは、

> この授業で、ぜひとも解きたい疑問を生徒が持ったからで、一生懸命に
> 考えたからだと思います。つまり、矛盾をなんとか止揚しようとして生
> 徒たちが主体的に考えたからできたのだと思いました。（小島）

　歴史を一面的に理解するのではなく、様々な立場から多角的に見た上で総
合的に判断しようとしている生徒の姿勢を、歴史的思考力の発達という観点
から学生（小島）は評価し、中学生の歴史学習としてふさわしいとしている。

歴史の深層が分かる

> 　吉宗が象を輸入して江戸まで歩いてこさせた。そして途中天皇に「謁
> 見」させたのは、当時の人々に天皇や将軍がいかにすごいか、偉いかを
> 知らしめるためだったなんて歴史の深層が分かった気がした。そんな歴
> 史があるから天皇の命令のもと武士＝兵士として戦うことは当たり前と
> 考える日本人ができあがり、明治以降、10年ごとに戦争（日清、日露、
> 第一次世界大戦）したり、中国とアメリカ相手に戦争するなんてことま
> でやって大敗北した。そういうことを学べるのは歴史の授業以外にはな
> い。教師になったらぜひ生徒に教えようと思う（岸田）

　人為によって起きた歴史的なできごとには原因つまり行為者の意図やねら
いがあり、結果があり、影響がある。学生（岸田）の「歴史の深層が分かっ
た気がした」という感想は、そのつながりが認識できたことの表現である。
そして、そのような認識こそが現代とはいかなる時代なのか、その時代に生
きるわれわれの歴史的使命はなにかを考えさせる。つまり歴史観の形成であ
る。江戸時代以来のこのような歴史的な原因—結果—影響の連鎖によって形
成された日本人の天皇主義的で尚武な体質のナショナルアイデンティティー
（国民意識）を民主的で平和的なものに刷新すること。それが戦後の日本国
憲法下に生きるわれわれの歴史的使命であるということである。

おわりに

　石井建夫実践「象の旅から見えてくる鎖国」から学生は多くのことを学ん
だ。その内実は上述の通りだが、それは、実践者である石井氏が自分の目の
前にいる中学生が主体的に歴史を学んで主権者として育っていくためには、

どのような内容をいかなる構成で授業すればいいのかを考え、実践し、その結果を分析し、成果と課題を確定して次の実践につなげようとした。その教師としての真摯な営みがあったからこそのことである。そのような石井氏の教師としてのあり方を次の世代の教師達に伝えたいと思う。

第8節

なぜ労働権は尊重されなければならないのか
──河野栄実践に学ぶ──

はじめに

　私が「社会科・地歴科教育論」を担当している国士舘大学には本部の置か
れている世田谷区の校舎のほかに、町田市にも校舎があって21世紀アジア学
部のキャンパスとなっている。こちらでは「社会科・公民科教育論」も担当
しており、「社会科・地歴科教育論」同様に実践分析の授業をしている。

　公民の授業についての学生のイメージは、ワークシートの空欄に教科書の
語句を記入することと教師による答え合わせ・解説である。地図の読み取り
やデータのグラフ化などの作業学習のある地理や、こぼれ話的なエピソート
が聞ける歴史の授業以上に教師主導のチョーク＆トークのイメージが強い。
学生の多くが実際にそのような授業を受けてきたからであろう。むろん、学
生自身もそれでよしと考えているわけではない。なんとか、生徒が自ら考え、
発表し、討論などで意見交流して学び合える授業がしたいと考えている。ま
してや、公民的分野は生徒の今や将来の生活、生き方に直結するテーマが多
い。生徒が真剣に、且つ主体性を発揮できる公民の授業はどのようにして実
現するのか。その実例を学ぼうというのが、今回の授業の目的である。

1. 実践の概要

　実践者の河野栄氏は千葉県の公立中学校の教師である。実践報告のタイト
ルは「少女ナツミから学ぶ労働基本権」で千葉県歴史教育者協議会の会誌
『子どもが主役になる社会科』42号（2011年8月）に掲載されている。実践
校は幕張副都心の公立中学校で「千葉都民」の比較的裕福な家庭の素直な子
どもが多く学力も高い。したがって、定期試験などでの点数は高いのだが、
『ペーパー（試験）の上だけで理解していることは果たして本当に自分の心
情から賛同して理解していることと同じなのだろうか』と河野氏は思い、
『切実な感覚や感情を伴って理解することが深い理解につながると考え、新
聞記事などの事象を提示することで実際に起こっている出来事の中に引き入

れて、現実的な感覚の中で考えさせよう』として実践したのがこの授業である。

　単元は「日本国憲法と基本的人権」のうちの労働基本権についてで、抽象的な条文の解釈になりがちだが、現実の社会の具体的な問題を例として取り上げ、生徒の人権意識を育むと同時に日本国憲法を身近なものとしてとらえさせたいというのが河野氏のねらいである。

　ナツミは中学を卒業後、高校には進学せず、母と姉の３人で暮らし家計を支えている。厳しいダブルワークで月収は16万円。将来は獣医になるのが夢。ところが、バイト先のファミレスの新店長から店の雰囲気を変えたいと考えたのか、髪を黒くするようにと指示された。ナツミは極端な茶髪ではないし、店では規則通り束ねているので身だしなみは悪くないと思い、拒否した。すると、店長から「それなら一緒に働けない」と伝えられた。こうして解雇を告げられたナツミは、今まで一生懸命働いてきたのでアルバイトを続けたいと思い、個人加盟できる労働組合（ユニオン）に入って会社と交渉し、撤回させた。教材は、そのことを伝える新聞記事で、ナツミの顔写真も載っている。

　労働者には労働組合をつくる権利があり、経営者と団体交渉する権利がある、さらに場合によってはストライキをする権利があるが、そのことを知らない生徒が多く、上下関係は大切で、経営者に意見を言うなどということは考えられないという生徒も多い。そこで、『少女は辞めさせられても仕方ないか、おかしいか』と発問し、各自に答えを考えさせた。結果は「仕方ない」派22人。理由としては「店長には従うべきだ」が15人で最多。「おかしい」派９人。理由は「家庭が大変そうだから配慮してあげるべきだ」、「規則に反しているわけではない」、「髪の色の自由がある」などである。

　討論は「仕方ない派」への批判から始まった。

　「店長にすべて従わなくてもいいし、店にとっても影響はない」

　「店長に『死ね』と言われても従うのか、店員は見た目も大事だがファミレスは普通の接客態度が大事ではないのか」

　「上の立場の人に絶対服従というわけではなく、それに反発する権利もナツミにはあると思う。ただそれだけの理由で解雇されるのはひどい」

　「逆らえないのは平等ではない。店員の意見で店が良くなることもある」

　「仕方ない」派も反論する。

　「店長が店の最高責任者である。チェーン店でもあるから、会社のために

も店長は譲れないと思っているだろうし、ナツミによって売り上げ低下につながることも考えられる。お金をもらっている。それなりに言われたことはやる義務がある」

　以後も討論は続くが、次第に「仕方ない」派から「おかしい」派に移動する生徒が増えていった。

　「店長が勝手に決めただけで、まだルールにもなっていないのだから解雇はおかしい。新しく店長になり、まだ何も知らないのだからちゃんとその人を理解して仕事のできない人を解雇すべき」

　「家庭の事情もわからずに人を解雇していくのはいけない」

　「一週間で、その人の人格を見れるわけではないから、もう少しナツミの良いところ、悪いところを理解した方がいいと思うという意見に納得できた」

　授業後の感想を集計すると、「おかしい」派17人、「仕方ない」派4人、「でもやっぱり」派7人、「深い討論をしてよかった」派5人だった。そして、次のように認識を深めた生徒もいた。

　私は店長の立場から考えたので「やめさせられても仕方がない」と思った。でもナツミさんたち労働者の立場から考えると、「それはおかしい」と考えることに納得できた。労働者が弱い立場にあることがわかり、労働者を守るために、労働基本権があり、労働者が一丸となって交渉したり、ストライキしたりできる権利があることがこの討論を通じてわかった。ナツミはこの権利を知っていたからクビは取り消されたけど、知らないとなにもできなくて、損をしてしまうので、ちゃんと知ることは大切だと思った。

　多くの生徒は店長＝経営者の立場にたって「仕方ない」としてきたが、討論を通じて労働者の側から見ることの重要性に気づき、今までとは違う視野を獲得したとするのが河野氏の分析である。そして、河野氏は実践報告の「まとめ」で次のように述べている。

　『将来、この生徒たちは大企業や中小企業を経営する側で働くことも予想される。その時、頭の片隅に労働者の置かれている状況を想像できる人間になってほしいと願う。企業内で労働者が生き生きと働けるようにすることも企業の社会的責任であろう。労働者の立場になるとは限らない生徒もいるが、

どの立場になっても労働基本権の意味とその大切さを考えられるようにと願い、この授業を設定した』

2. 学生の分析

学生に予習としてこの実践を分析させて結果を提出させた。分析の観点は「この実践の優れている点、学ぶべき点」と「この実践への疑問点、批判点、改善点」の2つである。それらのうち代表的なものを選んで全員に紹介した。

【学生①】社会科は将来の生活に活かすことが必須

まず私が学ぶべき点だと感じたことは、授業を行うにあたって「ペーパーの上だけで理解していることは本当に自分の心情から賛同して理解していることなのか？」という指摘に対し、「より現実的な感覚の中での授業を行う」と述べられていることです。この点に関して私は、授業というものは将来の生活に活かすことが必須であり、社会科という教科で知ることは最も将来に役立つと考えています。しかし、実際の義務教育での社会科という科目はただ知識を付けるための科目になってしまっていると感じます。このため、将来に活かすための知識を付けることが出来ていない現状の中で、より現実的な授業を行うことは学ぶべき点であると感じました。

次に、「教師の支援」の中で経営者と労働者の立場を指摘することで、より深い話し合いを生んでいるという点が優れていると思いました。お互いの立場になって物事を捉えてみることは主観的な意見とは違った考えを得ることが出来るからです。また、お互いの立場になって自分なりに出した答えをたびたびクラスメイトと論争することによって意見が変わる生徒がいることも素晴らしいと感じました。なぜなら、社会で生きていくためには他者との共存が必要になります。他者の考えを尊重することによって、結果、それぞれの意見が生まれることは将来に必ず活きることだと感じました。

【学生②】受験対策のような知識を広げていく授業のほうが重要

「少女ナツミから学ぶ労働基本権」という授業の優れている点、学ぶべき点とこの授業の疑問点、批判点、改善点を述べていく。

まず優れている点であるが、この授業は労働基本権を題材としており、この題材を中学生に説明することは難しいと感じる。しかし16歳の少女をモデルにすることによって、労働というものを身近に感じることができ、生徒たちが興味をもって主体的に授業に参加することができるだろう。また授業中に話し合いの場を設けることで、生徒たち自身が話し合い、内容を深めていくことにつながる。したがって話し合い、討論の意味や価値を実感することができる。

　次にこの授業の学ぶべき点である。この授業では、話し合いを軸に授業展開を行っており、生徒が主体となって労働基本権への学びを深めている。また、教師が故意に意見が分かれるように支援しており、生徒は発表する際に批判・反論を意識することとなる。このような支援を行うことによって、生徒は根拠を明らかにしながら筋道をたてて説明をしないと、意見の違う生徒から批判・反論されてしまう。したがって、話し合いが深まっていき、より活発な討論となる。生徒が主体となり、活発な討論となるこの授業展開は学ぶべき点であると感じる。

　批判点としては、高校受験を控えている中学３年生に、この授業方法は正しいのかということである。高校受験が間近である中学３年生の生徒たちに、話し合いが軸の授業を行うよりも、受験対策のような知識を広げていく授業のほうが重要なのではないか。現代の受験では知識量を求められることがほとんどであり、社会の科目ではそれが顕著に出てしまう。こういった授業が必要ないとまでは言わないが、中学３年生に指導する必要性は低いと考える。

【学生③】中学生で労働者の立場が弱いということを新聞記事を通して
　　　　　学んでいく

　この実践では河野先生の生徒を理解している点が優れていると思った。授業を行う前に、クラスにはどのような特徴があるのかということを把握している。また、事前にアンケートを取ることでクラスの生徒の人間関係を分析、さらには定期試験の平均点が高いというところを踏まえて授業計画を行っているところが優れている点だと思った。この授業から学ぶべきところは、中学生で労働者の立場が弱いということを新聞記事を通して授業で学んでいくところである。私が中学生の時はこのよ

うな授業はなく、労働者と経営者について考えたことはなかった。中学生は職場体験を通して初めて働くことの大変さ、やりがいなどを身をもって学ぶ。事前にこのような授業を行うことで、有意義な職場体験を行えると考える。

　指導内容の展開で、少女が辞めさせられても仕方がないか、おかしいのかの2つの意見で話し合いをするとなっており、教師の支援で発表が苦手な生徒も発表できるようにすると書いてあるがどのように発表させるのか疑問に思った。私が中学生の時は、発表できずに固まってしまい声が出なくなってしまうクラスメートがいた。もしそのような子がいた場合どのように対応するのか疑問である。

　展開の最後には、労働者に認められている権利についてまとめ、労働基本法が定められている理由を考えるとある。教師の支援で労働者が経営者に比べて弱い立場であることに気付かせるとなっている。展開の最後に権利を学んだのに気づかせただけで終わってしまうのは本当に気づけているか分からないのではないだろうか。少しでもいいので意見を発表させた方が良いと思う。

3. 加藤からのコメント

　上記の学生らによる分析をふまえて、私から下記のコメント（講義録）を受講生全員に送った。

【加藤からのコメント】
多面的な思考の大切さを学ぶ
　日本国憲法に掲げられた人権についての学習は、中学校社会科の公民的分野では特に重要な単元として時間をかけて授業されています。しかし、その内容と言えば、条文紹介とその解釈が中心で、教師による説明と板書がながながと続くというのが定番です。

　でも、それでいいのでしょうか。たとえ、一生懸命に先生の解説を理解し、板書を暗記したとしても、『ペーパーの上だけで理解していることは果たして本当に自分の心情から賛同して理解していることと同じなのだろうか』と河野先生は疑問に思ったのです。そして『切実な感覚や感情を伴って理解することが深い理解につながると考え、新聞記事などの

事象を提示することで実際に起こっている出来事の中に生徒を引き入れて、現実的な感覚の中で考えさせよう』と考えたわけです。このことが河野先生をしてこのような授業をしようと決意させた理由、つまり、実践のモチーフ（動機）でした。その点について、学生①は「社会科という科目はただ知識を付けるための科目になってしまっていると感じます。このため、将来に活かすための知識を付けることが出来ていない現状の中で、より現実的な授業を行うことは学ぶべき点であると感じました」と賛意を表しています。

　では、そのようなモチーフで実践されたこの授業で生徒はなにを学んだでしょうか。それは多面的な思考の大切さ、つまり、自分の立場（この学校の生徒は裕福な家の子どもが多く、両親が経営者ないしは資本家で将来自分もその地位に就くつもりでいる生徒が多い）からのみ、ものごとを考えるのではなく、相手の立場（労働者、アルバイター、非正規社員など）に立って考えてみることの重要性だと学生①は考えました。そのことを学生①は「社会で生きていくためには他者との共存が必要になります。他者の考えを尊重することによって結果、それぞれの意見が生まれることは将来に必ず活きることだと感じました」と表現しています。

　社会科教育の究極の目的は人間が社会的存在であることを認識させることです。つまり、人間は1人では生きていけないわけで、必ず社会を形成し、その社会の一員として互いを理解して助け合いながら生きていかなくてはならないということを理解させることです。この授業はそのことがなされているということではないでしょうか。

社会科を教える目的はなにか

　学生②は、この授業に生徒たちが主体的に参加したのは彼らにとって身近な「16歳の少女をモデル」にしたからだとしています。そして、話し合いを軸に授業展開したことが、労働基本権への学びを深めているとしています。それは「生徒は根拠を明らかにしながら筋道をたてて説明をしないと、意見の違う生徒から批判・反論されてしまう」からであり、「話し合いが深まっていき、より活発な討論となる。生徒が主体となり、活発な討論となるこの授業展開は学ぶべき点である」としています。討論がもつ教育的効果はまさにこの点にあるといえましょう。

ただ、批判点として受験を控えた３年生には「受験対策のような知識を広げていく授業のほうが重要なのではないか」としています。みなさんはどう考えますか。まず考えてもらいたいことは、学校で社会科を教える目的はなにかということです。受験のためですか。それなら社会科で受験しない人は社会科を学ぶ必要はないのでしょうか。学校は塾や予備校ではありません。その科目で受験しようがしまいが、生徒全員にとって価値のある学びを提供する責務があるのです。

　その点で私は社会科教育の意味を次のように考えています。つまり、人はみな幸せになる権利を持っています。しかし、人はけっして自分１人だけで幸せになることはできません。それは人が社会的存在であるからで、自分が所属する社会がその構成員全員に幸せになることを保障できる体制や状況でなければ人は本当の意味で幸せにはなれないのです。

　しかし、現実の社会はけっしてそうなっていません。世界の各地で戦争は行われているし、差別はさまざまな形態で存続しているし、飢えや病苦、貧困や格差などは人々の幸せになる権利どころか生存まで脅かしています。それらを克服して平和で民主的で豊かな社会をみんなで築いていかなければなりません。それこそが現代社会に生きる私たちの使命といえるのではないでしょうか。しかし、それはどうしたら可能なのでしょう。そこに社会科を学ぶ意義があると私は考えます。

　今日の社会はある日突然出現したわけではなく、人類（新人）史20万年の到達点であるわけで、現代社会のあらゆる問題はその歴史の中で発生し、歴史の流れの中で変化・発展して今日のような規模と内実を持つようになったのです。したがって、それらを克服するためにはその歴史をきちんと知る必要があります。それはあたかも医者が患者を治療するに今の病状だけでなく、なぜそうなったのかの原因を確かめなければならないのと同様に。

　また、日本の社会の問題は世界各地の問題と密接な関係があります。グローバル化が進む今日、その傾向はますます増進しています。その意味で私達は日本のことだけに終始していてはならず、世界のことも一体として学ぶ必要があるのです。それは日本国内についても言えるわけで、自分たちが住んでいる地域の問題は他の地域の問題と密接に関係しているのであり、地理で世界の、そして日本の各地域の実態を学ぶのはそのためと言えます。

また、政治的な問題、経済的な問題、地球環境の問題、今のパンデミックの問題、一つひとつはそれぞれに固有の原因と背景があるのですが、それらは孤立しているのではなく相互不可分の関係性を持っています。公民で政治や経済、人権や環境の問題を総合的に学ぶ必要性は増しています。われわれ社会科教師はそういった学びを授業を通じて実現させていかなければならないのではないでしょうか。

なぜ労働者の働く権利が守られなければならないのか

　学生③はこの実践を様々に分析した最後に「展開の最後に権利を学んだのに気づかせただけで終わってしまうのは本当に気づけているか分からないのではないだろうか」としています。なぜ労働者の働く権利が守られなければならないのかについて、その理由を「本当に気付いている」かどうか。なにをどう理解すれば、「本当に気付いている」といえるのだろうか、という問題提起と私は受けとめました。

　その点について考えてみたいと思います。かつて、私が「現代社会」の授業をしていた頃のことですが、週に1回新聞をつかって授業をしていました。順番で生徒にその週の新聞から気になる記事を発表させ、それをもとに議論するという授業なのですが、ある時、パチプロの男性の記事を紹介する生徒がいて、パチプロは仕事かが議論になりました。パチンコで1か月100万円は稼ぎ、それで家族を養い、税金も払っているって記事にあるので立派な仕事だって意見が当初は優勢でした。男子の中からは「俺もパチプロになりたい」などと言う声もあがったりしました。

　しかし、1人の女子の発言（つぶやきに近い）によって一転して仕事とは言えないという結論になりました。なんて言ったかというと、「私、そんな人が結婚相手だったら嫌だな。だって、子どもにお父さんの仕事はパチプロって言えないじゃない」。そこから、生徒は仕事とは単に金を稼ぐことではなく、人々の役に立つこと、社会に貢献するものでなくてはならない。そういう仕事だからこそ、人はその仕事に「やりがい」を感じ、仕事が「生きがい」になる。やりがいのある仕事を持ち、生きがいのある人生を送ることは人を幸せにする。幸せになることが人権の根本ならば、そういう仕事を持ち、続けることも、平和な社会に生きることと同様に、誰にも侵されることのない人権ではないか。だからこそ、

経営者の都合（利益追求）や恣意などで簡単に仕事が奪われることのないように、憲法に労働者の働く権利が認められている。それは、そういう理由ではないか、といった方向に生徒の議論は進展していきました。

　学生③の言う「なぜ労働者の働く権利が守られなければならないのか」について、その理由を「本当に気付いている」というためには、このような見方を生徒ができるようになることが必要なのではないでしょうか。

4．学生はなにを学んだか

　河野実践から学生はそれぞれの授業観に照らしてなにをどのように学んだか。これまでに提出されたレスポンスカードから探ってみる。

討論について

　河野実践が基本的に討論授業であったので、レスポンスカードでも討論について書く学生が多かった。

> 　討論という形に注目してこの授業を見ると、最初にとったアンケートの結果が最終的に逆転している点が重要である。この背景には、多数の生徒が最初は雇用者の立場で考えてナツミの「クビ」に対して正当性を感じていたが、少数でも「クビ」はおかしいという生徒がいて、彼らと討論することで、労働者という別の視点があることを知った。そこからは、大変貧しい中で一生懸命働いているナツミの実像が分かってきて、結果、生徒たちの意見は逆転した。生徒は別の立場から見ることの大切さを知った。（塩崎）

　でも、どうしたら、河野実践のように中学生に討論をさせることができるのか。その点を考えた学生もいた。

> 　河野先生のクラスでも、人前で話すのが苦手な生徒が全体の３分の１いる。彼らを討論に参加させるのは難しい。でも、段階的にならできるのではないだろうか。まずは、問題を出したら、すぐに議論させるので

なく、全員に自分の意見を書かせる。ノートでもいいし、ワークシートでもいい。そして、班別にして話し合わせる。4〜5人の班なら話しやすい。全員の前で話す時は、批判はなしで付け足しや賛成意見のみにする。やがて、質問は受け付ける。でも答えるのは個人ではなく班。そして慣れてきたら批判もOK、反論は班でもいいし、個人でもいい。自分が教員になったら、そうしてみようと思った。（三村）

そうして、全員参加の討論をさせたとして、それが実りある内実、生徒の認識発達に寄与できなければ意味がない。どうすればいいのか。

もし、討論をするとなったら、今日はどんなテーマで話し合うのか、それはなんのためかを教師が明らかにしなければならない。教師はそれまでの授業や討論の内容からテーマを選択するのだが、そのテーマは生徒たちが今探求したいことか、その探求が生徒たちの議論で可能か、探求の成果が生徒の意見をより正しい方向に導くかなどを検討する。（瀬川）

学生（瀬川）は中学生が実りある討論するテーマの要件をこのように考えたのである。

今回の講義を通じて学んだことは、生徒達が討論をするには、どのような題材を取り上げればいいか。生徒達は話しやすいか、想像しやすいかを考えるということです。1番は、やはり自分たちと年齢が近い人が実際に起こしたことではないでしょうか。そうすれば、中学生は共感しやすいということも分かった。（沖）

この授業で生徒が熱心に討論したのは、自分たちと年齢が近いナツミの信念や行動に共感できたからだというわけである。

共感について
学生（沖）も書いているが、ナツミへの共感が河野実践の討論を可能にし、価値ある学びを実現した。そのことに言及する学生も多かった。

以前から言われていたが、「共感できる教材」と討論という形式がこんなに深い学びになるとは思わなかった。同時に河野先生が生徒たちに雇用者側から労働者側への視点シフトさせたことはよく考えられていると思った。自分が教師になった時も生徒に多面的多角的な視点を持ってほしいので、この授業のように視点シフトできるような授業を展開するためによく考えたいと思った。（西）

　企業側だった見方がナツミさん側、労働者側の見方に変わったのは共感があったから。自分に近い年齢、生活の大変さ、一生懸命働いていて認められた、その生きがいを否定される悔しさも共感を生む。そして、新聞記事を用いることで現実性を感じさせることができる。写真も載っているので、生徒はナツミさんの人物を想像しやすい。そんなことも共感の手助けになっている。（関根）

　実際に働いたことのない中学生が企業側の考えを持つことは自然である。しかし、討論することでナツミさんの立場からの意見が増えた。共感することで物の見方が変わるのだなぁと感じた。いずれ社会に出る中学生が同世代のナツミさんに共感することで、将来自分がなる労働者にとって大切なこと（労働基本権、労働組合、団体交渉など）を、今学んでいる。切実な感覚や感情を伴ってこそ深い理解につながるとする教師の意図がこうして実現した。（小渕）

　学生（西）は「共感できる教材」と討論が深い学びを実現したとし、学生（関根）は企業側から労働者側への見方の変化は共感によるとしている。「切実な感覚や感情を伴ってこそ深い理解につながるとする教師の意図がこうして実現した」と学生（小渕）は結論づけている。

労働観について

　「ナツミは辞めさせられても仕方ない」派が最初22人もいた。それは、労働者は「働かせていただいている」という労働（仕事）観による。河野氏はそのような労働観を生徒が持つ契機として全国の中学校で実施している「職場体験学習」があるとしている。しかし、「ナツミは辞めさせられても仕方ない」派は、この授業の終わりには４人に激減し、逆に、「ナツミが辞めさせられるのはおかしい」派が９人から17人に増えた。それは生徒の労働観が

刷新されたからに他ならない。学生（渡辺）は労働者の立場から労働や仕事を考えようとし始めたとしている。そして、学生（菊池）はその点こそが労働価値説や労働疎外という（生徒達が将来学ぶであろう、そして、自分が今学んでいる）社会科学の概念を理解する基底であり、そのことをこの授業を通じて生徒は学んでいるとしている。

　授業後の感想でも「辞めさせられても仕方ない」としている生徒がいる。1人は「やっぱり上の人に従うべきだと思うから」と言っている。もう1人は「社長の命令は絶対だと思うのでやめさせられても仕方ないと思った」と書いている。この生徒たちは「労働者は働かせていただいている」という考え（労働観、仕事観）の持ち主ということになる。だから、上＝社長（店長）に逆らったナツミは辞めさせられて当然と考えている。そのような労働（仕事）観を脱却してナツミのような労働者の立場から労働や仕事を考えようとしている生徒もいるわけで、次の授業では両者の間で互いの労働観を問う討論を組織するというのはどうか。（渡辺）

　パチプロの話は面白かったし、考えさせられた。いくら稼げても社会に貢献できなければ仕事にはならない。なぜなら、そこに人は働きがいや生きがを見いだせないから。中学生には労働価値説とか労働疎外とかは難しいだろうけど、この授業で人間が仕事をすることの意味や大切さを知ったら、高校生や大学生になった時にそういう概念をすごくよく理解できると思う。（菊池）

おわりに

　河野実践が行われたのは2010年のことである。現在は、確かに大学生の就職率は当時の68.8パーセント（12月段階）よりは向上しているが、劣悪な労働条件のもと心身ともに疲弊して早期退職に追い込まれる若者は増えている。ブラック企業の横行、契約社員など非正規社員の増加、それらに目をつぶり、これまで守られてきた労働者の権利をなし崩し的に変質・解体しようとする政府の施策などがその原因だが、基底には東西冷戦終結後、世界を席巻している新自由主義がある。規制緩和の名の下に人類が築き上げてきた平等、互恵、人権などの価値を否定し、自由競争を奨励し、格差（貧富の差など）を

是認し、自己責任論というイデオロギーを吹聴して、その非人道性や反民主的な本質を隠蔽している。

　民主社会の能動的な担い手を育てることを本旨とする社会科教育、とくに公民科教育の責務は、このような新自由主義の本質を見抜き、それに対抗して、まずは自らの存在と尊厳を守れる主体として生徒を成長させることであり、平等、互恵、人権などの民主的な価値を共有してそのより十分な実現のために共同できる主体の形成である。そのためには、新自由主義を信奉する勢力が打破しようとしている日本国憲法に規定された労働基本権の価値と、なにゆえそれが最高法規である憲法に明記され、それを具現化するために労働３法をはじめとする法体系が整備されているのか、生徒が身をもって理解しなければならない。河野実践はその役割を果たしており、継承されるべき先行実践といえよう。

地域の主権者を育てる
—— 小林光代実践に学ぶ ——

はじめに

　社会科教育とはなにか、といった漠然とした問いには次元の異なるいくつもの答えがある。その内の1つに、人が社会的動物であることの認識を深めることという答えも認められよう。社会的動物とはなにか。人は馬のように速く走る足をもたない。虎のように鋭い牙もない。まことにか弱い動物である。では、人にはなにがあるのか。それは他人と繋がり、助け合い、分担しながら互いを支え合う関係を構築することである。この関係（ネットワーク）の総体こそが社会（システム）であり、人はその中でしか生られず、また、その社会にとって有意義な存在であることが人に幸福（生きがい）をもたらすのである。

　では、自分はいかなる社会に属し、その社会の中でどのように生きているのか。そして、自分を含めより多くの人が幸福になるためには社会にいかに関わっていくべきか。この問いを突き詰めていくことが社会認識の探究であり、社会科教育のなすべきことといえる。そう考えた時、地域は社会科教育の揺籃とか、地域に根ざした社会科教育をなどといわれる理由も理解できる。むろん、世界も人類にとって社会であり、国家も国民にとっては1つの社会である。しかし、中学生にとって、そこに自分が所属し、関わることができる実感は乏しい（だからといって放置していいというわけではないが）。その点において地域は、今現に多くの生徒がそこで家族とともに生活し、学校で学び、仲間と共に成長している、自分と直結している社会である。機会さえあれば、現地に行って、そこにはいかなる人々がいてどんな希望をもって努力し、困難を克服しようとしているのかを直接見聞して、それが自分や自分の所属する地域＝社会にとっていかなる意味があるのかを考えることができる。そして、その考えにもとづいて自分はなにをすべきかを模索することも可能である。そのような「地域の主権者」を育てようとしたのが、今回取り上げた実践である。

1. 実践の概要

　実践者の小林光代氏は千葉県船橋市の公立中学校の教師である。実践報告のタイトルは「学年で取り組んだ三番瀬の学習—地域の課題を子どもとどう学んだか—」で千葉県歴史教育者協議会の会誌『子どもが主役になる社会科』25・26合併号（1995年7月）に掲載されている。

　実践のねらいを小林氏は次のように書いている。

　『船橋の海（三番瀬）について……大部分の生徒は入ったこともなく、食べられる魚が捕れるとも思っていない。ただ単に「汚い海」があり、それは「地図上での東京湾」という自分たちの生活とは「関係ない海」なのである。……これでは地域社会に対する事実認識に欠け、地域社会に生きる主権者としての誇りも育たないであろう。数年後には地域住民として選挙権を行使する生徒たちに、地域の課題を「関係ない」のではなく「大事な問題」として考える主権者になってほしい』

　まず、船橋の漁業組合長であった大野さんの講演会を校内で実施し、漁師になった理由、子どもの頃の海の様子、埋め立てにより転業を迫られたことの苦しい思い、漁業を行っての苦しみや喜びなどを話してもらった。生徒からは「漁師をやっていてよかったと思っているのかな？だってすごく楽しそうに話してくれたからです。今度、東京湾を見にいくのがとても楽しみです」、「大野さんはすごい。オイルショックやら、そんなこともいろいろからめて自然を大切に考えて、しかも自分でできることをちゃんと行動に移している」などの声があがった。

　そこで、2年生全クラスで三番瀬と巻き網漁の見学を行った。たくさんの魚のとれる海であることの意外性に感動した生徒からは汚い臭いだけの海という認識は消えていった。そして、「漁師の人たちはチームワークがよく、手早く正確に動いていた」、「魚がとれたときはとても嬉しそうだった」など、漁師という職業への偏見が消え、海の男のたくましさを感じたようだった。また、海や魚のみでなく、その魚を追いかけて集まる海猫や海鳥にも驚きの声を上げていた。海が魚だけのものではなく、海鳥のための自然でもあることに気づいた生徒もいた。

　クラスごとの見学であったので、それぞれの体験を相互に交流しつつ、テーマについて考えようと学年集会を開いた。テーマは「身近な環境（三番瀬）をより良くするため、私たちに出来ることは何か」。各クラスから1名

のパネラー、フロアーの生徒の発言が続いた。大野さんの漁業や東京湾を大事にしつつ、それを広める運動をしている姿に感銘を受けたこと、東京湾が貴重な自然であること、川や海をきれいにするために家庭排水などに気をつけようとする意見が出た。この集会は、実践校が生徒指導の研究指定校（文部省）であったため約400名の教師の前で行った。

　ここまでの実践は、埋め立て反対派の大野さんをクローズアップした取り組みであったため、「どういう人たちが埋め立て賛成の意見なのか」との質問があがった。そこで、放課後に希望した生徒と市川市の商工会議所を訪問した。行徳漁協は埋め立て賛成派で、埋め立て後の土地利用計画が「国際性・文化性豊かな環境都市づくり」ということであった。そして、反対の声は聞かないと問題視していないとのことだった。下は埋め立て賛成派の話を聞いた生徒の感想である。

> 　僕たちは、今まで船橋の漁師である大野さんから「船橋の漁業」について教わってきました。そこで僕は、船橋の漁業というものがいかに大切で立派であるか、また、開発というものが漁業にどのような影響を与えるのかということを学びました。……先日「海の開発賛成派」の意見を聞きに行きました。そこで、話をしてくれた人たちは、僕たちに開発の利点について話してくれました。確かにそこでは、僕は開発反対の立場でしたが、開発され、ビルが並び学校が建てられ、鉄道が通っている真っ只中で生活している僕たちが「開発はよくない」と断言できるでしょうか。それは、あまりに自分勝手な意見ではないでしょうか……やはりここは、現在、実際に海で生活している漁師たちの意見が強いのではないでしょうか。大野さんは僕に言いました。「開発によって利益を得る人がいれば、損をする人だって必ずいる。しかし、自然にとってはどうなのだろうか」。……僕たちにできることはなんだろうか。両方の意見の意味を理解し、これからも「開発」と「漁業」について考えていきたいと思います。（大策）

　小林氏は実践を総括して次のように書いている。

　『生徒たちは今までの学習を通じて、三番瀬の課題を自分たちの問題として考えることができた……1番痛感したことであるが、賛否両論があり、話題性にとむ地域の課題を教材化することに、神経質すぎないかということで

ある……地域の課題を、どこでどのように考えさせていけば、現実の社会で生じる様々な問題に目をつぶらない主権者として成長していくのか。社会科の授業が担うところが大きい』

2.学生の分析

　学生に予習としてこの実践を分析させて結果を提出させた。分析の観点は「この実践の優れている点、学ぶべき点」と「この実践への疑問点、批判点、改善点」の2つである。それらのうち代表的なものを選んで全員に紹介した。

【学生①】学校全体で協力してもらえる体制を作ることが大切

＜良い点＞

・授業という形にしなかったことで自由に様々なことができている

　導入の部分だけを社会科の授業にしたことで、授業の枠組みを超えた活動を行えていると思う。他の教科の教師たちの力を借りながら進めることによって、他の教科の知識も応用しながら進めることが可能になり、より深く学べるようになったと考えた。今回の内容が水に関係があるので、理科の教師の力が大きくかかわってくると考えた。

・進め方が生徒たちにとって分かりやすい。

　まず自分たちで調べ学習をする。そしてそのあと実際にそこで働いている漁師さんのもとへと話を聞きに行き、その現場を実際に見学に行く。1番最後に学んだことのまとめをし、その後で埋め立て賛成者の意見を聞くことにより、学習することが分かりやすく、生徒たちがよく理解できる。特にそこで実際に働く漁師の方々に話を聞くだけでは、イメージがしにくい部分もあると思うので、そこの現場に足を運ぶという時間を設けたことがこの実践の1番のいい点だと考えた。

＜改善点＞

・多くの人を巻き込むため、調整が大変

　他の教科の教師や地元の漁師の人々、さらに現場を見学する時にその現場まで連れてってくれる人など、多くの人がかかわることになるので、学校外の人にアポをとるのは社会科教員だけではとても大変。学校全体で協力してもらえる体制を作ることが大切になると考えた。

【学生②】地域の主権者を育てると言う明確な目的と身近な教材

　この実践の優れている点は、地域の主権者を育てると言う明確な目的で、身近な教材を用いて授業を行っている点だ。現在増加している選挙棄権者の減少の歯止めに効果的であると考えた。また、今まで考えたこともなかった身近な問題について授業以外でも生徒に考えてもらえるようになると考える。さらに、地域の埋め立て問題について考えさせることで、人々の生活に寄り添い、賛成派と反対派の意見を聞き入れる姿勢を育てることが出来た点も優れていると感じる。授業形態については、実際に海の職業に就業している人に話を聞いたり、見学したりすることで、生徒の好奇心、興味を煽り、前向きに取り組ませることに成功している。その上、生徒の持つ偏見、ステレオタイプな考え方を払拭することに成功している点が優れていると感じた。

　逆に改善すべき点は、環境の問題などについても触れているのにも関わらず、あまりその原因について語られていないように感じる点だ。これでは、既に起きた問題に対する対応のみがわかり、原因の予防にまで考えが至らないのではないかという点が上げられる。ほかの点では、埋め立てについて賛成派の方にも、意見を聞きに行ったところまでは良かったが、その意見を聞いたあとの感想が、賛成派に対して悪であるかのように語られている点だ。この点について、生徒個人が悪いと考えるのはいいと思うが、多面的な視点を持たせるためには、ある程度教師がコントロールして悪い点以外にも考えさせる必要があるのではないかと考える。さらに、授業最後のまとめでは、埋め立てに対して全体的に反対の意見に偏りすぎていると考えられる。最初の目的の通り、地域の主権者を育てるのならば、賛成派の意見も反対派の意見も両方の視点を持つことが重要になるのではないか。この中立の視点をもてていないところが改善すべき点の1つであると考える。

【学生③】双方の意見の重量を均一に把握させたほうが良いのではないかと思う

　小林先生の実践で優れている点は子供たちの身近でありながら良いイメージを持たれていない三番瀬を題材に取り上げ、地域社会における主

権者としての三番瀬や漁師に対するイメージを改善させることができているということである。近年全国的にみられる1次産業の衰退やその原因としての開発の問題点を的確に把握することに役立っている。また、課外活動を行い、実際に三番瀬での漁を見学することで三番瀬や漁師たちの実態を直接感じ取れる点も、何も知らなかった子どもたちにとっては良い経験となる。さらに、海岸の埋め立て問題では海の保全を訴える漁師たちの意見だけでなく、海岸を埋め立て開発を進めることに賛成する会議所の意見も取材していることから、1つの問題に対する多様な考え方を把握することができ、その点も優れているといえる。

　疑問点として挙げられるのは海岸の埋め立てを行なうことのデメリットは大きく取り上げられているのに対し、会議所への取材の際には埋め立てを行わないことのデメリットをあまり聞きだしていなかったことである。社会で起こる諸問題の多くは人々が長所と短所を秤にかけそのどちらかを優先する際の対立である。今回の海岸埋め立ての事例のように双方の意見が理にかなっている場合は、偏りのない知識を持つ有権者を育成するためにも双方の意見の重量を均一に把握させたほうが良いのではないかと思う。

3. 加藤からのコメント

　上記の学生らによる分析をふまえて、私から下記のコメント（講義録）を受講生全員に送った。

【加藤からのコメント】
地域の主権者を育てる

　通常の授業実践と異なり、今回の小林実践は学年行事の実践で1学年（2年生）7クラス全員の生徒を対象にしなければならない。学生①が言うように「他の教科の教師や地元の漁師の人々、さらに現場を見学する時にその現場まで連れてってくれる人など、多くの人がかかわることになるので、学校外の人にアポをとるのは社会科教員だけではとても大変。学校全体で協力してもらえる体制を作ることが大切」です。こんな大変な実践が実現できた理由は、資料として皆さんに送った実践報告（省略）にあるように、この年勤務校が文部省の研究指定校になったこ

とが第 1 の理由です。

　どの学校も何年に 1 度のペースで研究指定校に指定され（県や市の教育委員会からの指定も含む）、いろいろなテーマについて研究し、実践し、その成果を発表しなくてはなりません。この実践はその一環として行われたという事情があります。しかし、研究指定校になれば、どの学校もこんな風に本格的に取り組むとは限りません。前年度、前々年度の指定校から資料を取り寄せて、それらを参考にお茶を濁すといったら語弊がありますが、なるべく簡単に済まそうとする学校もあるのは事実です。担当者に任命された小林先生もそうしようと思えばそうできたはずです。しかし、小林先生はそうしなかった。むしろ、チャンスととらえて挑戦した。その成果がこの実践であったわけです。一体、小林先生をしてそうさせしめたのはなんだったのでしょう。

　学生②は「この実践の優れている点は、地域の主権者を育てると言う明確な目的で、身近な教材を用いて授業を行っている点だ」としています。まさしくこの実践は、中学生を地域社会の立派な主権者として成長させるという小林先生の社会科教師としての使命感や意志がベースとなっています。

　主権者とは国家の主人公のことですが、国家のことだけ考えていればいいというのではありません。自分たちの生活の拠点である地域社会についても、豊かでみんなが幸せに暮らせるようになるにはどうすればいいかを真剣に考え、話し合い、行動する主体でなければなりません。船橋市の中学校で長年社会科教師をしていて生徒の地域社会に対する知識のなさ、意識の低さに気付いていた小林先生は、生徒を地域社会の主体＝主権者として成長させる教育がぜひとも必要であることを痛感していた。研究指定校になったことで学校（校長や教職員）や教育委員会、PTA、同窓会、地域住民の理解や協力を得やすくなった状況を踏まえて、果敢にこの実践に取り組んだのです。その姿勢こそ、社会科教師としてわれわれは学ぶべきだと思います。

差別意識の解消

　しかし、姿勢や意欲だけでは目標は達成できません。生徒が地域の現実を知り、地域の将来を真剣に考えるようになるにはさまざまな手立てが必要となります。そこで、小林先生は同窓生で漁師の大野さんを招い

ての講演会や集会を開催して漁業や漁師に興味を持たせたり、グループで地域を調べ、参観日に学級発表会を設けたりしました。そして、乗船しての三番瀬や漁業の実態の見学、海老川の清掃活動、埋め立て賛成派への訪問・聞き取りと実践は進んでいきました。

　その成果の1つが漁師への差別意識の解消です。「『意識もしていなかった漁師』が『かっこいい海の男』と、『将来希望する職業の範囲にもなかった職業』から『なりたい職業』へ変わった者もおり、少なくとも『ダサイ職業』という差別的な見方をする者はいないと思われる」とあります。

　立派な主権者として育てるということは民主社会の担い手になるということで、特定の職業の従事者に対する差別を持つことは無論、容認することもあってはなりません。それではどうすれば差別をなくすことができるかですが、「人間はみな平等、だから誰に対しても差別してはいけません」などと教師が命じれば済む話ではありません。考えるべきは差別が生まれる構造であり、差別の根源はなにか、何が差別を生むかです。それは、偏見や誤解に他なりません。偏見や誤解が差別を生むのです。

　たとえば、1925年に普通選挙法が成立して男性は25歳以上なら納税額に関係なく選挙権が付与されるようになりました。しかし、女性には認められませんでした。これは、今から考えれば差別そのもので、市川房枝らが盛んに訴えても認められることはありませんでした。なぜか。1930年に浜口雄幸内閣が婦人公民権を提案するのですが、反対の林平馬議員は男女同権自体が間違っているとして、「男子は指導的計画的な性能を自ら持って居る。女子はどうしても計画的であるとか指導的であるとか言うのではなく、受動的性質のものであって、政治のような最も指導的な活動的な方面には適さないものである」（安井俊夫著『子どもの目でまなぶ近現代史』地歴社、2008年）などと言っているのです。

　これは偏見そのものですが、では、何がこのような偏見を生むのか。女性が計画的に物事を考えられないとか、指導的な役割を果たせないなどということはありません。日本やアメリカはまだ女性の首相や大統領はいませんが、世界的にはたくさんいます。日本だって東京都知事だけではなく、女性の首長はいくらもいます。そういう女性の真実を知らない、知ろうとしない。つまり、無知が偏見を生むのです。そして、その

ような偏見が女性には選挙権を認めないという差別を生むのです。

　したがって、差別をなくすには、まずはその大元の無知を「有知」に変える。「有知」などという日本語はありませんが、本当のことを正しく知ることこそが求められるのです。この実践で言えば、海へ出て漁師たちの働く姿、その手際の良さとか協力ぶりとか、臨機応変の対応ぶりとか、漁師の真実の姿を実際に見たことで生徒の漁師という職業、その従業者である漁師へのまなざしは変わっていきました。漁師なんてダサい、クサイ、なりたくないがカッコイイ、将来なりたい職業の1つとなったのです。偏見は消えてリスペクトとか共感が生徒の中から芽生えた。

　だからこそ、その漁師から大切な職場である三番瀬を奪おうとする埋め立て計画があると知れば、なんとか止めさせたい、そのためには漁師さんに頑張って欲しいし、自分たちに出来ることがあれば協力しようという気持ちにもなるわけで、そこにはかつての差別などではなく、連帯とか協働（共同）の意識が生まれています。小林先生は実践を通じて生徒たちの漁師への差別的な意識を見事に解消したと言えます。

生徒の認識発達はどのように実現するのか

　ところで、学生③は「疑問点として挙げられるのは海岸の埋め立てを行なうことのデメリットは大きく取り上げられているのに対し、会議所への取材の際には埋め立てを行わないことのデメリットをあまり聞きだしていなかったことである……双方の意見の重量を均一に把握させたほうが良いのではないかと思う」としています。同趣旨の分析をする学生が多く、「賛成派と反対派がいて争っている政治的な案件だから、学校で取り上げる以上は中立的でないといけない」、「最初に反対派の大野さんの話だけじゃなくて、賛成派の商工会議の人も呼んできて、同じ時間話してもらう」などという意見が書かれています。たしかに、そうすれば両派平等だし、学校としては中立性が保てるってわけですが、失うものはないでしょうか。

　想像してみればわかることですが、生徒は体育館みたいなところに集められて、なにが始まるかと思ったら、見ず知らずの大人の人が聞いたこともない三番瀬の埋め立てについて反対だとか賛成だとか言い合っている。その時間は生徒にとってどんな意味があるのでしょうか。もともと三番瀬や東京湾の海について関心があるならまだしも、アンケートで

示されているようにほとんどの生徒は知らない、どうでもいいことなのです。その無関心が漁師に対する差別意識の源泉でもあるのですが、それをどうにかしなければというのが、この実践の出発点でした。

そこで大野さんの話を聞き、実際に東京湾が豊かな漁場であることを知り、漁師たちの働きぶりに感動して、生徒は東京湾の汚染や埋め立ての問題を自分の問題として考えるようになった。なったからこそ、生徒自らが埋め立て賛成派の意見も聞きたいと思うようになったのです。賛成派の意見を聞きに行ったのは数人ですが、資料（省略）にあるように彼らは自分たちが聞いた賛成派の主張や、それを聞いて自分たちはどう考えたかをクラスのみんなにも伝えようと言っています。その内の1人である賢は次のように書いています。

「会議所の人たちは、魚なんて輸入すればいいという考えみたいだった。……『あんな汚い東京湾でわざわざ魚なんてとらないで海を埋め立ててできた工場で働いた方がずっといい』と言った。……ああいう所の人はもっと他の人たちのことを考えたほうがいいと思う。実際に漁師になりたいという人もいるのだから」。

もし、現役の漁師である大野さんの話を聞いたり、実際に東京湾で多くの魚が水揚げされているところを見たり、一生懸命にそしてカッコよく働いている漁師の存在を知らなかったら、この生徒は賛成派の意見に納得していたのではないでしょうか。なにしろ、東京湾なんて汚い、自分たちの生活とは関係ない海だったのだから。でも、東京湾が今なお漁場としての価値をもち、そこで働く漁師がいることを、この実践を通じて知った彼らは、そのような埋め立て賛成派の説明に納得できなかったのです。

また、より深く考えるようになった生徒（大策）もいます。賛成派との話し合いでは自分は反対の立場だったが、「開発され、ビルが並び学校が建てられ、鉄道が通っている真っ只中で生活している僕たちが『開発はよくない』と断言出来るでしょうか。それは、あまりにも自分勝手な意見ではないでしょうか」としています。賛成派の意見に接して、その意見を支持するようになったというわけではありませんが、それまでの自分の考えを反省しています。賛成と反対のどっちらか一方に決めるのではなく、海鳥や魚といった自然のことも考慮して「これからも『開発』と『漁業』について考えていきたいと思います」としています。こ

れこそが求められる主権者の姿勢ではないでしょうか。生徒の認識はこのようにして、いわば弁証法的に深化していくのです。これらの意見に触発されて、他の生徒も認識を深めていったのではないでしょうか。

4.学生はなにを学んだか

　小林実践から学生はそれぞれの授業観に照らしてなにをどのように学んだか。これまでに提出されたレスポンスカードから探ってみる。

フィールドワークについて

> 　実際に船に乗って東京湾に行くことは、東京湾についての調べ学習や授業だけでは気付くことができないことができる機会なので、とても良いと感じた。地元なのに船橋に対する関心がない生徒達に船橋の海について関心を持ってもらうことに成功している。そして、自分の生活に関することだと理解してもらえている。(石川)

　フィールドワークの意義を学生(石川)は、調べ学習や教室での授業では気づけないさまざまなことが発見できることとしている。そして、それが今まで関心がなかった地元船橋の海に自分たちの生活と関わりのある海として関心を持たせたとしている。

「深い学び」について

> 　今回は今までの中で1番大がかりな内容であったが、「研究指定校」の実践と知って納得した。身近な「船橋の海」を題材に用いて、生徒の関心のない事柄でも、社会科の授業、調べ学習、そして実際に船に乗って東京湾での漁業の様子を見るといったことをやれば、その事柄(東京湾の汚れや埋め立て)がどんなに自分たちにとって重大なことかを分からせることができることを示している。関心がないことに興味を持たせて学ばせることが教師の役割であることを改めて感じた。そして、生徒たちはこの学習をもとに実際に川を清掃するなどの活動をしているわけで、「深い学び」を実現している。(横道)

アクティブラーニングを文科省が「主体的・対話的で深い学び」として学習指導要領に組み込んでから、「深い学び」とはなにかが学生たちを悩ませている。「主体的」や「対話的」は学びの方法なのでなんとなく分かるが、「深い学び」となると学びの質のことなのでどういうことか具体的なイメージが浮かばない。そこでこの実践を見てみると、いつもの社会科のように試験が終われば大半忘れてしまうような語句を懸命に暗記するといった学習（そのような学習を「浅い学び」というのだろう）は一切していない。では生徒たちはなにも学んでいないか。そんなことはない、生徒は東京湾のさまざまな問題を現役漁師の大野さんの話や埋め立て賛成派の人たちへのインタビュー、そしてなにより漁船に乗って東京湾の実態、そこでの漁の様子を見て、そこから今、自分たちが何をすべきかを考えている。考えているだけではなく、みんなで話し合って、そして、海の汚染の原因となっている河川の清掃活動まで実行している。このような学びこそが生徒たちの行動や生き方に結びついた「深い学び」なのではないかと学生（横道）は考えたのである。

差別を解消するには

　　差別意識をもった主権者？　それはないと思った。なので、今回のような体験型の授業をすることで、漁師の本当の姿が認識され、偏見が消えて生徒の意識が変わったことは素晴らしいと思った。今の日本にはまだ多くの差別が存在している。たとえば、アジア系の外国人に対してはなんとなく敬遠してしまう。そんなのも彼らの生活や文化の実態を「有知」してないからだ。教師はもっと積極的にそういった人々と生徒たちを出会わせる機会をつくるべきだと思った。（安藤）

　　職業や人種、住所などで人を差別してはいけません。でも、そう言うだけでは差別はなくならない。差別する方にもそれなりの理由付けがあるからだ。「どうせ、あの人たちは〜〜。だから差別してもいいんだ」、とか「差別は当然だ」という思い込みだ。たいていは「〜〜」の部分は不正確だったり、全くのウソだったりする。なぜそんな「〜〜」を信じてしまうのか。それは真実を知らないからだ。なので、差別をなくすには、その人たちの真実の姿を知らせる必要がある。小林先生はそれを全校の先生やPTAの人たち、大野さんのような卒業生の協力を得てやった。

> 多くの人が協力したことで生徒は信用した。（大内）

漁師に対する差別的な意識の解消、「ダサイ」「クサイ」存在から「かっこいい海の男」、「なりたい職業」への劇的な変化は、今回の小林実践のなによりの成果である。学生（安藤）は、この実践が生徒の漁師に対する「無知」を「有知」にしたことがその変化をもたらしたと分析し、他の差別解消もそのやり方が有効ではないか、教師はもっと積極的に取り組むべきだと考えるに至っている。

一方、学生（大内）の文章には意味のとりにくい部分もあるが、「〜〜」は偏見のことで、ウソの場合もあるとしているのは政治的ないしは経済的な意図などで吹聴される偏見もあるということだろうか。だから、「真実の姿を知らせる必要がある」となるのだが、知らされた姿が真実であると生徒が受け取るためには、なるべく多くの多様な人々がその場の設定に関わることが必要で、生徒はその人々をいわば保証人として、眼前の事実を真実として受け止めるということであろう。

「政治的中立」について

> 政治的中立についてだが、今回の授業で埋め立て賛成派と反対派の意見をただ形式的に平等に取り上げても意味がない。生徒たちは何の関心も持たないだろう。大策のように両者の対立を乗り越えて独自の考えをもつような生徒が出ているので、問題ないのではないか。（石川）
> すごい、すばらしい実践だと思います。でも、自分に出来るかと聞かれるとちゅうちょしてしまいます。明らかに小林先生は埋め立て反対派の立場で授業しているし、生徒たちも反対派ばかりになっている。たしかに大策君のような意見もあるけど、1人だけのこと。政治的中立って難しい。
> （樋口）

学生（石川）のように「問題ない」とする意見もあるが、何人かの学生が政治的中立という理由をあげて、この実践のような現実に賛否両論があるテーマについて授業することに抵抗を感じている。

しかし、社会科教育の本旨は主権者教育にあるが、それは主権者でない者を主権者にする教育ではない。選挙権はたしかに18歳にならないと得られな

いが、日本国籍を有している者であれば、年齢に関係なく全員が日本国憲法に規定された国民であり、もはや主権者なのであるから、地域の将来を決することになる三番瀬の埋め立てについて、どのような問題があるかを知る権利、意見を言う権利、何らかの行動をする権利は中学生もすでに持っているのである。

　したがって、主権者教育としての社会科教育は、主権者としてより実態に即し、多面的多角的に問題を考えてより正しい判断をくだせるような意識（姿勢や心構えなど）と能力を持てるように実践されなければならない。むろん、教師が一方的に自分の意見や政治的な立場を押しつけるようなことはすべきでないが、この実践の場合は、生徒は地元船橋の海で漁業を懸命に営んでいる大野さんという人物に出会い、そのつながりで多くの漁師たちの存在を知り、彼らの働く姿に共感すると同時に、将来の東京湾の環境をいかに保全していくか自分たちも真剣に考えなければならない問題として意識するようになったのである。

　小林氏が大野さんと生徒の出会いを企画し、三番瀬の見学を実行したことは、生徒に地域の主権者としての意識を持たせるという意味で価値があったのであり、であればこそ、埋め立て賛成派の意見も聞きたいという生徒の主体的な探究も引き出せたのである。

　主権者でない者を主権者に育てるのではなく、現在その地位にある主権者をより優れた、有為な、積極的で思慮深い主権者に育てるのが社会科教育の本旨である。「政治的中立」といった、教師の主体性を縛り、社会科教育の本来の責務を果たさせないようにする「呪文」にとらわれることなく、賛否の存するテーマも積極的に社会科教師は取り組むべきである。

おわりに

　コロナ前だが、何年か連続して小林氏に出講していただいた。講義のメインはご自身の実践についてだが、他にも、中学校の社会科教師として大事にしていたことはなにか、これから社会科の教師になろうとしている学生へのアドバイスなどにも言及していただいた。

　年ごとに異なる学生の反応に合わせながらも、氏は民主社会の担い手を育てることが社会科の使命であり、中学校社会科は自分たちが生活している地域を理解し、地域の将来を真剣に考え、行動する「地域の主権者」として中学生を育てる実践がなにより求められていると話されていた。

そして、それは地域社会の社会科教育への要請でもあり、教材の多くも地域社会の中にあり、地域の産業や福祉、伝統・文化、コミニケーションなどを支えている人たちとの出会いこそが生徒の意識を地域に向かわせる何よりの手立てであるとされていた。であるからこそ、そのような教材としての地域と生徒を結ぶコーディネーターとしての役割を果たすことが社会科教師の責務であり、教師は積極的に地域（社会）と関係を結ぶことが肝要であるとも述べられていた。

　地域にこそ助け合いの精神や制度、手立てが生徒（児童）の身近にあり、自分たちもそのネットワーク＝社会の中で守られ育てられていることが直に発見でき、実感できる。地域が社会科教育の揺籃であるとされる所以だが、その原点を再確認して実践を創造していくことの重要性を氏は学生に述べられていた。今や、その地域が各地で崩壊の危機に瀕している（そのことが社会科教育の危機に直結している）。だからこそ、地域の危機を必死になって乗り越えようとしている人々の苦悩と努力、連帯に共感する社会科教育が必要なのではないかという氏の主張は学生の社会科教育観を大いに振起させていた。

　それは、むろん、その主張に沿った実践を自身が行ってきたということの説得力によるところが大なのだが、文節が短く確信に満ちた発言の分かりやすさと力強さ、聴衆である学生をまっすぐに見すえて話す端正な姿勢なども氏の（社会科）教師としての実直な生き方（あり方）を示していて、学生に自分の目指す教師像として受けとめられたと言うこともあるのではないかと思う。今回の実践で大野さんをはじめとして実際に東京湾で漁をする漁師の人たちに出会ったことで生徒の（自分たちの）地域の海としての東京湾に対する意識が高まり、漁師に対する差別感が払拭されていったように、学生の社会科教育観も小林氏のような教師に直接出会うことで大いに触発され、刷新していったのである。

第10節

世界史の授業で遊牧社会を教えることの意味はなにか
——棚澤文貴実践に学ぶ——

はじめに

　世界史で学ぶ歴史の大半は生徒にとってほとんどが縁もゆかりもない遠い国の昔の出来事である。「なんでそんな歴史を学ばなきゃいけないの」という疑問が世界史の授業ではいつも重低音のように教室に流れている。しかし、教師も生徒も聞こえないふりをして外つ国の見知らぬ人々が行った過去の所業の連鎖を教え、理解し、暗記している。

　学習指導要領によって高校を卒業するには世界史の科目の単位を修得しなければならないのでとか、ますますグローバル化するこれからの時代には世界史についての知識ぐらいは身につける必要があるといった理由付けはあるにしても、いかにも押しつけがましく、うつろに響く。なので、「そんなことより、今しなければならないことがあるの」という現実の要求に抗しきれずに起きたのが、世界史未履修問題である。2006年に富山県の高校で明らかになったことが報道され、全国の高校で次々と発覚した。他の教科や科目もあったが主に割愛されたのは世界史（A・B）であった。

　世界史を学ぶ楽しさや意味、価値をいかにして生徒に伝えるか。むろん、その努力を世界史の教師がしてこなかったわけではない。しかし、それはあまりに少数であり、発信力は弱かった。今こそ、そのような努力の成果として生み出された授業に注目すべきであり、学ぶべきである。

1. 実践の概要

　実践者の棚澤文貴（たなざわふみたか）氏は千葉県の公立高校の教師である。実践報告のタイトルは「家畜は歩くスーパーマーケット―遊牧社会の成立―」で『子どもが主役になる社会科の授業』（国土社、1994年）に掲載されている。

　『歴史学のおもしろさは具体的事実から抽象的な真実を導き出す過程にある。とすれば歴史教育者の役割は、歴史学者により教科書に書かれた論理的・抽象的な真理・法則・概念といった結果を暗記させることではなく、抽象

的な結果にもう１度具体性を与え、生徒たちに具体的事実から抽象的な真理を導き出す過程の楽しさを追体験してもらうことにあるのではないか』というのが、棚澤氏の実践の動機である。

そして、次のような単元計画のもと、先史時代の授業を行っていった。

テーマ０　地図から世界史を考える（５秒で書ける世界略地図の書き方）
　　　１　サルが人間になった日（人類の出現）
　　　２　１粒の種を播くと……（農耕の開始）
　　　３　ミルクとの出会い（遊牧社会の発生）
　　　４　歩くスーパーマーケット（遊牧社会の技術革命）
　　　５　余った収穫はどこへ行く？（国家の誕生）

実践報告はテーマ３と４で、遊牧社会の成立についての授業である。

棚澤氏にはどうしても生徒に伝えたいことがあった。それは、『日本人を含めた農耕民族は……遊牧という生活形態とそこから生まれた文化や価値感を一段下に見る傾向が強い。しかし、遊牧社会は農耕社会と比較しても、けっして不安定でも劣った社会でもない。遊牧社会は農耕社会を圧倒するだけの生産力を、遊牧という生活様式の中から生み出したのである』ということである。

そのような誤解や偏見を乗り越えるためには、遊牧民がどのような生活様式をもち、どんな技術を生み出したのかを時間をかけて取り上げる必要がある。できれば遊牧民がその歴史の中で作り出した現物を教室に持ち込み、生徒が五感（視覚、聴覚、臭覚、味覚、触覚）を総動員して歴史を実感し、異文化を学び取っていくような場を作りたい、と棚澤氏は考えた。

氏は生徒に呼びかける。バター、チーズ、ヨーグルトなど『これらはみな、遊牧民が生み出した傑作だ……本当にただ振るだけでバターができるか、実験してみましょう』。そして、生徒に順番にミルクから分離した生クリームの入ったビンを振らせてバターを作らせる。その上で『遊牧民は保存性を高めるために、バターを長時間煮立てて、水分を完全にとばしてしまう。この純脂肪（バター・オイル）はヒツジの胃袋を裏返しにした袋につめて固められれば、何年も保存がきく。ビンの中にはバター・ミルクが残っている。遊牧民はこれを捨てたりはしない。飲用されるほか、これからもチーズが作られる』として、バターを味見に回し、バター・ミルクは希望者に飲んでも

らうなどする。

　そして、ヤギの皮袋の中にきっちり詰め込まれたデリ・ペイニル（皮のチーズ）は冬の貯蔵食糧となることや、去勢という技術の開発により、多数のオスを群れにとどめたまま、群れの統率を保つことが出来るようになったことなどを詳細な資料をもとに生徒に説明していった。その上で、このように遊牧民は、搾乳、乳加工、去勢という技術革命をなしとげ、家畜のすべてを衣食住に利用することによって、農耕社会に負けることのない生産力を生み出していったとしたのである。

　結果、「紙の上の人ごと」で「本当にあったことのように思えなかった」遊牧民の歴史が、「実際にその当時のように自分たちで体験する」ことで「その当時の人たちの気持ちになれ」「同じ人間が昔も今もいるんだと」共感を覚えたとする感想を書く生徒が出現した。体験と共感が歴史理解を深めたのだと棚澤氏は総括している。

2．学生の分析

　学生に予習としてこの実践を分析させて結果を提出させた。分析の観点は「この実践の優れている点、学ぶべき点」と「この実践への疑問点、批判点、改善点」の2つである。それらのうち代表的なものを選んで全員に紹介した。

【学生①】五感を総動員して歴史を実感し、異文化を学ぶ

　この実践の優れている点、学ぶべき点は、生徒に遊牧社会ではどのような暮らしが行われているか、何を食べているかといったことを生徒に問いかけるところである。生徒に問いかけながら授業を進めていくことで、生徒が先生の問いについて真剣に考える。そうすることで、生徒の思考力が鍛えられる。教室で実際に乳製品を作り、味見をさせるなど五感を総動員することは歴史を実感し、異文化を学びとっていくような場を作るという意味で大事なことだと思う。先生の話をただ聞くだけでは得られないことを五感を使って学んでいくことは、色々な角度から物事を見ることができ、より深い学びができると思った。日本人は農耕民族で、遊牧社会とはあまり縁がないので、生徒にとっても馴染みのないことであるので、良い機会だと考える。

　この実践の疑問点、批判点、改善点は、先生がこのようなテーマを用意するのではなく、生徒が自主的に授業でどんな体験活動をやりたいか

を考えて、発表するといったことも重要だと思う。そうすることで、より自分達で物事を深く考える力が身につくと思う。

【学生②】生徒一人ひとりに寄り添っている。でも「元気すぎるオスの末路は」

〈良い点〉

　この授業では、教師が生徒のテストの解答から自分の授業の反省点を洗い出し、それを改善しようと自分の授業のやり方を変えていった点がまず評価できるのではないかと感じました。そもそも、生徒のテストの解答をきちんと見てくれる先生はあまりいないのではないかと思いますし、「誤った解答は生徒の勉強不足からなるものである」と考える先生の方が多いのではないかと感じます。しかし、棚澤先生は、そこを自分の授業に改善点があるとしたうえで、生徒により理解してもらえるような授業展開をしていました。生徒一人ひとりに寄り添っている先生だなと良い印象を受けました。

　また、授業の中でバターづくりを実際に行ったというのはとても評価できる点なのではないかと考えました。バターを作るという経験は、普通の高校生であればあまり経験したことがないのではないかと思いますし、ただ単に「バターは牛乳を振るだけでできる」と説明しても、実感はなかなか湧かないのではないかと考えます。しかし、実際にバターづくりを生徒に体験させることで、本当に振るだけでバターができるという実感が湧くし、実際に自分の手でバターが作れたという感動から、とても印象に残るのではないかと思います。実際に、生徒の感想を見てみると、「バターはあんなふうにできるものだと思わなかった。紙の上の人ごとだったのに、実際目にすると、少しずつ実感できたからよかったと思う」といったものや、「歴史はただ過去にあった事実というだけで、本当にあったことのように思えなかったけれど、実際バターを自分たちで作って、その当時の人たちの気持ちになれたと思う」といったバターづくりに対する評価が多く見られました。また、「バターづくりはぜひまたやったほうがいい。すごくためになったっていうか大発見したと思うから」というような意見も見られ、バターづくりは生徒にとって、とても良い経験になったのではないかと感じました。

〈改善点・疑問点〉

　この授業での改善点・疑問点は、「元気すぎるオスの末路は」のところで教師が『そうだね。このクラスだと誰だろう』といった発言をしていました。私はこの発言はあまり適切な発言とは言えないのではないかと考えます。なぜならこのような些細なことがいじめに繋がるからです。この質問の前後には、発情期になったオスは気が荒くなるので去勢する必要があるという説明を先生がしています。生徒からの応答が記載されていないため、生徒が実際に発言したかは分かりませんが、もし生徒が「○○くんだと思います！」などと発言してしまったら、言われた生徒は良い気持ちではないと思います。もし、この教師の発言で生徒が「気性の荒い人」というレッテルが貼られ、クラスから孤立してしまったらそれはいじめの始まりなのではないでしょうか。生徒に身近な例を考えさせて分かりやすくしたのだと思いますが、このような発言は気を付けるべきなのではないかと思いました。

【学生③】去勢の説明が生々しい。カットしてもいいのでは？

　今回の棚澤実践の評価点は、授業内で実際にバター作りを生徒に行わせている点である。棚澤先生は日本には遊牧や畜産を理解するにあたっての文化的なバックボーンがないと指摘している。この点の理解を深めさせるために、実際に遊牧民が行っているバター作りを行わせることで、バックボーンがない点を補えていると感じる。実際、自分が小学校の社会科の授業で江戸の暮らしの単元で洗濯板を使い実際に洗濯の実習をしたことを思い出した。これも洗濯板をめったに使うことがなくなり、文化的なバックボーンがないため、洗濯板がどんなものであったかを子供達に体験させ、補うものであったのではないかと思えた。自分が今でも覚えているということは効果があり、子供にとっては新たな発見になっていると感じる。自分も教壇に立った時に使いたいテクニックの1つである。

　批判点としては、羊の去勢の説明の点である。この点は表現が生々しく、気分を悪くする生徒が出てきてしまうのではと感じた。実際ここまで詳しく去勢の部分を取り上げなくても話は通じるのでカットしてもいいと感じ、批判点として挙げたいと思う。

3. 加藤からのコメント

　上記の学生らによる分析をふまえて、私から下記のコメント（講義録）を
受講生全員に送った。

【加藤からのコメント】

バター作りの背景として遊牧民の歴史とその発展を語る

　棚澤先生は、基本的に農耕社会として発展してきた日本の歴史とは全
く違う遊牧民の歴史を、彼らの生活や生業に視点を置いて生徒に掴ませ
ていこうとしました。スタートは狩猟民で、自分たちのテリトリーに入っ
てきた動物を狩りしていた。しかし、いつ動物がテリトリーに入って
くるか分からないので猟は不安定だった。そこで、彼らの中から羊など
の動物の群れについて行って主にオスを狩りする人たちが現れた。そう
して狩猟民は半狩猟民になったのだが、半狩猟民の中から動物を狩るの
ではなく乳を搾って飲む人たちが現れた。遊牧民の誕生である。

　動物を狩ると数が減るけど乳を搾るだけだから動物の数は減らない。
生活はより安定した。しかし、動物の乳は1年中出るわけではなく、妊
娠すると出なくなる。ステップ地帯では冬が乳の端境期に当たる。そこ
で、乳を加工して冬用の保存食品を作り出す必要があった。結果、生み
出されたのがバターやバター・オイル、チーズだ。

　では、どうやって遊牧民はバターを作ったのか、みんなも体験してみ
ようということでバター作りをさせている。つまり、単なるバター作り
なら、それは家庭科の（調理）授業などで行うべきですが、そのような
バター作りの背景として遊牧民の歴史とその発展が語られている。この
授業の世界史の授業としての意味はそこにあるといっていい。学生①は
そのことを「教室で実際に乳製品を作り、味見をさせるなど五感を総動
員することは歴史を実感し、異文化を学びとっていくような場を作ると
いう意味で大事なことだと思う」と表現しています。

遊牧社会にも国家が成立したことを説明する授業が必要だったのでは

　しかし、この授業の目的は遊牧民の歴史を生徒に理解させることだけ
ではありません。『生徒たちに具体的事実から抽象的な真理を導き出す過

程の楽しさを追体験してもらうこと』もまた目的の1つです。導き出したい抽象的な真理とは『遊牧社会は農耕社会と比較しても、けっして不安定でも劣った社会でもない、遊牧社会は農耕社会を圧倒するだけの生産力を、遊牧という生活様式の中から生み出した』です。そうして、生徒が持っている遊牧民（社会）への偏見（『日本人を含めて農耕民族は……どうしても遊牧という生活様式とそこから生まれた文化や価値感を一段下に見る傾向が強い』）を払拭しようというのです。

　ところが、授業後の生徒の感想は「その当時の人たちの気持ちになれ」たとか「同じ人間が昔も今もいるんだ」と共感したというもので、『遊牧社会は農耕社会と比較しても、けっして不安定でも劣った社会でもない』ということが分かったというものがありません。なぜでしょうか、どうすればよかったのでしょうか。

　単元の全体計画を見ると、テーマ1は「サルが人間になった日（人類の出現）』ですから旧石器時代のこと。新石器時代に入ってテーマ2で「農耕の開始」をやり、テーマ3と4で今回分析した遊牧社会の成立をやっています。確かに、遊牧民にも歴史があり、人々の努力や工夫によって社会は安定し豊かになっていったことが確かめられています。でも、テーマ5の「国家の誕生」が『農耕民の生活と、そこから発生する文化や国家の話である』とあります。国家の成立は文明の段階に達した証とされますが、それが農耕民の国家のことしか扱われていないとなると、遊牧民の社会も農耕民の社会と比較してけっして劣っていないことは伝わらないのではないのか、というのが私の分析です。

　むろん、遊牧民も国家をつくったわけで、彼らがどうやってどのような国家を作ったかをテーマ6として授業を組織していれば、『遊牧社会は農耕社会と比較しても、けっして不安定でも劣った社会でもない』ということが理解されたと思うのです。つまり、「狩猟民→半狩猟民→遊牧民」の続きを考えさせるのです。バター・オイルやチーズといった、遊牧民が作り出した保存食料は冬の食料としての意味しか持たなかったのかといえば、そうではありません。それは商品となります。すぐに腐るミルクはなかなか売り物になりませんが、いつまでも保存できるバター・オイルやチーズは売り物になります。となると遊牧民の社会で商売が盛んになる。農耕民との間でも交易が行われるようになる。遊牧民の社会にも貧富の差が生まれる。豊かな支配階級と貧しい被支配階級に分か

れる。階級社会の成立です。しかし、支配階級と被支配階級を比べれば支配階級はいつも少数です。少数の支配階級が多数の被支配階級を支配し収奪しつづけるためには、そのためのシステムが必要となります。そのシステムこそが国家にほかなりません。

　また、そうして富や財が生まれれば、それをめぐって略奪や侵略、戦争も起きます。そうなると、それを行う方も防ごうとする方も強力な武力、つまり軍隊を持とうとなります。なるべく多くの兵士を集めて統率の取れた軍隊を組織するには、やはり国家が必要なわけで、それも国家が作り出される理由です。そのような歴史的な推移や背景で遊牧社会にも国家が成立したことを実例をもって説明する授業が必要だったのではないかと思うのです。

去勢について

　ところで、学生②は「『元気すぎるオスの末路は』のところで教師が『そうだね。このクラスだと誰だろう』といった発言をしていました。私はこの発言はあまり適切な発言とは言えないのではないかと考えます」としています。元気すぎるオスにまつわる教師の軽口については、自分が担任をしているようなクラスで、生徒たちの人間関係もよく把握していて、そんなことを言えばみんなの視線が誰に集まるかも分かっている。そして、その生徒が嫌な気がするどころか、かえってクラスが和むなどということが分かっていての発言なんだろうと思われます。

　多分、この実践の棚澤先生の場合はそうだったのではないかと思うのですが、しかし、皆さんが教育実習に行って、あんまり生徒のことやクラスのことが分かっていない場合は言わない方がいい。もしかして生徒相互の信頼関係がうまく結べていないようなクラスだったら、学生②が言うようにそんな教師の何気ない一言がいじめを誘発することも考えられます。

　では、去勢についてはどうでしょうか。学生③は「表現が生々しく、気分を悪くする生徒が出てきてしまうのでは」と心配しています。しかし、去勢は遊牧民が開発した有効な生産技術です。オスの性の人為的なコントロールが、遊牧民が飼育している何十、何百という羊や山羊の群れの分裂をふせぎ、秩序をあたえ、人間の指示に従う従順な家畜群を出現させるのです。去勢という技術の開発と実行なくしては遊牧という生

（産）業はなりたちません。棚澤先生の説明に生徒が不快を感ずるような部分があったとすれば別の言い方を考えるにしても、これらの技術をここで生徒に紹介しないとなると、遊牧という生産性の優れた産業の発達に果たした人々の工夫や努力の実態が生徒に伝わらないことになります。また、去勢についての次の指摘も重要です。

「現在、遊牧民ユルック（トルコ系遊牧民－加藤）の社会を含めたすべての遊牧社会において、去勢の作業は男性の手によっておこなわれている。これには、ほとんど例外はみられない。……これまで女性を中心に運営されていた遊牧生活のなかで、去勢を通じて男性の参画の主張が表面化したわけである。……作業の対象となる有蹄類の個体が勝手に動けないようにするための腕力は必要であった。ここに、去勢の実施者としての男性の登場の必要性がみとめられる」（松原正毅著『遊牧の人類史』岩波書店、2021年）

つまり、本来母系社会であった狩猟採集社会が遊牧の開始とともに父系社会に変化するのですが、その契機に去勢という遊牧に不可欠な作業に女性が排除されたという事実があり、父系社会の成立が強力な権力集中を可能にする政治体制＝国家を生み出し、文明化を促進するという歴史のダイナリズムを生みだすのです。したがって、遊牧民の歴史を知るに去勢は欠くことの出来ない要素ではないでしょうか。

それに、去勢の技術は刑罰として人間に適用されるようになり、やがては罪人ではないのに去勢する者があらわれます。宦官です。宦官の中には皇帝や王の近くに仕えて権力を握る者も現れ、中国史などは宦官なしでは理解できません。しかし、宦官で去勢を説明するとすれば、それは人間を例にしなければならないわけで、それなら、ここで動物の去勢で説明しておいた方がいいということも言えるのではないでしょうか。

3. 学生はなにを学んだか

棚澤実践から学生はそれぞれの授業観に照らしてなにをどのように学んだか。これまでに提出されたレスポンスカードから探ってみる。

体験学習について

　高校の世界史の授業で生徒にバター作りを体験させる。学生にとっては自分の授業体験にはない展開であり、いかに衝撃的であったかはレスポンスカードに大半の学生がそのことを取り上げていることからも分かる。

> 　高校の世界史の授業は暗記がメインになりがちだが、このように体験学習をすることで印象に残りやすく、覚えやすいと思った。そして、苦手な生徒にとっても取り組みやすく、興味を持ちやすいと思った。（佐藤）
>
> 　バター作りをさせたことはこの授業の良かった点としてあげていいと思う。遊牧民が地味で時間のかかる作業を生きるためにコツコツとしていたことを体験したり、目の前で見ることができて、生徒はかなり興味がひかれたところだったと思う。（徳島）

　学生（佐藤）は体験することで印象に残り、記憶に残る。世界史が苦手な生徒でも興味を持つとその効用を説いている。学生（徳島）はバター作りという遊牧民の日常の生業を体験させることで生徒の興味をひいたとしている。

> 　普段われわれが食べているバターやチーズの作り方を実験するというのは大変良かった。そこの地域の生活スタイルを知ることで異文化を学ぶことが出来るし、歴史理解を深めることができる。自分も教師になったらこういう授業をしたいと思う。（根本）

　体験学習が異文化理解と歴史理解を促すと学生（根本）は言う。そのことをより詳しく学生（町田）と（金本）は次のように述べている。

> 　生徒たちにとってなじみのない遊牧社会を学ぶ時には誤解や偏見を生みやすい。これを乗り越えるために体験型学習がよいということを今回の授業で学んだ。それは五感を総動員して遊牧民の生活や労働、食生活を実感できるからだ。この授業では、生徒たちが大好きなチーズやバターが遊牧民の大変な努力と工夫によって作られたことを生徒は実際に学んだわけで、遊牧民や彼らの社会・（食）文化へのリスペクトや感謝を持

つようになったと思う（町田）

　　遊牧民は草を求めてヒツジの群れをつれて移動生活をしている。その
　生活は大昔から同じで進歩や歴史なんてない。私の考えだが、日本の高
　校生の大半はそう思っている。高校生だけじゃない。大学生の私も同じ
　だった。でも、そうじゃないと言うことを今日のこの授業で知った。彼
　らも自分たちの遊牧生活を豊かなものにしようと努力してバターやチー
　ズといった保存食品を作り出し、それをもとに交易をはじめ、富を蓄積
　して歴史をつくっていった。農耕社会の日本の歴史ならともかく、遊牧
　民もいて大活躍した時代もあった世界史の授業の最初に、農耕民のこと
　だけじゃなくて遊牧民のことも同等に学ばせることは必要である。（金
　本）

　学生（町田）は体験学習が遊牧民の社会や文化への誤解や偏見を防ぎ、尊
敬や感謝を生むとし、学生（金本）は世界史を学習する上で遊牧民の歴史を
理解することは欠かせないとしている。

　また、この実践を、これまで分析してきた白鳥実践や安井実践と同様に
「共感」を媒介として遊牧社会を自分事として学ばせようとしているが、そ
の方法が両実践のような「想像」による立場の置き換えではなく、体験によ
る大変さの実感だとする学生（野田）もいた。

　　今までの「共感」できる教材は「同い年の子の努力」（白鳥実践の沖縄
　の中学生健作）だったり、「頑張る農民」（安井実践の江戸時代の松戸の
　農民）などの、想像することによって立場を自分に置き換えて共感させ
　るものだったが、今回のような擬似だけど「体験」によって相手の大変
　さを実感させ、そうすることで共感させる方法もあるのかと思った。（野
　田）

　自分も教師になったらこのような体験学習を取り入れた授業がしたい。し
かし、そのためには歴史の知識だけでなく「幅広い知識」が教師になくては
ならない「棚澤先生の授業を変えた安井先生の授業（「羊を動かすにはムチ
かコトバか」『発言をひきだす社会科の授業』日本書籍、1986年）を調べて
みよう」という学生もいた。

教師の役割について

> 　歴史学者のように生徒が自分たちで歴史の真理を導き出せたら楽しい授業になると思います。そのためには、学者さんたちがどういう事実をもとにどういうふうに研究して歴史の真理を発見したかを教師は調べて、その追体験ができるように教材を準備し、授業の進行を考えなければなりません。棚澤先生はそういうことをしたので、こんなすごい授業ができたということだと思います。教師の役割が少し分かった気がします。（坂井）

　学問の成果と生徒の学びをつなぐのが、授業者としての教師の役目である。しかし、大方の教師は学問の成果を生徒に解説して理解させようとしている。そこに講義式のチョーク＆トークの授業が成立する。しかし、棚澤氏はこの実践を通じて、それとは違う教師の役割を提唱している。学問成果の解説者ではなく、生徒が自ら思考して真理に到達できるように、生徒の思考のもととなる事実を教材として提示し、生徒に思考の方向性を示唆する学びのコーディネーターないしはコンダクターとも言うべき役割である。学生（坂井）はそのような棚澤氏の教師観＝授業観こそが、この授業を支えていることに気付いたのである。

> 　グループワークを取り入れるべき。教師↔生徒の場面ばかりで、生徒↔生徒がない。生徒たちから意見がたくさん出ていたので、生徒たちに班別の討論をさせてもよかったのでは。そのためには、どこの場面でどんなテーマ（発問）でグループワークや討論させるのかを考えなくてはならない。（古井）

　アクティブラーニングの導入が学習指導要領にも明記され、教壇に立てば「主体的・対話的で深い学び」の授業を実践しなければならない学生（古井）の目線で見ると、この授業にはその点で不十分さがあるというのである。では、自分ならどうする。実践者の立場からの実践への批判は一方的な「ダメだし」では終わらない。その批判は「では、あなたはどうしますか」という問いとなって自分に跳ね返ってくるからである。「どこの場面でどんなテーマ（発問）でグループワークや討論させるのか」と彼女は考え始めている。

おわりに

正直、小学校・中学校・高校と自分は1つの題材に対してここまで深くやった記憶がない。先生はテスト範囲を終わらせることに必死だったように思う。これは先生に恵まれなかったからなのだろうか。（梶）

五感を総動員して行う授業スタイルは今回の世界史だけでなく、日本史や地理などでも活用できると思う。衣食住などの文化の体験はやりやすいし、最初の授業でやれば生徒の歴史（地理）への関心の基礎をつくることができると思う。このような授業のスタイルを見ていると、国から規定された授業の範囲をただやるのではなく、こうした導入しやすく、面白い内容をやっていく方が生徒も楽しめるだろうし、自主的に勉強する人も増えると思う。（倉田）

今回の棚澤実践がいかに学生にとって衝撃的であったかは上記2人の学生の感想からも明らかである。テストに追われて進められる授業、国からの学習指導要領などで規定された内容に縛られた授業、社会科（地歴科）の授業なんてそんなものだという、彼らの体験にもとづく授業観が大いに揺さぶられているのがわかる。では、新たにどのような授業観を構築するか。彼らはそのような課題意識をもって今後の授業に臨むことになる。

第11節
原発の授業はいかにすべきか
── 柴田祥彦実践に学ぶ ──

はじめに

　ある出来事を境に時代が変わってしまうようなことが、歴史では何度かある。1945年8月15日正午の昭和天皇による「玉音放送」がそうだし、古くは1156年7月11日の保元の乱も愚管抄の作者慈円にはこれまでの貴族の時代から武士の時代へ一変させた出来事と映ったのである。

　2011年3月11日に発生した東北地方太平洋沖地震による東日本大震災もそのような出来事と多くの日本人は受け止めた。発生した大津波が多くの死者・行方不明者を出し、電源を喪失した東京電力福島第一原子力発電所では熔　融（メルトダウン）が発生し、水素爆発で原子炉建屋が大破した。原子力緊急事態宣言が始めて発令され、政府は周辺半径20kmを「警戒区域」、20km以遠の放射線量の高い地域を「計画的避難区域」として避難対象地区に指定し、10万人以上の住民が避難した。

　その地域は徐々に縮小されながらも、2023年2月現在でも帰還困難地区（放射線量がきわめて高く、住民の生命・身体の危険を防ぐためとして、政府が立ち入りを原則、制限・禁止する避難指示区域）が福島県内の浪江町など7市町村にまたがる（「朝日新聞」2023年2月2日朝刊）。つまり、国民の生活、財産、そして国土が失われたのである。

　たとえ、スリーマイル島の原発やチェルノブイリの原発で深刻な事故が起きていても、技術立国日本の原発は安全という神話を多くの日本人が鵜呑みにしていた時代、だから、東京で消費される電力を福島県など東北地方の原発で発電しても、それだけの代価＝優遇措置を与えているのだから問題ないと（政府もマスコミも国民の多くが）言い切れた時代、それらの時代が3.11の出来事をもって終わったのである。

　では、どうすべきか。原発に依存する電力供給をやめるべきか、安全性の向上を追求しつつ原発は存続させるべきか、二酸化炭素対策や経済発展のため、もしくはウクライナ戦争に端を発するエネルギー危機に備えるには原発

を増設することも視野に入れるべきか。今の日本はその選択を迫られている。そして、どう選択するにしろ、それによって日本の産業、経済、ひいては政治や社会は大きく規定されることになる。この時にあたって、社会科教育はどのような授業を主権者であり、将来の、そして一部は現在すでに有権者である高校生に提供すべきか。社会科教育の真価が問われている。

1. 実践の概要

　実践者の柴田祥彦氏は東京都の公立高校の教師である。実践報告のタイトルは「東日本大震災・原発事故など日本の現実をいかに授業化するか─都立高校の生徒たちに原発立地地域から東京をふりかえらせる授業─」で日本社会科教育学会編『社会科教育の今を問い、未来を拓く』（東洋館出版社、2016年）に掲載されている。

　都内有数の進学校である都立国分寺高校の1年生のクラスで実践された地理Bの、1学期の期末テスト終了後に実践された1時間の授業である。授業の狙いは次の2つである。

　(1)原発立地地域からものごとをとらえることができるようにする。
　原発の電気の恩恵を受けてきた東京の高校生に、原発を受け入れてきた地域の人々の立場から原発について考察し、東京を振り返らせる。
　(2)選挙や政治への関心を高め、投票率の改善に貢献したい。

　そして、授業展開の計画（課題設定）は次の通りである。ただし、実際の授業では【課題5】を記入させたところで終業5分前となってしまい、【課題6】はカット、【課題7】【課題8】は休み時間に書かせて回収した。

　【課題1】あなたは東京都に住む18歳の高校生です。新規に建設される原発の立地が争点の1つとなった今回の参議院選挙で、あなたはどちらの政党に投票しますか？　なお、Bunji市とは、老朽化した廃炉予定の原発が立地している架空の地方都市のことである。

青春の庭党（与党）　党首：藤波氏 原発はBunji市につくるべきだ。	木もれ陽党（野党）　党首：長州氏 原発は東京につくるべきだ。
・原発は雇用を創出するなど地方経済	・人口の少ない地方に人口の多い都

の活性化に有効なのだから、過疎の問題を抱えるBunji市につくると効果的であろう。 ・原発の立地を受け入れたBunji市には、政府から多額の地域振興資金を支出する予定である。	市部が、自分たちが引き受けたくない嫌なものを押し付けるのは、都市部のエゴだ。 ・電気の恩恵を受けるのならば、そのリスクも引き受けるべきで、原発の安全基準が高いなら都市につくるべきだ。

【課題2】あなたはBunji市に住む18歳の高校生で、Bunji市の高校生を代表して公開討論会へ参加することとなりました。(中略)公開討論会において原発の電気を享受する都市部の人々にどのようなことを訴えたいですか。まず個人で訴えたい内容をまとめ、その後訴えたい内容をグループで話し合ってください。

【課題3】あなたのグループが都市部の人々に対して訴えたいことを箇条書きにしてください。

【課題4】公開討論会で他のグループの主張を聞き、あなたが「すごい!!」と思った意見の概要、もしくはキーワードを書いてください。

【課題5】この授業におけるあなたの気持ちの変化をグラフで示してください。

原発は東京につくるべきだ			
どちらともいえない			
原発はBunji市につくるべきだ			
最初の考え	グループの話し合い後	クラスでの話し合い後	結論

【課題6】下のスケールで地域を見たときのNIMBY(Not In My Back Yardの頭文字で、その施設が必要なのはわかるが、うちの裏庭には来てほしくないという施設のこと)とはなんでしょうか?これもグループで話し合ってその事例を挙げてください。

国分寺市	東京都	日本	世界

【課題7】この授業であなたが学んだこと、つまり50分前よりもあなたが進化した部分はどのようなところでしょうか。

【課題8】今日の授業の感想を自由に書いてください。

　実際の授業では、【課題1】の選挙結果は与党支持が圧倒的に多数だが、【課題5】の「気持ちグラフ」を分析してみると、「どちらともいえない」

と判断を決めかねていた生徒もいた。【課題3】のグループでの話し合いは当初あまり活発ではなかったが、各グループでどのような意見が出たのかを発表させた。その要旨は次のようなものである。

キーワード	発表の要旨
原発をつくる	原発を建設するならば、安全についてもっと情報を公開してほしい。
原発：リスク	原発の近くだと事故が起きたときの危険性が高いが、遠いと低い。これは命の格差であり、おかしいのではないか。
中間貯蔵施設を東京に	Bunji市は原発を抱えるリスクを味わっているのだから、東京に中間貯蔵施設をつくって、原発に関係するリスクを味わうべきだ。
Bunji市に大学誘致＆都市機能移転	原発をつくるならば、大学を誘致し若者を呼び込み、官庁など都市部に存在する施設をBunji市に移転させたい。また、社会福祉、公共施設を充実してほしい。
テーマパークの誘致	原発ができると地域イメージが低下してしまうので、テーマパークを誘致してイメージアップをはかり、人を呼び込みたい。
過疎化は解消しない	原発をつくれば過疎化が解消するというが、原発関係者以外は来なくなってしまうため、結局過疎化は解消されないのではないか。
節電すれば原発不要	そもそも何で原発が必要になったのかと言えば、都市の人々が大量に電力を消費するからなので、まず原発ありきではなく、都市の人々が徹底的に節電することが先なのではないか。

【課題5】への回答結果には3つの特徴を読み取ることができると授業者は分析している。

① 原発を「Bunji市に建設すべきだ」と考える生徒は、話し合う前の段階では最多を占め、54人（77名中）であったが、話し合いを経て20人と半数以下になった。

② 原発を「東京に建設すべきだ」と考える生徒は、話し合う前の段階で12人であったが、話し合いを経て16人と微増した。

③ 「どちらともいえない」としていた生徒は、話し合う前の段階では11人

と最も少なかった。しかし、話し合い後は41人と激増し、半数以上を占めるようになった。

　このような回答結果や「色々な立場から物事を考えることが大切だということを学びました」といった生徒の感想から実践者は授業の狙いの(1)『原発立地地域からものごとをとらえることができるようにする』はほぼ達成できたとし、(2)『選挙や政治への関心を高め、投票率の改善に貢献したい』についても、「あと２年もしたら選挙権を持つのに、日本のことを全然わかってないと痛感させられました。選挙法が改訂されたのと同時に高校の授業も変えていかないと、なかなか18歳以上の選挙権が役に立たないのではないかと思いました」といった感想から『選挙権年齢の18歳化に伴い授業の在り方にも疑問を呈するなど、関連する事項にまで考察が及んでいる点は実に素晴らしい』とした。

２. 学生の分析

　学生に予習としてこの実践を分析させて結果を提出させた。分析の観点は「この実践の優れている点、学ぶべき点」と「この実践への疑問点、批判点、改善点」の２つである。それらのうち代表的なものを選んで全員に紹介した。

【学生①】

＜この実践の優れている点、学ぶべき点＞

(1)原発を受け入れてきた地域の人々の視点に立って考えるという構成

　この授業実践の特徴は原発問題を取り上げるだけでなく、選挙学習も同時に取り組んだ授業構成である点が挙げられる。原発問題をテーマにした投票を行うことで、２つの内容を組み込むことができ、こうした領域を超えた授業展開には非常に興味深いものがある。

　そして今回は地理の観点からの原発学習であり、以前分析した当時の人の声に耳を傾ける原発学習（滝口正樹実践）とは形が大きく違うものであったが、今回は東京に住む電力を使わせてもらっている側にいる生徒が、原発を受け入れてきた地域の人々の視点に立って考えるという構成が生徒にとっては考えさせられるものであったのではないかと感じる。

(2)アクティブラーニングを試験終了後に行っている

　またこうしたアクティブラーニングを試験終了後に行っている点も注

目すべき点である。アクティブラーニングの授業では教科書に沿った受験のための知識を身につけることができるのかといった疑問が出ることがあるが、授業が終わった後の場で実施することでそうした問題がなくなり、成績にも入らない授業であるため、生徒も安心して授業が受けられたという点が重要であると感じる。

(3)生徒自身に評価させる

　さらに、授業前と授業後での意見の変化をしっかりと感じ取れるように、それぞれの場面で生徒自身に評価をしてもらうことで、自分の意見だけでなく他人の意見に耳を貸し、そこから異なる立場への気づきが多くあったという点が非常に優れている点であり、こうした気づきを授業の中で感じることができることは非常に重要なことであると感じた。

(4)模擬投票の実施

　また、模擬選挙のような形をとっている点が挙げられる。学校での選挙に関する授業は非常に表面的なものが多く、自分が投票に行く時にまず何をすればいいのか、選挙はどんな意味があるのかといった基本的なことが学べる内容でないことが多かったため、筆者も『世論を2分するような問題を授業で扱うことは極めて難しい』と述べているように、選挙というセンシティブで避けられがちな分野であるものの、社会科の授業では社会問題にもなっている若者の投票率の低さという問題に目を向け、こうした生徒に役割を与えた模擬投票の形をとることは必要不可欠な授業であると感じる。

＜この実践への疑問点、批判点、改善点＞

(5)課題が多い

　生徒にとってはテスト範囲でない授業となるため、生徒が本当に学ぶ意義があると感じられる授業でなければ生徒の意欲を引き出すことは難しいため、一層の教材研究が必要となると感じる。そして実践報告の中にもあったが、課題が8個あり、授業内で終わらせることができなかったとあるように、50分の授業から考えると課題が多い印象を受けた。課題が多すぎると、課題を終わらせることが授業の目標となってしまう恐れがあり、授業を機械的なものにしないためにも時間が掛かることを踏まえて予め余裕を持った授業計画を立てる必要があることを改めて感じた。

(6) 架空の設定で実際の事故の深刻さが伝わるのか

　また、架空の都市を作り、その中で考えることで選挙問題をストレートに取り上げないための配慮もある点は重要であると感じたが、この授業の中で福島第一原発の事故の深刻さが生徒に十分に伝わるのか疑問が生じた。

【学生②】社会科教育のゴール＝主権者として　選挙に行き、参政権を行使する

＜この実践の優れている点・学ぶべき点＞

　初めにねらいとして、この実践では、社会科教育のゴールの 1 つとして、主権者として選挙に行き、参政権をしっかりと行使することとされていて、私は授業を行うことで、投票率を改善しようと考えたことがなかったため、社会科の教師として、現代社会への関心を高めさせることは務めなのではないかと思った。選挙だけをテーマにすると、重くなりすぎてしまい、事実を淡々と述べるだけになってしまいがちだと考えられるが、あえて意見が割れるテーマを選択することで、身近な形で選挙に触れることが出来ると分かった。

　そして、原発を扱うことは、当事者意識を持たせにくく、どこかで他人事のような意識になりがちだが、福島で作られた電気は、東京を中心とする首都圏に供給されている事実を伝えることによって、直接自分たちの生活が原発と関わりがあることを示すことが出来るいい例だと思った。

　さらに、この学校は進学校だが、テスト終了後から休みの間でこのような暗記中心ではない、生徒同士の議論中心の参加型学習、教え込むのではなく、生徒の気づきを促す授業スタイルの実践を行うことが出来ると知った。高校 1 年生でこの実践が出来ることによって、2 年後に参政権が認められることを踏まえて良い経験になると考えられる。

　資料としてのフィクションストーリーは、実際の与党の行っているような政策を、自分なりに考え理解し、その上で、支持する政党を自ら選ぶという疑似体験ができる教材だと思い、生徒が自由に意見を言いやすいと思った。

　実際の授業では、グループ分けをするときに、なるべく時間をかけず

に内容に時間を割いたほうが良いと思っていたが、少し時間をかけることによって、「いつもの授業とは違う」と生徒に思わせる効果があるとは思わなかった。生徒の興味を引きつける1つのテクニックだと感じた。

　気持ちグラフは、生徒の考えがどのように変化したかということを、視覚的に判断することが出来るとともに、実践の進度の反省を行うこともできるため、文章で表現させるよりも分かりやすいと思った。

　この実践は、東京の立場、地方の立場に立って考えることによって、多くの生徒に少なからず心の動きがあった。偏った授業にならないようにバランスの取れた授業を心掛けると、生徒の思考に様々なことを働きかけることが出来ると思った。

＜この実践の疑問点・批判点・改善点＞

　この実践は、テスト後に行っていたが、多くの生徒はテストに向けてモチベーションを高めているため、テスト後にどのように生徒の興味・関心を引きつけるのかが難しいのではないかと疑問に思った。また、評価については方法が確立しておらず、生徒としても頑張ってもあまり反映されないと分かったら手を抜いてしまう人も出てくるのではないかと危惧される。関心・意欲・態度を中心にするのもいいと思うし、どんな観点で判断するかを決めておく必要があると思った。

　そして、このような意見が分かれる授業は、生徒がどんな考えを持っているかは当日まで分からないため、何通りもの授業プランを考えなくてはならないと思い、大変だと考えられる。事前にアンケートのようなものを実施し、それに沿ったプランを考えるのも1つの手だと思った。

【学生③】「投票する」だけでなく「出馬する」という可能性も

　今回の実践を読み、良いと思った点を2点、改善できるのではないかと考えた点を1点述べたい。

　まず、良いと考えた点である。1つ目は、グループ分けの仕方が良いと思った。グループ分けというと、どうしても機械的な作業のように考えてしまっていた。そのため、男女比はどうしようかなど当日悩んでしまっては授業に支障をきたしてしまうと思っていた。しかし、グループ分けの時間こそ、次の話し合いに向けた大事な準備時間であり、その時間があるか否かで授業に対する生徒の取り組みの度合いが変化すると思

う。このことから、ただ時間がかかる面倒な作業だと思っていたグループ分けが貴重なものだと聞かされ、良かったと思った。

　２つ目に、「自分はどう考えるのか」だけでなく、投票を体験する、という点にも思いを馳せていたのが良かったと考えた。このような授業では、グループで討論し、自分たちはどのような考え方に立脚しているのかを示すということが多いと思う。しかし、実生活において自分の意見を政治に反映させるためには「選挙」という方法があり、近年その重要性がよく言われている。そのため、授業で模擬投票という体験をすることで、選挙を身近に感じ、「自分も選挙に参加できるんだ」という意識を生徒が一人ひとり持てる経験をさせるということはとても大切であると考えた。

　一方で、その選挙というシステムを取るにあたり改善点も思い当たった。それは、文中に『筆者はたとえフィクションの選挙であっても生徒たちに棄権してほしくなかったため、必ずどちらかの政党に投票するようにと指示をした』と書かれていたが、選択肢の幅がもう少しあっても良いのではないかと考えた点である。

　たしかに、実際の選挙において自分の意志に合致する政党はあまりない。しかし、悩んだらはっきりと正解を出せるものでもないと考えている。そのため、時間をかけて考えをどちらかに引き出すのではなく、「その他の政党」のようなものを作り、「このような政策を掲げる政党であれば投票したい」と具体的に書かせることもまた、模擬選挙ではありなのではないかと考えた。生徒が棄権するのを避けるためとあったが、自分の意思ではない政党に投票するしかないから悩み、結論が出せないことがあると思う。特に、後半の文章では「どちらでもない」と悩んでいる生徒が多くみられたように思えた。そのため、選挙に「投票する」という視点だけでなく「出馬する」という可能性も添えられたらまた、議論も広がり、教師が意図しなかった答えも誕生したのではないかと考えた。

　今回の実践を読み、意見を出す、考えるという思考を促すことはとても大変だと思った。しかし、社会科という教科だからこそ今後の生活にきちんと役立てていって欲しいという思いは大切だと思い、持ち続けたい視点だと考えた。

3. 加藤からのコメント

　上記の学生らによる分析をふまえて、私から下記のコメント（講義録）を受講生全員に送った。

【加藤からのコメント】
架空の設定は必要ない

　本実践には２つの狙いがある。１つは原発問題を「原発立地地域」の住民の立場から考えさせること。２つは『選挙や政治への関心を高め、投票率の改善に貢献したい』ということである。どちらも、柴田先生が社会科＝地歴科の教師として日頃の生徒の原発にたいする意見や態度、政治・選挙にたいする意識に改善しなければならない問題性を感じていたからである。

　その問題性とは、原発については東京の高校生である彼らには『事故はお気の毒だけど、今までたくさん補助金（電源立地地域対策交付金など）をもらってきたのではないか』等といったネット上の言説に影響されて『負担を強いられている地域の人びとへのまなざしの冷たさ』であり、『もう少し寄り添う姿勢や共感的な態度があってもよいのではないだろうか』ということである。投票率の低さについては、これまでの社会科が暗記教育化してしまって自ら考えて議論させることがなかったことが一因であるとする。

　そこで、架空の地方都市Bunji市を設定して、そこに原発を建設することの是非を東京の高校生という立場だけでなく、Bunji市の高校生という立場に生徒を立たせて考えさせ、そこに模擬投票という手法を取り入れるという実践を試みたのである。

　結果はどうだったか。学生①は「東京に住む電力を使わせてもらっている側にいる生徒が、原発を受け入れてきた地域の人々の視点に立って考えるという構成が生徒にとっては考えさせられるものであったのではないか」としている。しかし、疑問点として「架空の都市を作り……福島第一原発の事故の深刻さが生徒に十分に伝わるのか疑問が生じた」ともしている。

　実践報告でも、Bunji市の高校生の立場で考えたことをグループで話し合わせようとした【課題３】は『当初スムーズに行かなかった』、『当初あまり活発ではなかった』としている。柴田先生が架空のストーリーを

作ったのは『「偏向教育」の烙印を押されぬ「安全な」教材を作成できれば』と考えたからだが、原発は日本の現実問題であり、生徒は主権者として、また18歳になれば有権者としての判断を求められる。実際の原発問題を取り上げて生徒にどうすべきかを考えさせ、議論させることに何の支障もない。むろん、教師が意図的に特定の立場を支持するように誘導することは慎むべきであるが、それは生徒に配布する資料＝教材などに公平を期し、生徒の議論自体が深まるような授業進行を心がければいいわけで、偏向教育の烙印を恐れる余り、現実を直視させることを忌避していては生徒が本当に真剣に考える授業にはならない。

「命の格差」は金であがなえるものではない

　しかし、優秀な生徒たちである。わずか1時間の特設授業だが、原発問題に潜む差別の本質を掴んでいる。それは、世上言われているとされる『事故はお気の毒だけど、今までたくさん補助金をもらってきたのではないか』の欺瞞性を見抜いたということだが、『最も多くの生徒たちが「すごい!!」と感じていたのは「発表の要旨」の中にある「中間貯蔵施設を東京につくる」という意見であった』、『「リスクの大きな施設の近くに住むのと、そこから離れて住むのでは命の格差が生じる」という意見も多くの生徒が支持していた』としていることである。

　世上の言説は、「東京は無償で福島から電力を貰っているのではない、その分の代価＝補助金を払っている。それは消費地と生産地の関係であり、そこに差別はない」という意味だが、東京が（補助）金で買おうとしたものはなにかという問題である。それは電力ではない。原発が近くにあるということのリスク、事故が起きれば甚大な犠牲を被る、その中には人命も含む危険性に対してに他ならない。東京に住んでいればその危険性は低く、福島など原発立地地域に住んでいれば高い。このことを生徒は「命の格差」と表現したのであり、それは金であがなえるものではないとしたのである。

　では、「命の格差」をなくすにはどうすればいいのか。生徒は考えたのである。それは東京に住む人も同程度に命の危険を味わわせることであると。その表現が「中間貯蔵施設を東京につくる」であったわけである。その結果、生徒の意見は大きく変動する。「Bunji市→どちらともいえない」が31人に及ぶのである。たしかに、東京に中間貯蔵施設をつく

れば「命の格差」は減少する。しかし、それは同程度に危険にするという方向での解消であり、原発の危険性は増大することはあれ、解消することはない。では、どうすればいいのか。その解決法をも生徒は考えついている。「発表の要旨」の「節電すれば原発不要」とする意見である。「そもそも何で原発が必要になったのか……まず原発ありきではなく、都市の人びとが徹底的に節電することが先なのではないか」としている。

　ここまでくると、当初設定した論題「原発は東京につくるべきか、Bunji市につくるべきか」は意味をもたなくなる。当然「日本は原発を作るべきか、なくすべきか」に移行すべきなのである。それをしなかったため、生徒の結論の多くが「どちらともいえない」といった中途半端なものになってしまったのである。しかし、試験終了後の1時間で済まそうとすれば無理からぬことであり、割愛された【課題6】や『時間切れ』となってしまった【課題7】【課題8】をも含めれば2～3時間は必要である。そのためには普段行っているとする『受験に必要な知識の注入』のための講義形式の授業を割いてでも時間を確保しなければならない。受験のための授業と本実践のような生徒が主権者、有権者として育つための授業のどちらが大切かをわれわれは考えなければならない。

日本の学校は選挙の無意味さを毎年味わわせてこなかったか
　2番目の狙いについてだが、学生②は「社会科教育のゴールの 1 つとして、主権者として 選挙に行き、参政権をしっかりと行使することとされていて、私は授業を行うことで、投票率を改善しようと考えたことがなかったため、社会科の教師として、現代社会への関心を高めさせることは務めなのではないかと思った」としている。

　学生③は「『その他の政党』のようなものを作り、『このような政策を掲げる政党であれば投票したい』と具体的に書かせることもまた、模擬選挙ではありなのではないかと考えた。……『投票する』という視点だけでなく『出馬する』という可能性も添えられたらまた、議論も広がり、教師が意図しなかった答えも誕生したのではないかと考えた」と改善策を提案している。同感である。

　ただ、「いくら、授業で模擬投票や選挙のシュミレーションを体験させても、遊び感覚で終わってしまい、いざ選挙権を手にした時にその経験

が生かされなくなってしまう生徒が出てしまうのではないか」という疑念を提起した学生もいた。重要な指摘である。では、どうすればいいのか。答えは簡単で、投票することが自分や自分が所属している社会にとっていかに大切か、有用かを実感させる。つまり、投票して良かったと思わせることである。しかし、簡単なことはけっして容易なことではない。日本の若者の（若者だけではないのだが）投票意識の低さは、実はそのような体験をしてこなかった、むしろ、逆の体験ばかりをさせられてきたことに起因するのである。

　どういうことかというと、日本では小学生の時から児童・生徒に毎年投票をさせている。それは生徒（児童）会の役員選挙であり、生徒総会における予算案などに対する賛否の投票である。しかし、今、多くの学校で生徒会活動は停滞しており、本来は生徒の学校生活の向上のための自治的で自主的な活動（学習指導要領では特別活動に分類されている）であるべきなのに、学校行事の下請けや部活動の予算配分機能しか果たしていない。これでは一般の生徒は投票することに意味や価値が見いだせない、それどころか、毎年投票することの無意味さを体験させられていると言える。

　そうではなく、どんなささいなことでもいいので、生徒会活動が自分たちの学校（生徒たちには学校こそ最も身近な社会そのもの）生活を向上させる役割を発揮し、そのために自分の投票活動が役だったという体験をさせる必要があるのである。そういう意味では、社会科の教師にとっては、教室で授業することだけではなく、生徒会活動の活性化、そのもとで投票することがいかに大切で意味があるかを生徒に体験させることも重要な仕事と言えよう。私も定年前の10年間、生徒会顧問として上記したような思いで生徒会活動の指導をしてきた。そのささやかな実践記録を拙著『考える日本史授業　３』（地歴社、2007年）に「制服規定の改正に取り組んだ生徒会活動の記録」として掲載したので読んでもらいたいと思う。

投票率を上げることが社会科教育としての主権（有権）者教育の目的か
　最後に、もう一点、みなさんに考えてもらいたいことがある。それは、棄権することも権利行使の１つの形態として一定の政治的表現であるということである。社会科教育としてはこの点も忘れてはいけない。

なにがなんでも投票所に行って投票しろというのでは、各地の選挙管理委員会のキャンペーンと変わらない。社会科の授業としての主権（有権）者教育ではなくなってしまう。

　では、いかなる場合において棄権することが「一定の政治的表現」として意味を持つのだろうか。このことを考える時、ヒントになるのが世界各地の投票率とその国の政治体制の相関関係である。投票率の高い国ほど民主的かということである。世界には100％に近い投票率の国があるが、そんな国ほど独裁国家であったり強権国家が多い。国の権力者があたかも国民の支持を受けているように装うために選挙を実施し、それに迎合（忖度）する役人が代理投票を黙認したり、投票しないと罰金を課したりして人びとをほぼ強制的に投票所に向かわせている国もある。つまり、国民に棄権する権利すら認めないのである。そのような国において、権力者の横暴に立ち向かうために民主勢力が棄権を呼びかける場合がある。そのような場合の棄権はまさに「一定の政治的表現」として意味を持つといえよう。

　では、日本の場合はどうだろう。棄権することに意味は無いのだろうか。18歳選挙制の下でせっかくもらった選挙権なのだからぜひ投票するようにと勧める教育は社会科教育として正しいのだろうか。例えばだが、自分は絶対に投票に行かないという高校生がいてもいいのではないかと思う。

　彼（彼女）にその理由を聞いてみると、今まで選挙権のなかった18歳19歳に選挙権が与えられるようになったが、それは何故かを考えてみたという。18歳19歳のほとんど誰も望んでいなかった選挙権を政府や大人がくれるという。昔からタダより怖い物はないという。かならず後から「代金」を請求されることになる。選挙権の「代金」だからお金ではない。ではなにか。歴史を振り返れば明らかなように、それは兵役、つまり、戦争に行って戦うという「命の代償」ではないのか。世界史で習ったが、古代ギリシャでアテネの庶民が市民権＝参政権を得たのは彼らが重装歩兵として戦ったからだし、日本で普通選挙法が成立して成人男性のほとんどが選挙権を得たのも、第1次世界大戦後の国家総力戦体制が成立する中でのこと。

　「そもそも普通選挙を求める、いわゆる普選運動を突き動かしたのも、民主主義の理念の実現などではない、もっとリアルな権力への要求

でした。国民は兵役などの義務を負い、国家を守るために戦場へ駆り立てられます。その血の代償として、もっと自分たちに責任を持たせろ、政治に参加させろという運動でした」と片山杜秀さん（慶応義塾大学）が『皇国史観』（文春新書　2020年）で書いたのを読んだ。将来、日本でも徴兵制を復活させようとする人たちが、そうなったら20歳以上では足りないので18歳以上を兵士にしようとして、その前提として18歳19歳にも選挙権を与えたのではないかと考えた。白雪姫に与えられたリンゴもはじめから毒リンゴと知らされていたわけではない、というのである。

　むろん、そんなことは考えすぎだとか、そのような企みがあったとしたら、むしろ、18歳19歳の意見を国会や政府の政策に反映させるために積極的に投票に参加すべきだという意見も出されて議論を交わしていく。そのような授業こそが生徒の選挙についての認識を深め意識を高めるのであって、社会科教育としては望まれるのではないかと思うのである。

4．学生はなにを学んだか

　柴田実践から学生はそれぞれの授業観に照らしてなにをどのように学んだか。これまでに提出されたレスポンスカードから探ってみる。

立場を変えて考える

　生徒が一面的ではなく多面的に物事を考えることができるように、最初は東京の高校生として考えさせ、次には地方の高校生の立場に立たせて、自分の町に原発が造られることをどう思うかを考えさせている。現実の自分の立場を離れて別の立場に立って考えてみるなんて普通はしないから、この授業のようにそういう場面を設定することが求められる。そういうことをすることが、教師の役割であることを今回の授業を通じて改めて理解した。（岩田）

　いつの間にか「東京人」という立場で物事を考えるようになっていた高校生が、別の立場になって考えられるようになった。つまり、一面的から多面的に考えられるようになっているので良い授業だと思う。特に原発をどこにつくるかといった重要な問題はできるだけ多くの立場から

考えてみる必要がある。その点、この授業は電力の消費地の東京と原発のあるＢ市だけだけど、事故が起きれば近隣の町にも被害が及ぶから、そういう町の立場でも考えてみる必要がある。（飯島）

　実践者のねらいとした『原発の電気の恩恵を受けてきた東京都立高校の生徒たちに、原発を受け入れてきた地域の人々の立場から、原発について考察し、同時に東京を振り返らせる』については多くの学生が成功したと評価している。そして、学生（岩田）は、そのような授業を組織することが教師の役割だと再認識し、学生（飯島）は、であれば、もっと多様な立場からも考えさせるべきだとしている。

投票率を上げるということについて

　この授業は東京の立場から見ていた多くの生徒が立場を変えて見ることが出来るようになった点が良かった。つまり、１つ目のねらいは達成できたが、２つ目の選挙権についてのねらいは達成されたとは言えない。原発問題は「どちらとも言えない」という考えはよいのだが、これで終わってしまっては投票率の改善にはつながらない。かといって、ムリヤリ投票させても意味がない。それこそ、「衆愚政治」への道だ。要は政治を他人任せの傍観者ではなく、主体的に政治に関わっていこうとする「政治家」に生徒を育てることが投票率を上げることになると言うことだ。（舟木）

　選挙権についての学習になると賛成か反対かを決めて投票した方がいいと思いがちである。しかし、私は選挙権とは棄権もできるということも生徒に伝えなければならないと考えた。確かに、歴史を学べばわかるが、昔は多くの人々に選挙権が認められず、苦しい思いをしていた。だから、せっかく選挙権が与えられたのだから投票すべきという考えが広がっている。しかし、自分の意見にうそをついてまで投票させるのは間違いであると私は考えた。投票率を上げることも大切だが、生徒達には自分の意見をしっかり持ち、その意見を言えるようになってほしいと考えた。（羽崎）

　18歳選挙制度のもとで若者の投票率を上げることの必要性が言われている。

この授業もねらいの2つ目として、そのことを掲げている。そして、そのためにこそ、従来の『講義形式の暗記を重視する授業』ではなく、『自ら考え、生徒同士で議論する』アクティブラーニングの手法を取り入れる必要があるとして、この授業が取り組まれている。自らの学習体験に照らして、そのような考え自体に賛同する学生は多い。

　しかし、この授業では、多くの生徒がそれまでの自分の考えを相対化したまでは至っても、あらたな自説を構築し、結論を下すにいたっていない。今回の場合は原発をどこに造るかと言った政策的イシューだが、そもそも3.11以後の今日、あらたに原発を造ることの是非を含めて生徒は結論を出しえていない。にもかかわらず、『生徒たちに棄権してほしくなかったために、必ずどちらかの政党に投票するように指示した』とする実践者の指示に、学生（舟木）はそれでは意味がないとし、「衆愚政治」への道だとする。政治の傍観者ではなく主体を育てることこそが肝要で、そのような若者が自覚的、積極的に選挙に臨むことこそが求められるとしている。学生（羽崎）も同種の意見だが、なのであえて棄権することも選挙権には含まれていると教えるべきだとしている。

アクティブラーニングについて

> 　アクティブラーニングが深い学びになるってことがよくわかった。教え込みではなく、生徒が自ら考え、生徒同士で議論することを通じて自分の考えをブラッシュアップしていくから、知識は定着し、応用して様々な問題を考えることができる。暗記の知識とはそこが違う。（矢島）
> 　今回は考えるのが難しい問題なのに、原発のある地域の立場になって考えられているのがすごいなと思った。そして、原発のある地域に住む人と東京の人とでは命の格差がある。その不平等はお金（電源立地地域対策交付金など）で解決できないってことを、生徒たち同士の話し合いで理解していった。アクティブラーニングの成果だと思う。だけど、人の住んでいる地域に原発をつくるなんて、命の危険があることを選挙や国会の人たちが決めていいのかという議論になってもいいのではないかと思った。そして、原発に変わる安全な発電をどう開発するかを話し合うべきだと思った。（弓削）

アクティブラーニングの実践例としてこの授業を分析した結果、学生（矢島）は今までよく理解できなかった「深い学び」の意味がよくわかったとし、学生（弓削）は原発問題の本質を「命の格差」と見抜いたことをアクティブラーニングの成果とし、であれば、論点は原発をどこに造るかではなく、安全な発電をいかに造り出すかだとしている。

おわりに

　地理の授業であるにも関わらず、公民の授業のようだとする感想を述べる学生も多い。しかし、そのことを否定的に評価するのではなく、「社会科の授業なので、地理だ公民だという隔たりをもうけるのではなく、社会科という教科全体で、今起きている日本の問題を生徒に考えさせるべきだと思う」としている。ただ、「もう少し、地理の学習内容に引きつけて原発の問題を考えさせてもよかったのではないだろうか。たとえば、原発を建設しようとしているブンジ市の地形、地震の危険性（活断層の存在）、近くに火山があるか、海岸線はリアス式みたいに津波の被害を受けやすいか、など」といった意見もあった。検討すべき点といえよう。

生徒が自分の歴史意識（メタ認知）を検討する歴史の授業
——加藤公明実践に学ぶ——

はじめに

　コロナ感染が拡大する前の2019年度まで、当然のことだが対面式の授業をしていた。主に2年生を対象とした「社会科・地歴科教育論」の場合、毎回、授業終了時に次回分析する実践報告を配布して、その実践を2つの観点から分析し、所定の用紙に書き込んでくることを宿題とした。

観点①　この実践の良い点、学ぶべき点はなにか。
観点②　この実践の疑問点、批判点、改善点をあげなさい。

　授業の進行は次の通りである。まずは各自の予習用紙を私が机間を回ってチェックする。次に3〜4人で班をつくらせて予習内容を交流して班の意見をまとめるというグループワークをさせる。2〜30分ほどの時間をとった後に、班の意見の要点を班長が板書する。そして、班長は自分の班の意見を説明するのだが、それに私が「ツッコミ」的な質問、つまり根拠の提示や概念の明確化を求めたりし、それへの回答を受けて、私からの解説などを加えて分析を深めていく、というものである。1回の授業で検討できるのはせいぜい4つの班の意見だが、班の数が多い学期だと順番ないしは抽選で検討する4つの班を決める。班長は輪番とし、4週ごとに席替えをして班メンバーのシャッフルをはかった。毎回、授業の最後にレスポンスカードを記入する時間をとり、希望者には次週返却した。

1. 実践の概要

　実践者は私、加藤公明で千葉県の公立高校の教師である。実践報告のタイトルは「藤原元命はなぜ国司を罷免されたのか—『尾張国郡司百姓等解文』をつかって—」で拙著『考える日本史授業　3』（地歴社、2007年）に掲載されている。

実践のねらいは次の通りである。

王朝国家体制＝摂関政治とはいかなるものであったのかを、この事件がなぜ起きたのか、結果はどうなったのかを考えることを通じてとらえさせる。つまり、摂関家など政権をにぎる中央貴族と、そのもとで徴税官となった国司（受領）、地方で確実に力を台頭させてきた有力農民（田堵）の３者を構造的に関連づけて、平安前期の時代像を描かせる。その際に大切なことは、生徒がその時代像をお仕着せではなく、自分の力で自分なりの歴史認識として（「自分にとってはこういうものだ」、「自分が説明するとすればこう説明する」といえるような形で）作ることである。

そうして各自が作った歴史認識をもとに、これまでの自分の歴史意識を反省する、つまり、なんとなく、もしくはなんらかの理由で歴史をそのような興味や関心、問題意識、先入観で考えてしまう自分を、それでいいのかと見つめさせたい。

次に「単元の構成」だが、実践校では日本史Ｂを増加単位を含め５単位で授業していた。なので、古代から近現代にいたる日本の歴史を36の単元に分け１年間かけて実践していた（『考える日本史授業　4』掲載の「年間授業計画」参照）。本単元はそのうち第11単元にあたる。

１時間目に【プリント①】を配布し、読み合わせた後に各自に解答させる。

【プリント①】

テーマ学習──国司を訴えた郡司と百姓

988年11月、尾張国の郡司・百姓は、国司藤原元命を訴えるため、都にのぼり、訴状を提出した。訴状には、元命の在任３か年の非法31か条が列挙されていた。

この「尾張国郡司百姓等解文」によると、元命は、ならずものの家来を引き連れて尾張国に赴任し、乱暴なやり方で重税をとりたてていた。例えば、これまでの国司は、法定外の租税として反別８〜10束を徴収していたのに、元命は13束もとりたてた（５条）。また、国家に貢納する絹を百姓から買い集めるとき、時価の半額で強引に買い取ったり、あるいは代金を支払わないこともあった（６、７条）。

摂関時代には、律令の租税の規定は守られなくなり、国ごとに国司が決め、国家もそれを認めるようになっていたのである。また、元命は、灌漑用の池や溝の修理費、困窮民の救済費、駅家の維持費などを着服し

ていたので、その分は郡司等が私財で肩代わりしなければならなかった
（12条、13条）。

　そのうえ、掾以下の国司の俸給や、国・郡の書記の食糧費も支払わず
（20、21条）、その分を自分の子弟や郎党にふるまっていた。さらに、国
内に数百町もの直営田（佃）を所有して、郡司・百姓に耕作を強制してい
た（29条）。こうしてたくわえた財産は、運賃も満足に支払わずに、都の
邸宅に運ばせていた（22条）。

問題1　尾張国とは今のなに県か
問題2　郡司・百姓の訴えを受けた政府（太政官）はどんな決定を出した
　か。次の①〜④のなかから選びなさい。
　①　郡司・百姓の訴えを却下した（藤原元命は尾張国の国司のまま）。
　②　却下しただけでなく、訴えた郡司・百姓を罰した。
　③　郡司・百姓の訴えを認めて、藤原元命を国司から解任した。
　④　解任しただけでなく、元命を厳罰に処した。
問題3　どうしてそう思ったか。理由を書きなさい。

　問題1から問題を解かせる。問題1はすぐに答え合わせをする。
　問題2、3をじっくり解かせる。そして、どのような理由で①から④のど
の説を正しいと考えたかを発表させ、【タイプ2】（複数の意見を取り上げて
討論を組織する）の討論授業を行った。たとえば、①を選択した生徒がその
理由を「国司を罰したらわいろが入ってこなくなるし、税は国司が決めるこ
とに国家も認めているから」と説明したのに対して「そんな国司がいたら、
みんな逃亡して、この国からは税がはいってこなくなって、結局政府は困る
のではないか」と批判がなされるといった流れで授業は進行していった。
　④への批判・質問がだされた時点でしばらく時間をとって反論・回答を考
えさせる。上の批判への①からの反論は「教科書にも出てた通り、毎年その
国から決められた税が納められれば、中央政府はもうそれで十分だった。元
命は政府へ税をしっかりおさめていただろうから、むしろ政府にとっては良
い国司だったと思う」というものであった。
　以下④からの反論・解答まで行わせたら、【プリント②】を配布し、読み
合わせる。そして、問4の答えが③であることを確認し、時間をとって問題
5の回答を行わせる。何人かに答えを発表させ、内容を教科書や資料集など

で確かめながら解説を加えていく。ついで、問題6の代表的な意見や優れた意見を『日本史通信』で紹介する。

【プリント②】

いっぽう、解文には、すでに1000人以上の田堵が逃散し（8条）、田を耕す人はみなことごとく逃げうせた（30条）、と書いてある。しかし、これは、あらかじめ逃亡中の食料を準備したうえでの計画的な逃亡であった。したがって、もしよい国司が赴任してくれば、強制されなくても自分からふたたび村に帰ってくる（10条）という逃亡なのである。郡司・百姓は、訴状の提出とともに、このような実力も行使していたのである。

この尾張国の郡司・百姓の訴えは受理され、太政官による審議の結果、元命は解任された。その後、尾張国で語り伝えられた話によると、「都に帰った元命は、生活に困って、東寺の門前で乞食をしていたが、ついに餓死してしまった」という（『地蔵菩薩霊験記』）。

民衆は、そう信じたかったのである。しかし、実際には、元命は、数年後、国家が主催する吉田祭の責任者の代行をつとめており、乱暴な息子の頼方ものちに石見国の国司に任命されている。

問題4　上の文章は「テーマ学習─国司を訴えた郡司と百姓」の後半である。この文章の内容から考えて、問題2の正解はどれか。

問題5　郡司・百姓の訴えが受理され、元命が国司から解任されたのはなぜか。また、解任はされたが、元命や息子はそのまま貴族としての身分を維持し、それにふさわしい役職を勤めている。つまり、厳罰に処せられることはなかったことを示しているが、政府はなぜ元命を罰しなかったのか。

問題6　問題2のあなたの解答は正解でしたか。なぜ正解できたのか、もしくはできなかったのかについて、問題3と5の解答を比較して、その理由を分析（説明）しなさい。

まず、問題5についてだが、生徒は下の文章のように解説文（後半）の内容や教科書、副教材の図説や史料集などからの知識をもとに解答する。

・郡司、百姓は田堵（有力農民）の中でもっとも有力な人たち。名とい

う土地を貸し出された。後の大名の語源になった。

- もし国司を解任しなかったら、農民は逃亡し続け、尾張国を離れてしまい、政府が定めた尾張国の(税の)総額でさえ、集められなくなる。
- 農民（田堵）たちを罰したりしたら、税を払う人がいなくなるから。
  ↓
  　　　　　　　　当時の逃亡＝計画的な逃亡＝逃散
- ワイロを政府の要人に出している。
- 成功などして政府に色々貢納などしたので、罰すると政府にとって損だ。他国の国司などに任用した方が得だ。

　ついで、問題 6 に生徒はどのような解答を書いたかだが、まず、自分がなぜ間違えたかを、自分の歴史認識（時代像）の誤りや一面性にあったと反省して自分の認識を修正・深化させていった。

　例えば、上のように問 5 の解答を書いた生徒（居関）は①にしてしまったことを次のように分析している。

　　元命は国司になるほどの財力をもっていて、また郡司・百姓を従わせるほどの権力をもっているので、元命のわいろ等でおおいに優雅に生活していた政府の要人が元命を解任することはないと思った（だから①にした）。しかし、郡司・百姓（田堵）は後に大名田堵となるものがいるほどの有力農民たちであり、国司が命令しても田堵たちが行動しなければどうしょうもない。
　　また、上の記事から、当時の田堵たちの意志（逃散の計画）がわかり、田堵の重大性をみいだすことができた。

　「田堵の重大性」と言っているが、この事件で国司を訴えた百姓はもはや奈良時代の班田農民のような存在ではなく、「国司が命令しても田堵たちが行動しなければどうしょうもない」ほどの実力の持ち主であったことに居関は思い及ばなかった。奈良時代の農民と平安時代の彼らを同じものと見てしまったことが、①を選択してしまった理由だと言うのである。

　次の西村も、彼の古代史像がこの授業を経て大きく変容・深化したとしている。

自分が思っていたより、この時代の政府が農民（田堵）たちを恐れて
いた。田堵たちが政府を脅かすなどということが思いつかなかったから
間違えた。律令制の失敗は今まで農民たちをただ政府がしいたげていた
からだと思っていたが、実は田堵たちも発言権をきちんともっており、
政府を脅かす力をもっていて政府もそれを認めざるをえず、国司のワイ
ロと田堵の圧力の板ばさみで、律令は失敗したといっても過言ではない
かもしれない。やっぱコテイガイネンで歴史を見ちゃだめっすね

　次の萩原も、自分の歴史の見方を反省している。彼女がこの授業から発見
したものは「集団の力」の大きさということである。

　　私は問2を②にした。それは、農民と国司という立場を考えた時に、
政府にとって国司の方が一目置く存在（重要）であったと思うし、農民
の意思など小さなもので、支配できるうちにあるものだと思っていたか
ら、国司を解任したり罰して、その重要な一人を、政府はなくしたくな
いのじゃないかと思った。私は1個人の力を考え、集団の力というもの
を考えていなかった。そこに着目すれば、国の大多数を敵にまわすこと
になる方が国家を不安定にさせ、国家の崩壊へと導くのかもしれないの
に。
　　そして、問2で思ったものにしろ、結果にしろ、この時代（現代
も??）の政府というものは、政府にとって有益か、そうでないかを重視
しているのか？
　　でもマァ、国民のことを一番に考えていたのかなぁ〜（Butそれならも
っと農民の目線になってものを見て対策をたてるべきっ!!）

　討論授業においては、生徒はまず、提起された問題に対して自分の意見を
作らなければならない。当然、そこには歴史について自前の知識が総動員さ
れ、あらたに調査した事実も加味されてくるが、それらを組み合わせて1つ
の意見を形成させるものは、各自のもっている既存の歴史像や歴史意識であ
る。したがって、討論でなされる意見交流は、単に各自の意見の当否を問う
だけでなく、そのもとになる歴史像や歴史意識も検討させることになる。そ
のことが、討論後の自己分析において、ひろく自分の古代史像全体を見直し、

ひいては自分の歴史に対する見方や考え方を反省する生徒の活動を惹起するのである。結果、生徒の歴史認識はより歴史の実態に即した構造的なものに発達し、それを踏まえて生徒の歴史意識も成長していくのである。

２．授業の実態——学生との対話

　班内での予習内容の交流が終了したら、班長が班の意見をとりまとめて、その要点を板書する。今回は９班からスタートである。

　９班の板書は【良かった点、学ぶべき点】が「討論を通して生徒一人ひとり意見を考えていたこと」、【疑問点、批判点、改善点】が「宿題をやらなかった生徒はしっかりと理解していたのか」であった。以下は私と９班とのやり取りの概要である。

９班の板書に私が加筆したもの

なぜ間違えたかを考えさせる

　『上段の文章を補うと「討論を通して生徒一人ひとりが自分の意見をしっかり考えていたこと」かな？』

　「そうです」

　『たとえば誰のどんな意見？』

　「居関って生徒の意見。『奈良時代の農民と平安時代の彼らを同じものと見てしまったことが理由』としているところ」

　『つまり、居関は問題２の答えを①「郡司・百姓の訴えを却下した」にしちゃったんだな。正解は③「郡司・百姓の訴えを認めて、藤原元命を国司から解任した」なのに、なぜ私は間違えたのかって、問題６で彼女は考えたわけだ。その結果、「郡司・百姓（田堵）は後に大名田堵となるものがいるほどの有力農民たちであり、国司が命令しても田堵たちが行動しなければどうしょうもない」ってことに気付いたわけだ。奈良時代の農民は班田農民のことで、政府から定額の口分田を与えられ、租庸調など重い税を課せられていた。それに耐えられなくなった彼らは逃亡するしかなかった。彼女の持っていた奈良時代の農民はそんな無力なイメージだった。そして、この事件が起きた

平安時代（10世紀）の農民も同じだろうと考えて、そんな農民がいくら訴えても政府が聞き入れるはずがないと思って、①にしてしまった。

　でも、授業を通じて、わかったんだね。平安時代の農民は、もう班田農民みたいな弱々しい存在ばかりじゃなかった。田堵と呼ばれる有力農民が出現して、国司から広大な土地を名として借り受けて、自分の持っている財力や技術力、労働力などを使って耕作して税を払っていた。その田堵たちが国司の解任を求めて提訴した。彼らに頼らないと折角の耕地も働き手を失って荒れ地になっちゃうし、当然税も入ってこない。だから、政府も田堵たちの要求を無視することができずに受け入れざるを得なかったんだね。時代像の構築っていうんだけど、前代の奈良時代と平安時代とはどう違っていて、それはなぜかまで説明できるようになったわけだ。では、この授業のなにがそれ（生徒の「しっかりした考え」）を可能にしたんだろう？』

　「普通の授業でも問題が出されれば答え合わせまではするけど、正解が示されるだけで、なぜ間違えたかまでは考えさせない。この授業ではそこまで考えさせた」

　『そうだね。そこまで考えるから生徒は自分の考え、この授業だと平安時代像だけど、修正することができるんだね。自分のこれまでの考えを捨てて正解とされる考えに取り替えるっていうんじゃなくて、自分のこれまでの考えをもとに、納得できる形にそれを変容・進化させることができたわけだ。生徒が自分の時代像を主体的に発達させるってそういうことなんですね』

全員に宿題をやらせるには

　『下段の問いの答えは明白だよね』

　「理解出来ない」

　『そうだよ。討論授業は各自が自分の意見を持って参加することが大切。自分の意見を持っているから、議論することができるし、他の人の意見から学ぶこともできる。でも、やってこない生徒もいるよね。じゃ、対策を考えよう。どうしたらいい？』

　「授業中にやらせる」

　『なるほど、宿題にするから忘れる生徒がいる。だったら、すべて授業中に済まさせるってわけだ。でも、そうしたらどうなる？』

　「授業時間が足りなくなる」

　『当然、そうなるよね。では、どうしたらいい』

「グループでやらせる」

『どういうこと?』

「全員に同じ宿題を出すんじゃなくて、グループごとに違う宿題を出す。そして、グループ内で役割を決めて……」

『たとえば、A班は奈良時代の税について調べてこい、B班は平安時代の税を調べてこいとして、班の中で税の種類を調べてくる人、税の取り方を調べてくる人なんて分担するってことかな?イメージとしてはジグソー法かな』

「はい」

『そうすると、宿題をしてこないと自分が先生に叱られるだけじゃなく、班の仲間に迷惑がかかる。なのでやってくるだろうってわけだ。考えましたね。でも、行き過ぎると、班のなかで疎外される生徒が出たり、いじめの原因にもなりはしないかな』

「ワークシートを配って誰でも教科書を読めば解答できるようにする。そして、必ず先生が点検して、コメントを付けて返却する」

『教師の負担は増えるけどね。ここまですれば、いくらなんでも宿題してこない生徒はいないだろうってわけだ。コメントのかわりに「よくできました」なんてスタンプを押して返していた同僚がいました。それと、私が若い頃、先輩の先生に言われたことなんだけど、「加藤さん、宿題を出したら、『税務署的取り立て』をしなくちゃだめだよ。そうしないと、最初の内はやってくる生徒もだんだんやってこなくなるよ」っていうんだ。なる程って思ったけどね。ただ、肝心なのは宿題をやってきてよかったって生徒に思わせることなんです。宿題をやってきたから、授業の内容を深く理解できたとか、問題を解くことができたとか、発言してみんなから「賛成」って言ってもらえたとか、そんな経験をさせることが、「よ〜し次も宿題をちゃんとやろう」という気持ちにさせるんだね』

次は1班。板書には【良かった点、学ぶべき点】は「歴史認識がしっかりしていたこと」、【疑問点、批判点、改善点】は「同じ考えをまとめて集まって発表するのも良いと思った」とあ

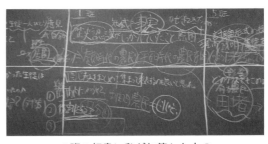

1班の板書に私が加筆したもの

る。

歴史認識について

『たとえば、どの生徒の歴史認識がしっかりしていると思いますか?』

「9班と同じで、居関って生徒の文章なんか読むとすごいなと思いました」

『たしかに、そう思うよね。でも、これが歴史認識としてしっかりしているってどうして言えるんだろう。そもそも歴史認識ってなに?』

「???」

『歴史って変化のことですよね。人間にまつわる物事はすべて時間と共に変わっていく。だから、歴史認識には、まずはなにがどう変わったのかについての知識が必要です。古代ではAだったものが中世になるとBとなり、近世にCとなり、近代だとDとなった、みたいなね。でも、そんな歴史についての知識をいくらたくさん獲得しても、それだけでは人間は満足しません。当然、なんでそんな変化が生じたのか、その原因や理由を知りたくなりますよね。そのためにはさまざまな事実と事実を結びつけて、因果関係や相互関係などを明らかにする必要があります。そしてその原因や理由をうまく説明できる答え、解釈ともいいますが、これを得られた時、人は歴史がわかった、理解できたという気持ちになるんです。

ですから、歴史認識とは人間にまつわる物事の時間による変化についての知識と解釈なわけです。そして、その上に、そのような原因・理由で生じた変化をいかに評価するかという価値判断がなされるのですが、不正確でわずかな知識をもとにした杜撰な解釈は誤った判断を招きます。だからこそ、なるべく多くの正確な知識をもとに合理的で客観的な解釈が求められるわけで、居関の文章が歴史認識として「しっかりしていた」とすれば、そういう点がちゃんとなされているということじゃないですかね。どうですか?』

「奈良時代では逃亡していた農民が平安時代になると国司の解任を政府に求め、それを認めさせるようになった、としている」

『時代による変化の知識だね。その解釈は?』

「農民のなかから、平安時代になると田堵とよばれる有力農民が現れ、彼らに頼らなければ政府も税が集められなくなっていたから」

「田堵は団結して逃散という計画的な逃亡を対抗手段として行うようになった」

『合理的で説得力がある解釈だよね。そのような「しっかりした」歴史認識をこの生徒が構築できたのは？』

「討論によって議論された内容や論点が活かされているということだと思います」

『討論というのは言い争いではないんだな。単に相手を言い負かし、自分は言い逃れるだけなら、ディベートの技術は向上するかもしれないけど、それによって歴史認識が発達することはありえない。納得づくって言葉があるけど、討論って、互いに自分の意見や考えを自分が納得しながら変容させていく。Aだったものを別のBにするんじゃなくて、A′にし、A″にしていく。元の自分の意見や考えの核ないしはベースとなる歴史の見方の根本、歴史意識だけどね、それにどんどん証拠となる事実や合理的な解釈が付け加わって成長していく。討論はそのための、みんなが参加出来る競技場ないしはマーケットみたいなもので、たとえ意見は違っても、考え方に「説得力があるなぁ、すごいなぁ」と思ったら自分もそういう風に考えられるように学ぶことができるし、他の人によってその人の説を論証するための証拠として提示された事実でも、別の解釈をすれば自説の論拠になると思えば自分の知識として獲得すればいい。生徒はよくパクるっていうけど、こういう場合は、どんどんパクれって私は言っていました』

討論の方法について

『下段は討論の方法についての提案かな？』

「生徒の発言が個人的な気がして。発言していない生徒はちゃんと授業について行けているのか疑問に思いました。せっかく４つ選択肢があるんだから、選択肢ごとに選択者を集めて班をつくって、まずは班の中でどうしてその選択肢が正しいと思ったかを話し合って、それをクラス全体に発表して、他班からの批判や質問も班で協力して答える感じにすればいいと思いました」

『そうですよね。その方が全員参加の討論になって議論も深まるよね。実は討論授業にはいろんなタイプがあって、みなさんも来年度受講することになる「地理歴史科指導法」の授業では、私の実践例ですが、いくつかのタイプの討論授業を紹介しています。その内の１つが「貝塚の犬の謎を追え」っていうテーマの討論でね。千葉市の加曽利貝塚から発掘された犬がなぜバラバラじゃなくて、つまり、死んだ時の姿のまま出土したのかを、生徒がいく

つかの仮説を立てて、同じ仮説の者同士で班を編制して討論するって授業なんだけど、まさしく班別協議＋（クラス）全体討論で全員参加型の授業です。だから私も出来れば、この授業もそうしたかったんだけどね。このタイプの討論授業にも欠点がある。なんだか分かりますか？』

　「時間がかかることですか」

　『その通り。貝塚の犬の討論授業はたしかに充実した討論が展開し、生徒は多くのことを学んだ。そのことを「地理歴史科指導法」の授業では、実際の授業の様子がNHK教育で放映されたので、そのDVDを見て貰いますが、6時間以上かかりました。だから、全部の単元で班別協議＋（クラス）全体討論タイプの授業は無理なんですね。そこで、それほど時間がかからない討論の方法はないかということになるわけなんですが、授業の後半の10分程度でできるものもあります。それらのことについては来年度の「地理歴史科指導法」の授業で紹介します』

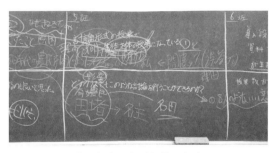

　　次は5班である。
【良かった点、学ぶべき点】は「討論形式の授業で生徒主体の授業になっている」、【疑問点、批判点、改善点】は「どのクラスでもこのような討論を行うことができるのか？」です。

5班の板書に私が加筆したもの

「やっぱコテイガイネンで歴史を見ちゃだめっすね」って生徒に思わせる授業

　『「生徒主体の授業になっている」ってどうして思いました？』

　「生徒一人ひとりに自分で答えを考えさせている。たとえ、それが間違っていても、だからってダメってしていない」

　「正解を生徒に押しつけようとしていない」

　『じゃ、間違ってもいいってしている？』

　「そうじゃなくて、間違ったのは間違うだけの理由があるわけだから、正解を覚えることよりも、その理由を考えさせている」

　『なんのために？』

「今後、間違えないために」

『そうだね。じゃ、その間違った理由を生徒は何だって突き止めたかな?』

「居関って生徒は、9班のところでやったように、奈良時代の農民と平安時代の農民を同じように考えたから間違えたって気づいた」

『となれば、彼女は2度と同じ間違いはしないよね。そして、農民といっても時代によってそのあり様や社会的な発言力、政治的な力量なんかも違うので、そのことに留意して考えようとするよね。彼女の歴史に対する見方が変わる。その変化は、歴史の実態に迫る方向に変化するわけで、歴史認識の主体として生徒を成長させようとする歴史教育にとっては、望ましい変化、つまり成長と捉えられるよね。他の生徒はどうだろう?』

「西村って生徒も、農民は政府に脅かされるだけの存在と思っていたけど、平安時代の田堵と呼ばれていた有力農民は政府を脅かす存在だったとして、『やっぱコテイガイネンで歴史を見ちゃだめっすね』って、自分の今までの歴史の見方を反省している」

「萩原って子は『私は1個人の力を考え、集団の力というものを考えていなかった』って、自分が誤答した理由を分析している」

『そうだね。問2で④「解任しただけでなく、元命を厳罰に処した」と間違えた清水は、逆に農民のことだけ考えて、摂関政治の構造、つまり、元命みたいな国司(受領)からの成功といったワイロ収入が政府だけでなく藤原氏などの貴族や皇族たちの財力の基盤になっていたことを考えなかったからとしているよね。彼は彼で自分の歴史に対する見方の弱点、つまり、歴史を一面的に考えてしまいがちだってことだけど、そのことに気付いたわけだ。

メタ認知って知っていますか。人間はさまざまな問題を考えて答えを出しながら生きているよね。問題が違えば当然答えも違ってくる。Aという問題にはBという答えを出し、Cという問題にはDという答えをだし、Eという問題にはFという答えを、と言う具合にね。B、D、Fという答えは同じではないんだけど、同じ人間が出した答えなんだから、そこには、その人をしてAという問題にはBという答えを出させ、Cという問題にはDという答えを出させ、Eという問題にはFという答えを出させた共通の基盤があるわけだね。それをメタ認知っていうんだけど、思想だったり、体験だったり、感情だったり、思考方法の傾向性だったり、歴史だと歴史意識だけど、そう言った自分のメタ認知をしっかり把握して、その欠陥や矛盾、課題などを解決

したり、止揚したり、達成したりすることで人はより正しい答えを出すことが出来るようになるわけで、この授業はまさしく、それを歴史教育として行おうとしたわけです』

代表意見の選び方

　『下段についてだけど、なにが心配?』
　「この授業では8人の生徒が意見を発表して、それらについての批判や質問が出て討論になっている。どのクラスもこのクラスの8人みたいに良い意見を生徒が言ってくれるかどうか」
　『その心配はもっともだけど、じゃ、どうしたらいいかな』
　「グループで考えさせる」
　「参考になる資料を十分に与える」
　『なるほど、どちらも有効な方法だと思いますよ。私のやり方だけど、代表意見を選定するためのポイントがいくつかある。1つは、全員に自分の意見を頭の中で考えるだけじゃなく、書かせること。そうすることで各自の意見が鮮明になるからね。書くからには、「なんとなく、そう思う」だけではダメで、なにを論拠にどんな論理でそう考えたのかをまとめなきゃならないからね。また、頭で考えただけでは誰がなにを考えたかは教師には分からないよね。当てずっぽうで指名していたのでは、同じような意見ばっかりになったり、せっかく良い意見を考えた生徒がいてもピックアップできなかったりしちゃうわけだ。その点、書かせれば全員の答えを教師は知ることができるわけです。この授業では机間巡視で肩越しに生徒の意見を読んでいるけど、なかなか難しいと思ったら、いったん全員に提出させて、じっくり読んだ上で代表意見を選定すればいい。選定の基準だけど、さっき言った論拠と論理が明確であること、今回は選択肢が4つあるからどの選択肢にも2名の賛成者をえらぶこと、できれば、その2人の意見は違う論拠・論理のものがいい。そうやっていけば、どのクラスでも討論の素材になりうる生徒の良い意見を選定することができます。どうか、やってみてください』

　最後は6班である。
【良かった点、学ぶべき点】は「導入で教科書などを見ずに資料で考えることで個々の考えが生まれる」。【疑問点、批判点、改善点】は「授業数が他の

実践よりも多いのではないだろうか？」。

教科書信仰からの解放を

『上段の資料というのは？』

「『テーマ学習―国司を訴えた郡司と百姓』というプリント①のことです」

『教科書じゃなくて、このプリントで授業を進めたことが良かったということかな？』

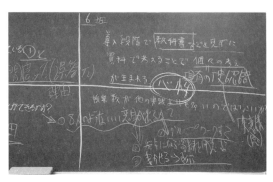

6班の板書に私が加筆したもの

「はい。先生から問題を出されると生徒は教科書から答えを見つけようとするじゃないですか。そして、答えが見つかればそれを言うし、見つからなければ『わかりません』って言う。どっちにしても教科書を探しただけで自分で考えようとしない。でも、『教科書などを見ずに自分の考えで答えなさい』ってされたら、考えざるをえない。これまで歴史を主体的に考えさせるためにはどうすればいいかを、いろんな実践例から分析してきたけど、教科書を見ずに考えさせるって方法もあるって思いました」

『教科書信仰って言うんだけどね。生徒は思っているんだ、教科書には自分たちが知るべき正しい歴史のすべてが載っている。だから、歴史を学ぶとは教科書に書かれていることをなるべく正確に理解して受け入れること、つまり覚えることだと。この意識というか、学習観を変えないと、歴史を自ら考えて、自分の歴史認識は自分で作るという主体性は生まれない。そのための第1歩として、この授業では教科書から答えを探すことを禁止したってわけさ。そうすれば、自分で考えざるを得なくなるからね。ただ、そうすると、心配なのは？』

「生徒は不正確で不十分な知識をもとに勝手に考えてしまう」

『その結果、生徒の思考が歴史の実態から遊離してしまったり、時代の構造を無視したものになってしまう可能性が大だよね。そこで、そうならないためにどうしている？』

「必要な情報が書かれている教科書の箇所をプリントの裏に引用して読ませている」

『どんな内容？』

「『この時代には班田収授法が行われなくなり、国司に地方政治の裁量権が大幅に認められるようになった。なので、成功などのワイロで国司になって私腹を肥やす受領が出現した。その結果、その国の郡司や百姓がその非法をさかんに訴えるようになった』って文章が引用されています」

『そうだね。そして、その非法の具体的な内容はプリントの文章に示されているわけだ。でも、そうするとなぜ、個々の意見が生まれるようになる、つまり、生徒の意見がバラエティ豊かになるのかな？』

「生徒が自由に考えるようになるから」

『歴史を自由に考えるってどういうことだろう？』

「各自が自分の持っている知識をもとに考える」

『各自が現有の歴史認識をもとに考えるってことだね。たしかに、問題は平安時代のことだから、各自の持っている平安時代の知識が動員されるよね。たとえば、藤原氏が権力をにぎっていた摂関政治の時代だったとか、荘園が作られるようになるけど、年貢などの税は農民たちから集められていたとか。たしかに、もとになる知識が違えば意見も違ってくるよね。でも、この授業の場合、そういった知識に違いはあまりなくないですか。だれもが摂関政治のことや、班田収授法が行われなくなっても税は農民から集められていることを念頭に置いて考えています。でも、生徒の答えは多様に分かれている。4つの選択肢それぞれに支持者がいる。それはなぜでしょう？』

「？？？？？」

『そこには各自の歴史意識や感性（歴史感）の違いが反映しているんですね。歴史意識とは第一義的には歴史に対する興味や関心の置き所のことです。歴史のどんな分野やテーマに問題意識をもち、歴史をどのように考えれば納得するかの思考的傾向でもあります。それは一人ひとり違うわけで、それぞれの歴史意識に従って歴史を考えれば、その答えは違うものになります。また、歴史意識は、歴史を考える（解釈する）にもさまざまな観点や立場があるのですが、そのなかでどの観点や立場から歴史を考えるのが自分にとっては最も納得がいくか、自分事として考えることができるかについての自分への答えでもあり、最初はある観点や立場から歴史を考えるとなんとなくしっくりするといった感性（歴史感）でしかないのですが、やがて、その根拠となる歴史認識を持つことによって、なぜそう感じるかという問いに自分なりの具体的な回答ができるようになる。

歴史感はそうして歴史観に発展するのですが、自分の歴史感に基づいてある時代を自分が説明するとこういう時代だと説明できるようになる。そうしてその人なりの時代像が形成される。したがって時代像も歴史観の１つということになります。この授業での生徒の多様な意見と多彩な討論は、そうした生徒の歴史意識や歴史観の違いによるといえます。だからこそ、討論は単なる正解を巡っての言い争いではなく、各自が自分の歴史意識や歴史観を他の生徒のそれらとの違いを意識し、その適合性や正当性を反省し刷新する機会になりえるのですね』

単元にかける時間数について

『下段は授業時間数の問題だね。この授業は３時間かかっているけど、かけすぎではってことかな?』

「はい。教科書だと１～２行しか書かれていない１つの事件に３時間もかけていては教科書を最後まで終わらせられないと思って」

『なるほど、その疑問に答えるには、私の授業全体の進め方や単元構成を説明しないとならないんだけど、私の授業は日本史全体を36のテーマ（単元）に分けて、各単元の初めに問題提起をして、生徒にまずは自分の意見を作らせ、それをもとに討論して、その成果を踏まえて各自の意見を発展させ、歴史を科学的に考える能力、つまり、実証的、論理的、個性・主体的に考えることだけど、そういう能力を獲得させようというわけです。そうして、この授業もそうだけど、各自が自分の歴史意識や歴史感（観）にもとづいた時代像を構築し、歴史認識の主体として成長させようというわけね。なので、テーマや討論のやり方によってかける時間数はまちまちですが、むしろ、３時間は少ない方です。具体的には来年度の「地理歴史科指導法」の授業で私の年間授業計画（『考える日本史授業　4』〔地歴社、2015年〕掲載）を示しますから、それを見てください。

3．学生は加藤実践からなにを学んだか──レスポンスカードから

歴史認識について

歴史の知識が多くても歴史を理解していることにはならない。歴史を理解するということは、「なぜ起きたのか」についての原因や理由、歴史

的な影響が説明できる状態のことを言う。なので、教師は歴史の知識だけを教えるのではなく、生徒が自分の歴史認識を獲得できるようにする必要がある。そのためには、教師の歴史認識を押しつけるのでなく、生徒が主体的に歴史を調べて自分なりに説明ができるような生徒主体の授業を行う必要がある。（佐々木）

　今日の講義は大切なことを学びました。それは歴史知識、歴史認識、歴史意識の関係です。この３つの言葉は似ていますが、それぞれ意味が違います。歴史知識は歴史についていろいろな事実を知っていると言うことですが、これだけでは歴史が理解できたとは言えません。理解するためにはなぜ事件が起きたかの説明が必要です。歴史認識とは知識と説明が合体したものです。でも、説明はいくつも可能です。なぜなら歴史意識に基づいて作られるからで、歴史意識とは歴史への興味や関心、考え方のことで、それは人によって違うからです。だから、授業では生徒が自分の歴史意識にもとづいて自分の歴史認識を作らせることが大切で、１つの歴史認識を「正解」とするのではなく、みんなの歴史認識を互いに学び合うことが必要です。（大内）

　歴史教育とは生徒を歴史認識の主体として成長させることである。そのようなことはこれまでも述べてきたのだが、では、歴史認識とはなにか、それは歴史知識とはどう異なり、いかに関連するのかといったことは今回はじめて解説した。そして、歴史認識になぜ主体性が求められるのか、生徒といえども歴史認識を構築する際には認識主体としての自由がなぜ認められなければならないかについても、その基底に各自の歴史意識があるからだと説明した。学生にとっては難解だったかもしれないが、学生（佐々木）は、だからこそ、教師の歴史認識を押しつけるような授業ではなく生徒主体の授業が必要だとし、学生（大内）は学び合いの授業でなければならないとしている。

歴史意識（メタ認知）に迫る歴史の授業

　「コテイガイネンで歴史を見ちゃだめっすね」という生徒の感想に今回の加藤先生の授業のすごさが凝縮されていると思います。そんな授業を私は受けたことありません。歴史は過去のことだから考えてもしかたない、覚えるしかないと思っていました。しかし、この授業のように、

自分の歴史への見方や考え方を反省することは現在の日本や世界の見方
や考え方に通じると思うので、重要だと思いました。（滝）
　問題の出し方がいい。問題1は「尾張国は今の何県か」だから、調べ
れば誰でも正解出来る。問題2は4択だから、どれかを選べばいいから
答えやすい。問題3は4択の内なぜそれを選んだかだから、「わかりませ
ん」とは答えられない。自分がそれを選択した理由を考えざるを得な
い。そして、正解が示されて、なぜ間違えた（正解した）かを説明しな
さいとなっている。簡単な問いからだんだん深くなっていって、最後は
自分の歴史意識の点検ができるようになっている。（鈴木）

　歴史認識の主体として成長させるために、なにをどのように学ばせるか、
教師はその内実（教育内容）を決めなければならない。その際に必要なこと
は生徒の現有の歴史認識を分析することであり、彼らの歴史意識や歴史観に
どのような問題点や発達課題があるかを見極めることである。

　私の場合は、これまでの授業での発言やレポート、「授業ノート」（授業で
わかったこと、考えたこと、感想・疑問などを輪番で書かせて提出させてい
る）の文章などから分析するのだが、その結果、生徒の多くがいつの時代も
権力関係を一方的で固定的なものとしてイメージしていたり、事件や現象の
原因を1つの観点でしか考えようとしない、つまり、歴史を一面的にしか捉
えようとしない傾向があることに気付いた。

　なので、この授業では問題2に、そのようなイメージや傾向の生徒なら誤
答するであろう4つの選択肢を設けて、なぜ自分が間違ってしまったかを歴
史の事実や時代の実相に照らして分析させ、自分の歴史意識や歴史観を反省
して修正・刷新させようとしたのである。学生（滝）はそのような狙いが成
功したことを「コテイガイネンで歴史を見ちゃだめっすね」とする生徒の感
想から読み取れるとし、そのような歴史意識の修正・刷新は生徒の現代を認
識するまなざしに影響するとしている。また、学生（鈴木）は授業の発問構
成がねらいに沿ったものとなっているとしている。

おわりに

　授業で生徒に討論させるテーマは正解のない問題、つまり解釈や評価をめ
ぐる問題にすべきで、最後はオープンエンドがよいとよく言われる。たしか
に、熱心に議論しても、その内容とはかかわりなく最後に教師から正解が示

されるのではなんのための議論だったのか分からない。「それなら、最初に正解を教えてよ」と生徒が思うことになるからである。

　しかし、正解のある問題、つまり事実はどうだったのかという問いをめぐる討論もけっして無意味ではない。ただし、その目的は正解を言い当てさせることではない。なぜ自分はその説を正しいと思ったか、その理由を各自が明確に認識するためである。そうすることで、正解が示された際に自分の誤答（正答）の理由を、生徒自身が自己分析することが可能になる。そして、その分析をもとにして自分の歴史意識や歴史観を反省して修正・刷新していくことが、彼らの歴史認識の主体としての成長を可能にするのである。

第13節

高校生の国際貢献と地域の教育力
──愛沢伸雄実践に学ぶ──

はじめに

　2018～2020年度に私は武蔵大学で「中等社会科教育研究１」という半期の教職科目を担当した。18～19年度は対面で授業を行った。本節はその実践報告で、『武蔵大学人文学会雑誌第53巻第２号　和井田清司教授記念号』（2022年２月）に掲載された「学生の社会（地理歴史）科教育観をいかにして刷新させるか」をもとにしている。授業の方法は前節の「はじめに」で説明したように、学生の予習（実践分析）をもとにした班別協議、班の意見の要点の板書、学生との対話による私の解説となる。

　対面授業で分析した実践報告は下記の通りである。出典は提示したもの以外は83～85ページに示した。

　加藤公明「高校日本史・貝塚の犬の謎を追え」（NHK教育テレビ『わくわく授業─私の教え方』、2003年６月12日放送）、山本典人「小学校・野尻湖人はナウマンゾウをどうやってとったか」、白鳥晃司「中学校地理・三線・黒砂糖と沖縄学習」、石井建夫「中学校歴史・象の旅から見えてくる鎖国」、安井俊夫「中学校歴史・小さな川に命をかける」、河野栄「中学校公民・少女ナツミから学ぶ労働基本権」、小林光代「中学校地理＋学年行事・地域の課題を子どもとどう学んだか」、泉貴久「高校地理・北方領土は誰のものか」、北尾悟「高校日本史・原爆はなぜ投下されたのか」、愛沢伸雄「高校世界史＋生徒会指導・教室から地域・世界へ──世界へ目を向けた生徒の『ウガンダ救援活動』」、棚澤文貴「高校世界史・遊牧社会の成立」

　なお、第１講では、授業の進め方などのオリエンテーションとともに「あなたが体験した社会科授業のナンバーワンを紹介してください」をテーマに各自が現有している社会科授業観を確認した。

　また、毎年５月中旬に開催される千葉県歴史教育者協議会主催「たのしい

社会科交流会」への参加を勧め、現役の先生方の実践報告を聞いたり、他大学の学生・院生による模擬授業を体験する機会を設定したりもした。

1. 実践の概要

　第14講は愛沢伸雄実践を分析した。教材は、千葉県歴史教育者協議会会誌『子どもが主役になる社会科』25・26合併号（1995年7月）掲載の愛沢伸雄「教室から地域・世界へ―世界へ目を向けた生徒の『ウガンダ救援活動』」および『歴史地理教育』835号（2015年6月）掲載の河辺智美「安房の高校生によるウガンダ支援・交流20年のバトン」である。

　愛沢実践の概要は以下の通りである。

　安房南高校の生徒会組織である生活委員会は生徒会本部と連携してユニセフ活動をすることを1994年度の活動方針とした。そして、地元館山市の「かにた婦人の村」※の深津文雄牧師のもとにウガンダから救援要請が届いていると顧問の愛沢氏から紹介され、内戦やエイズによって両親をなくした200名以上の孤児を保護しているウガンダのNGO「ウガンダ意識向上財団（CUFI）」宛てにミカン箱サイズ28個の文具・衣料・生活用品を贈った。この間、愛沢氏は世界史の授業でウガンダの歴史を取り上げ、生活委員会や生徒会のメンバーは全校生徒、PTAだけでなく地元の新聞などを通じて広く地域の人々に協力を訴えて、多くの支援物資を集め、文化祭ではバザーや募金で郵送費を集めた。そのような活動を経て支援物資を送ることが出来たのだが、CUFIの一員であるスチュワート・センパラさんがお礼と今後の協力を要請するために安房南高校を訪れ、生徒たちと直接交流した。

　生徒のこのような活動を愛沢氏は『30年にわたる「かにた婦人の村」深津牧師による、草の根ともいえる実践がNGO活動として広がり、それが地球の裏側ウガンダのNGO活動と結びつく、さらに地域にいる安房南高校生徒会がNGO活動につながる。結局、「子どもの権利条約」の理念を学校のなかに生かす努力が、生徒たちの平和的「国際貢献」活動を生み、平和主義の理念を実践する教育になっていくのではないか』と意義づけている。

　この活動は以後も継続され、2008年に安房南高校が統廃合された後も安房地域の3つの高校がバトンをつなぎ今日まで続いている。

※「売春防止法で規定される要保護女子（自活困難な状況にあり、転落の恐れがある女性）の中でも、知的障害・精神障害を抱え、長期の保護による生活支援を必要とする女性を、1965年の開設以来、全国から受け入れ、支援しています。（1965年開設、定員100名）」HPより

　班別のグループワークを経て、各班の意見を班長がとりまとめて要点を黒板の表に記入する。

班長による要点の板書

【板書内容】

	1班	2班	3班
良い点・学ぶべき点	持続的である点	主体的活動的な生徒会活動を通して国際貢献が自分でできることを気づかせている点	実感を伴った実践
疑問点・批判点・改善点	他の教員はどうしていた？	この活動は、継続していくのか？	他の人はどうしてた？

　各班の班長からの説明とそれに続く質疑（対話）の概要は下記の通りである。

【1班】
活動が続いた理由は？

　「こういうイベント的な活動って1回で終わることが多いのに、何年も続いていてすごいと思った」

　『1回ぽっきりじゃないってことだね。なぜそうなったのかな』

「センパラさんからの手紙がきて自分たちがしたことが本当にウガンダの子どもたちのためになったって実感できたから、よし来年も続けようって思った」

　『なるほど、でも、それが個人の活動としてではなく、生徒会活動として続いたのは？』

　「やりがいを感じていたから。生徒会の役員になって、自分たちで提案したことが実現していって、NGOとの交流まで発展した」

教師の役割

　『今どの高校でも生徒会活動は停滞気味です。皆さんの高校はどうでしたか』

　「役員のなり手がなくて……」

　「役員だったけど、先生から任命された。体育祭の準備と運営の手伝いをさせられただけだった」

　『その点、この安房南高校の生徒会は、自分たちで従来のボランティア活動のあり方を見直してウガンダ救援活動をしようと生徒総会に提案して承認され、活動していったんだもんね。生徒会活動というのは学習指導要領にも特別活動として位置づけられていて、生徒が自発的自治的に取り組むべきものとされているんだけど、まさしくそれが実現できているってことだよね。でも、それでは生徒会活動に教師は不要なのかな？顧問である愛沢先生はどんなことをしている？』

　「世界史の授業でウガンダの歴史と現状を説明した」

　「生徒から従来のボランティア活動を見直して、ユニセフ活動をしたいとか、お金だけでなく物なども送れる活動をしたいと相談された時に、安房の地域でウガンダ支援を行っていた『かにた婦人の村』の深津牧師の活動を紹介して、深津さんから直接お話しを聞けるようにした」

　『そうだね。教師の果たす役割ってやっぱり大事だよね。生徒のもっと充実した、募金すれば終わりというのではないボランティア活動がしたいという思いを、意味のある活動として現実化するためにはどうすればいいのかを考えて有効なアドバイスを行っているよね。強制でも放任でもない、教師のなすべき指導のあり方を示してくれている。そのためにも教師は日頃から地域に根ざして、地域で行われているさまざまなボランティア活動に自分も参加するなど、コネクションを持っていなくてはね。では、黒板の下の欄に書いた疑問点について説明して』

　「単純に、愛沢先生しか教師が登場しないけど、他の先生たちはどうして

いたのか疑問に思った。賛成して協力したのか、反対したのか、無関心だったのか」

　『3班の「他の人はどうしてた？」も同じ意味ですか（3班から「はい」）。実際にどうだったのかは愛沢さんに聞いてみないとわからないけど、こういう活動を生徒会が行うには少なくとも職員会議で先生方に協力を要請し、管理職である校長の承認を得る必要がある。皆さんが愛沢さんの立場だったらどうしますか』

　「先生たちに賛成してくれるように説得する」

　『そうだね。でも、どう言って説得するの？　ポイントはさっきも言ったように生徒会活動は学習指導要領の解説に「生徒の自発的、自治的な活動」とされ、その活動内容の一つに「ボランティア活動などの社会参画」があるわけで、そのような活動を生徒が出来るように環境を整えたり、アドバイスをしたり、手伝ったりすることは全教員に求められていることだということ、そして、実際にこのウガンダ支援活動を通して生徒たちは国際貢献をなしうる主体として成長することができ、それは高校教育が課せられた役割を果すことであると訴えること。そうすれば、教師というのは、基本的に生徒たちが熱心に活動して人として成長しているのを見たり、支援することが好きな人たちの集まりだから、理解し協力してもらえると思うよ』

授業風景（学生との対話）

【2班】
国際貢献の意味
　「主体的で活動的な生徒会活動を通して国際貢献が自分でできることを気づかせている点がいいと思いました」

　『国際貢献って具体的にはどういうことかな？』

　「ウガンダ救援活動で、貧しい子どもたちのために資金や物資を送る」

　『そうだね。でも、どうして安房、つまり千葉県の南部に住む高校生が、彼らの大半は一生ウガンダに行くことはないと思うんだけど、そのような国の子どもたちの救援をすることが「良い点」なの？「そんなの関係ねぇ」って人が必ずいると思うけど、そんな人をどう説得する？』

　「日本は豊かだから、困っている人たちを助けるのは当然の義務」

　「『かわいそうじゃない。助けてあげようよ』って言う」

　『そんな義務感や同情で、「そんなの関係ねぇ」って人は納得するかな。関係があるんだってことを言わなきゃダメなんじゃないの？ウガンダの子どもたちの貧しさの原因はなに？内戦による政治的混乱が社会の安定や相互扶助のシステムを崩壊させて、結果、エイズが蔓延したってことだったよね。エイズって人類の存続の基底を打ち砕く伝染病で、人類とエイズの戦いの今の最前線がウガンダであって、ここでの戦いに人類が敗北すればもっと多くの地域が前線となり犠牲者は膨大となり、エイズの威力は強大化する。これだけグローバル化して、物だけでなく人も世界規模で大移動しているわけで、ウガンダの前線で人類が敗れれば、安房をはじめとする日本列島に生活する人々が直接エイズと全面戦争を強いられるようになるのはそれほど時間はいらない。

　とすれば、ウガンダの前線で人類が勝利するにはどうすればいいの。むろん、内戦による政治的混乱や社会的な安定や相互扶助の崩壊がエイズの温床なわけで、それらを解決することだけど、それは一筋縄ではいかない。でも、現在のエイズ戦争の犠牲者であるウガンダの子どもたちにエイズに負けない体力や知力・精神力を身につけてもらうこと、つまり栄養のある食事と清潔で気候に適した衣類、人類が成し遂げてきた文明の成果を学んで生きる力とし、なにより人類に対する絶望ではなく希望と信頼をもってもらうことは、彼らを救うことであるが、ひいては日本の安房地域に生活している自分たち、そして人類の未来を救うこと。そういうことの理解をはかることじゃないかな。現にこの実践では、文化祭で「エイズについては保健所から資料を集め、

また図書室から本を借りて調べ、展示物を作成しました」ってあるので、そうしたってことだと思うよ。

　こういう言葉を知っているかな。「人間とは類的存在である」というんだけど、マルクスの言葉なんだ。つまり、人間はひとりでは幸せになれない。自分の家族が幸せでないとね。でも自分の家族が幸せになるには他の家族も幸せにならないとね。そして究極的には人間が幸せになるには人類全体が幸せにならなければならない。特定の人種や国民、階級や階層の人だけが幸せになることはできないってことだ。日本にも「情けは人のためならず」ってことわざがある。近頃では、そういう意識をもって行動する人のことを世界市民とか地球市民といって、社会科教育の目的は子どもを立派な世界市民として育成することとする人たちも多い。標語として有名なのは「Think Globally Act Locally」なんていうのがあるけど、意味はわかりますね。では疑問点の方を説明して』

地域の持つ教育力

　「1994年に始まった活動ってあるけど、どのくらい続いたのかなって思って」

　『では、この資料（河辺智美「安房の高校生によるウガンダ支援・交流20年のバトン」）を読んでください。活動をはじめた生徒たちは卒業し、やがて顧問の愛沢先生も転勤し、そして、なんと2008年に安房南高校自体が統廃合されてしまった。なのになぜウガンダ救援活動は今日まで続いているのでしょう』

　「PTAや同窓会に協力してもらった」

　「活動を学校の中だけではなく、地域に広げたから」

　『そうだね。最初は生徒からの募金や物資提供では限界があるので支援の輪を広げようということだったんだけど、地域の人たちから見ると自分たちの地域の伝統校である安房南高校の生徒が一生懸命に国際貢献をしようとしている。その姿は地域の人々にとっても嬉しく、頼もしく思えたってことだよ。安房は房総半島の先端で安房南高校の卒業生の多くが地域に残り地域を支えている。安房の人たちにとっては安房南高校の生徒たちは自分たちの地域の未来であり希望なんだ。だから、その生徒たちの呼びかけに応えてやろう、そして、彼らが世界市民として成長する手助けをしようと思ったわけだ。地域の持つ教育力にヒットしたということが、この活動の最大の特徴の１つだね。だから、学校がなくなっても、卒業生を中心とした地域活動として現

在も続けられていると言うことだと思う。われわれ教師はどうしても学校の中だけで生徒を教育しようと考えがちだけど、もっともっといろんな場面で地域の教育力を活用すべきだよね。そのためには、さっきも言ったけど教師自身が地域と結びつきを持たないとね』

【3班】

実感をともなった実践

「実感をともなった実践っていうのは、単に話しや文章だけで、いいことだからウガンダを救援しましょうというんじゃなくて、センパラさんから直接ウガンダのことを聞いたり、ウガンダの子どもたちからどんなに送られてきた品物が嬉しかったかの手紙をもらったりして、自分たちの活動が本当に役立っているんだなぁって実感できる活動だったから、生徒たちは熱心に活動できたし、長く続いたと思いました」

『なるほど、でも、実感をもって理解したのはそれだけかな。国際貢献の内容についてはどうですか』

「センパラさんからの手紙に『子どもはあなたの国日本について多くの興味を示しています。あなたの国のこと、日本語の書き方や日本の気候について、たくさんの質問をもっています。彼らは２つの組織間で始まった友好関係が前進していくことに関心を寄せています』とある。これを読んで生徒は自分たちの活動が日本とウガンダの将来にわたる友好関係の基を築くことにささやかでも貢献できたことを実感しただろうし、日本が行う国際貢献はけっして軍事面ではなく、こういうことなんだと実感したのではないでしょうか」

２．学生は何を学び取ったか

愛沢実践から学生は何を学び取ったか。レスポンスカードから考えてみたい。

世界市民を育む

この授業を通じて私は、いわば地球の向こう側にいる見たこともない子どもたちに対して「世界市民」として助けようとする主体的な思考を育んだと考えた。さらに、この学校がなくなった後でも、このようなすばらしいことが継続して行なわれていることに感銘をうけた。このよう

な活動がもっと広がってほしいと思うとともに将来私が教師になったとき、このような活動をしたいと考えている。（芥川）

国際貢献を自分でもできるんだという実感

　今回の実践で1番印象的だったのは、国という枠を越えて地球市民としての活動が出来ていたところだ。人ごとだと感じそうな国際貢献を自分でもできるんだという実感は今後大人になっていく上で、主権者意識をもっていく上で非常に大切なことと思う。こうした活動は学校を越え、地域に理解され、地域によって持続されているというのは、今回の実践での新たな発見であり、とても良いことだと思う。（馬場）

地域からも認められる実践ができるようになりたい

　やはり実感を伴った実践というのは大切だと思った。授業の中で「世界市民」という言葉が出てきたように、そういった考え方をする人が日本だけでなく世界中で増えることで貧富の差がうまったり、紛争のない世界につながるのではないか。また、この活動が廃校後も地域で受けつがれたと知り、自分も生徒だけでなく地域からも認められる実践ができるようになりたいと感じた（千倉）

教師の可能性に気付くことはできた

　私は教師になるのが第1志望ではないため、授業実践をほとんど見てこなかった。その上、これまでの学校教育によって、教師や学校が大嫌いである。それは今でも変わらない。しかし、この授業を通じて、教師の可能性に気付くことはできたと思う。私にとっての教師は、「興味のないことを無理矢理やらせてくる」「どこか偉そう」な人間だった。私はこのような教師にしか会ってこなかったため、教師を育成するプロセスにはなにがあるのかを知りたくて教職課程を履修してきた。しかし、これは私の狭い視野であり、もっと広い視野で見るべきだということを学んだ。（大門）

　社会科教育の目標はなにかと問われれば、公民的資質の育成であると学生たちは答える。学習指導要領でそのように規定されているからである。そして、聞き慣れない言葉である「公民」も市民ないしは国民＝主権者のことであるということは社会科教育法の教科書などで読んで知っている。

　でも、自分が実際に受けてきた社会科教育は教師の一方的な講義解説型の授業だったり、その進化系のプリント学習であり、板書を写して試験前に必

死に暗記した思い出しかない。その暗記した知識も今ではほとんど忘れてしまった。あまりに乖離している目標の理念と授業の現実に彼らの社会科教育観はその根底において戸惑いを抱え込んでいたのである。どうすれば両者を結びつけられるのか。その実例を示したのが愛沢実践だったといえよう。

通常の授業であれば、ウガンダの歴史などは教科書の扱いも少なく、軽く触れられる程度にすぎない。しかし、そこにはエイズに苦しむ多くの人々と子どもたちがいる。その子どもたちを救おうと活動するセンパラさんのような人たちがいる。その人たちを懸命に支援する深津牧師のような人物が自分たちの近くにいる。それらの人のつながりを生徒たちのもとにたぐり寄せるような愛沢氏の指導が、千葉県の南端の安房地域の高校生をして世界（地球）市民として成長させていったのである。

そのようなこの実践の意義を自らの社会科教育観として受けとめたからこそ、学生（芥川）は「将来私が教師になったとき、このような活動をしたい」と思った。そして、ますますグローバル化する時代にあって平和と民主主義、国際協調を基調とする日本国憲法下の日本国の主権者として生徒を成長させるには、この実践のように「国際貢献を自分でもできるんだという実感」を持たせることが重要であると学生（馬場）は考えたのである。

しかし、この実践がこれほどまでの成功を収めた理由はなにか。愛沢氏が授業をすることのみを社会科教師としての自らの職責と考えていたら、その授業がどんなに素晴らしいものであったとしてもこれほどまでの成功を収めることはなかったであろう。授業者としての自分も生徒会顧問としての自分も、愛沢氏のなかでは生徒の市民的成長を促す社会科教師としての教育活動として統一されていた。また、自分が生活している地域の未来の担い手である高校生の市民的成長を願う気持ちも愛沢氏は他の多くの住民と共に持っていたのである。であるからこそ、自らの教育活動を校内に閉じるのではなく、地域に開いて住民の協力を求めたのである。

そこには地域の持つ教育力への期待と信頼があったといえよう。その期待と信頼が間違いでなかったことは、実践校の安房南高校が統廃合された後も、ウガンダ支援活動が地域の運動として引き継がれたことで示されたのである。学生（千倉）が「自分も生徒だけでなく地域からも認められる実践ができるようになりたいと感じた」としたのは、そのような愛沢実践のあり方に感動し、自らの社会科教育観に取り入れた結果である。

学生（大門）は、自身の体験に基づく教師や学校教育への根深い不信を相

対化し、教師の可能性に気付くに至っている。それはむろん、この授業を通じて愛沢伸雄氏という教師の存在とその実践を知ったからであり、生徒を学校生活の主体、地域の担い手、国の主権者、地球の世界市民として育てようとする社会科教師としての真摯な姿勢や、それに応えて熱心に活動する生徒たち、それを支える地域の協力などに学生（大門）が感銘したからに他ならない。

3. 学生の社会科教育観はいかに変化したか

　最終レポートとして『あなたが考える優れた社会科（地歴科、公民科を含む）の授業の条件とはなにか。そう考えた理由を説明しなさい』とするテーマを課した。そして、『説明に際しては、この授業で分析した実践および「たのしい社会科交流会」で報告されたレポート、実践された模擬授業のうち３つ以上について、実践報告やレポート、模擬授業資料の文章を引用しながら言及すること』とした。期日までに受講者全員が提出した。以下はその分析である。

　まず、受講生11人中８人の学生（①②③④⑥⑧⑨⑪）が社会科教育の目標（目的）について言及し、それに照らして社会科教育のあり方を論じていることである。たとえば、学生⑨は「優れた授業の条件は、社会科教育の目的である『市民性の育成』を達成しようとされていること。なぜなら、それが社会科の担う役割であり、かつ現代日本の若者に必要とされている能力でもあるから」としている。

　このことは、これまで社会科の教師になろうとしながらも、その本来の目標がなんであるかなどと考えてみたことがなかった、もしくは、「公民的資質の育成」という学習指導要領上の文言は知っていても、それが実際にはどういうことかを考えてこなかったということではないだろうか。それだけにこの授業で分析した実践報告から、その授業の特徴や魅力、価値の根源に実践者の社会科教育に対する目標（目的）意識があり、教師たちの仕事への熱意や矜持の根源が那辺にあるかを知って、学生たちは自分の教育観を反省することになったのである。

　では、具体的に社会科教育の目標（目的）を学生はどのように捉えたのか。市民性（主権者）の育成（①⑧⑨）、立派な主権者（②③）、市民育成（④）、世界市民（⑥）、「公民、市民を育成すること」（⑪）　とあり、総じて言えば公民＝市民だが、国内的には主権者でグローバル的な視点では世界（地

球）市民の育成ということである。しかし、どうしたら、その目標にかなった授業が可能になるのか。まず明らかなことは、自分が受けてきたような講義式の教え込みの授業ではその目標は達成できないということである。そのことを学生②は河野実践から学んだこととして次のように言っている。

　「優れた社会科の授業とは、子どもが自分事として授業に参加し考えることの出来る授業のこと、けっして暗記科目であってはならない。なぜなら一方的に知識を教えるだけの講義型の授業では、社会科教育の目標である『立派な主権者』を育成するには不十分だから。この実践のように主体的に考え討論することで相手の意見を理解する力や、自分の意見を相手にわかってもらうために論理的に話をする力を形成する訓練になる。これは選挙権を持った時や社会に出て仕事をする上で必要である」

　そして、多くの学生があげているのが、生徒（児童）が歴史や社会的な問題を他人事ではなく、自分事として主体的に考えることである（①②③④⑥⑧⑨⑩）。本節で紹介した愛沢実践などから、学生⑥は「グローバル化がすすみ、世界市民としての姿勢が求められる現在、自分事として考えることは必要である。しかし、それを阻んでいるのが教科書の文面のみで教えられ、受験に必要というだけで知識が詰め込まれるような授業で、それを乗り越えて自分事として学ばせるにはどうしたらいいか。たくさんのヒントを得ることが出来た」としている。

　また、泉実践に学んだ学生③は「社会科の目的である立派な主権者に育てる授業であることが優れた社会科の条件。ただ知識を詰め込むだけの授業では社会的事象を生徒は他人事として捉え、主権者を育成することはできない」としている。そして、そのための方法として安井実践に見られる共感を媒介とする方法や、小林実践などの地域の問題を人に出会わせて考えさせる方法の有効性を多くの学生が指摘している。学生①は「生徒が自分なりに意見がもてるようになるためには、生徒が過去の歴史に入り込み『自分事』として共感する力が必要である」とし、学生②は「自分とは関係ないと放棄するのではなく、自分事として考える力を養うことが立派な主権者になるためには必要なことではないか。これらの実践は身近な地域のことを主題にしている。子どもが自分事として考えるにはとても良い方法だと感じた」としている。

　生徒が真剣に歴史を考える、ということは歴史を主体的に（これも自分事としてということになる）考えさせる授業として加藤実践にみられる意外性

のある問題提起（に始まる授業）の有効性を言う学生もいる。意外性のある問題提起とは生徒の既有の知識に矛盾する事実の提示であり、そのような問題提起は弁証法的な認識発達を促すというのである（①③⑤）。そうして歴史認識の主体として立ち上がった生徒はそれぞれにオリジナリティに富む歴史認識（時代像）を獲得（構築）していくわけで、授業でのバラエティ豊かな異見との遭遇は必然的に相互批判的な意見交流＝討論を生み出す。結果、生徒の歴史認識はオリジナリティやその土台に存する感性（個性）を伴いながら深化していく。そこにこそ、歴史を学ぶ楽しさがあり（⑤）、だからこそ、生徒は熱心に学ぼうとする（⑩）。そして、こうして獲得－深化していく生徒の歴史認識はけっして恣意的ないしは空想的なものにはならず、論理性や実証性などが求められて科学的で客観的なものになると、討論授業で獲得－深化される歴史認識の質に言及する学生もいた（①）。なんにしても、「討論に関して、私は本当に感動している。それは、私が受けてきた社会科教育では、討論が一切無く、先生からの一方的な授業であったからだ」とする学生（⑨）は、これまでの自分の体験に根ざした（社会科）授業観を刷新させたと言ってよいであろう。

おわりに

　「学生による授業評価アンケート（2018年度）」によれば、「総合的に見て、この授業は満足できた」という評価項目に90.9パーセント（10人）の受講生が最高評価の「つよくそう思う」を付け、残りの1人も次評価の「まあそう思う」としている。そしてそれは「授業に対する教員の意欲を感じた」には全員が最高評価をつけたことと相関があるのだろう。また、最終レポートの分析から言えることだが、学生の社会科（地理歴史科）の授業観は自分が受けてきた高校までの授業に強く規定されるので、講義式やプリント学習が当たり前と思っている学生が多い。しかし、それとは全く別の授業があることを本授業で知り、なぜこのような授業を実践者たちはしようとしたのか、生徒はこのような授業からなにを学んでいるかなどに迫ることで、学生はこれまでの授業観を相対化し、将来自分がつくる授業はいかにあるべきかを考え始めるきっかけになったのではないかと思うのである。

【コラム②】

「言語論的転回」以後の歴史教育

　歴史教育者協議会の設立趣意書にもあるように、戦後の歴史教育は歴史学の成果に依拠することを自らに課してきました。それは戦前・戦中の歴史（国史）教育が歴史学と切り離されて、侵略戦争や植民地支配を正当化する皇国史観のラッパ手としての役割を果たさせられてしまった。そのことへの反省に基づくのだと思います。

　しかし、この場合の歴史学は、成田龍一氏が私との対談（本書第4章第18節）の中で「戦後歴史学は、マルクス主義と実証主義がくっついて構成されています」と言っているように、両者が合体した歴史学研究のことです。そういえば、学生の頃に読んだ本（書名は失念してしまいました）に、日本古代史の研究者である井上光貞氏が歴史の事実を明らかにするのは実証主義史学であり、そこで明らかにされた事実を歴史上いかに意味づけるかについてマルクス主義（唯物史観）は有効であると書いてあったのを思い出しました。そのような棲み分けないしは共生が井上氏に代表される実証史家と石母田正氏などのマルクス主義史家との友好的な交流を可能にしていたわけですが、それは共にランケ流の実証＝史料批判への信頼があったからではないでしょうか。

　一方、「言語論的転回」とはポストモダニズムとともに主張されるようになった思想で、「合理的な手続きを経さえすれば、人間は対象世界（事実）を客観的に認識できる」とすること自体を否定します（岡本充弘著『過去と歴史―「国家」と「近代」を遠く離れて―』御茶ノ水書房、2018年）。

　ここで言う「合理的な手続き」とは史料批判のことで、それぞれの時代から現在に残された痕跡である史料の批判的検討を徹底すれば事実に到達することが出来るという考え方ですが、「……事実が事実として実在しているとしても、それを私たちが認識する場合には、基本的には言語を媒介としていることである。ここから言語が実在を忠実に反映していなければ、実在は確実なものとして人間に認識されないことになるのではないか、という疑問が

生じる。そうした問題を提起した人物として知られるのが、スイスの言語学者であるソシュールである」とします。

　また、『歴史修正主義』（中公新書、2021年）の著者である武井彩佳氏は、「この世界は、言語という記号により意味を与えられた相対的なものなのだ。このため、私たちが実体だと思っているものは『表象』に他ならず、その意味では歴史家が明らかにしているのは『事実』ではない。すべては『言説』ないしは『テクスト』であって、まさに『テクストの外部などというものはない』（ジャック・デリダ）のだ。認識論のこうした考え方は、ポストモダン思想における『言語論的転回』と呼ばれている」と言っています。

　以上のことを踏まえた時、高校生の次の言葉は注目に値します。

考えたこと

　悪評も偉人としての良い評判も、作られた物語であることもあるとわかった。できるなら、そういった物語やイデオロギーに惑わされずに歴史を学んでいきたいけれど、ネットや本はもちろんのこと教科書や古文書でさえも、人の手で書かれた文章である以上、思想のフィルターが入ってしまうのはどうにもできない。また、歴史を学ぶ意義のひとつに、新たな歴史解釈を打ち出すことがあると思うので、これから歴史を学んでいくうえで、より深く考える必要があると思った。

（「足利尊氏から広がる歴史観―文化祭で尊氏を発表した高校生に聞く―」『歴史地理教育』931号、2021年11月）

　この生徒は、歴史の叙述すべてに思想＝イデオロギー性があることを意識し、それらを鵜呑みにするのではなく、自ら歴史を解釈しようという意欲を表明しています。「言語論的転回」以後の歴史教育は、このような歴史（学習）意識をもった高校生を輩出しているのです。そのような生徒を歴史認識の主体としてより成長させるためにはどのような授業を組織し、いかなる指導が有効なのか。教師自身に一定の理論的見通しがなければなりません。

　「ネットや本はもちろんのこと教科書や古文書でさえも、人の手で書かれた文章である以上、思想のフィルターが入ってしまうのはどうにもできない」とこの生徒は言っていますが、日本史の場合、その最も色の濃いフィルターが天皇主義（的偏向）で、この高校生が探究のテーマとした足利尊氏の

評価などはその最たる例ですが、私自身も、「『鎌倉幕府』という名称はやめませんか—天皇中心の歴史観を克服する授業を—」（『歴史地理教育』920号、2021年2月。本書第4章第21節）で以下のように論じました。

　　歴史はけっして過去の出来事の集積ではない。後世の解釈が歴史を紡ぎ出すのであり、そこには解釈した人物やそれを支持し広めようとした人たち、総じてその時代の思想性や政治的思惑、イデオロギーなどが反映される。歴史の解明とは、そのような思想性や政治的思惑、イデオロギーなどを暴いて解釈し直すことである。問題は、歴史が解釈であることを否定することではなく、解釈の基盤ないしは基準である思想性や政治性、イデオロギーなどの内実であり、それらがいかに現代を生きる我々にとって説得力があり、有用であるかであろう。その要件としては、民主的であること、客観的であること、実証的であること、科学的であること、論理的であること、体系的であることなどが上げられる。その点で、頼朝によって鎌倉に設立された政権を鎌倉幕府と名付けるのは、明らかに一定の思想性や政治的思惑、イデオロギーなどによるのであり、それは『皇国史観の一象徴にほかならない』と言われるものである。それが、今日でも生徒の歴史観に影響を与えているとすれば、現代における歴史の研究、教育においては駆逐すべきものといえよう。

同様な指摘が近年増えています。例示してみましょう。

　　以仁王は、日本史の教科書にも名前が載せられている、有名な重要人物である。しかし、実は、「以仁王」という人名表記は、同時代史料には、まったく現れない。……これらの同時代記録には、「以仁」とは見えても、「以仁王」とは表記されていない。……おそらく、以仁自身は、みずからを「以仁王」であると認識したこと自体、一度もなかったであろう。……以仁は、親王宣下をこうむってはいなかったものの、「親王」と同じ訓で「以仁のみこ」と称されていたと考えられよう。……親王宣下をこうむらなかった皇子が公式に「王」と称された事例は、以仁あらため「以光王」（または「維光王」）が最初であり、これが後の先例となったようである。「以仁王」という表記は、おそらく「以光王」から遡及して作られたものであろう。

（赤坂恒明『「王」と呼ばれた皇族―古代・中世皇統の末流―』吉川弘文館、2020年）

　親王制という天皇（王）家内部の身分制の確立（宣下をこうむらなかった天皇家の男子を「王」とする）にともない、みずからを『以仁王』であると認識したこと自体一度もなかったであろう名で彼は呼ばれることになったのです。

　　……この場を借りてぜひ諸氏にお願いしたい。本歌が道長の人物像の象徴として近代教科書に掲載された経緯を、教育史の専門的立場から解明いただけないだろうか。……明治初等教育の現場には、その皇国史観を仲立ちとして持ち込まれ、天皇を凌駕して権力を誇った道長の専横を象徴する和歌とされたのではないか。

（山本淳子「『この世をば』の歌の新釈と道長像」『歴史地理教育』923号、2021年4月）

　本歌とは、言うまでもなく「この世をば　我が世とぞ思う　望月の　欠けたることも　なしと思へば」です。文学研究者である山本氏は平安文学における表現用例などをもとに、この和歌の解釈を再検討し、従来教科書などで言われているような「道長が全権把握の万能感を詠んだもの」ではなく、后になった「娘たちの達成に満足するとともに、息子頼通の政権の安定を願った」心情を示した歌であることを明らかにしました。その上での問題提起が上の文章です。

　　次の足利時代については、たとえば原勝郎に「足利時代を論ず」という論文があるように、「足利時代」という言葉は明治大正のアカデミーではよく使われた言葉である。この用語で織豊時代の前までは通した方が理解がしやすいだろう（戦国期は過渡期と処理する）。それなのに、なぜ「室町時代」という無内容な用語が一般化したかといえば、これは足利尊氏が逆賊とされた皇国史観の時期の慣習が残ったのではないか。

（保立道久「日本史の時代名と時代区分」『じっきょう 地歴・公民資料』83号、2017年4月）

　室町幕府という政権の呼称だけでなく、室町時代という時代区分の呼び名も「皇国史観の時期の慣習が残った」ものとすれば、それが生徒の歴史観に影響していないわけがありません。

これまでに歴史学や歴史教育で普通に使われてきた言葉（概念）や解釈に天皇主義（皇国史観）的偏向がどこまで及んでいるかを徹底的に吟味していく必要があるのではないでしょうか。

第3章
「歴史総合」「日本史探究」への提言

【本章を読まれる前に】

　2022年度から実施された高等学校学習指導要領で地理歴史科は科目編成が大きく変わりました。これまでの地理Ａ、地理Ｂ、世界史Ａ、世界史Ｂ、日本史Ａ、日本史Ｂの６科目が地理総合、地理探究、歴史総合、世界史探究、日本史探究の５科目となり、必履修科目もこれまでの「世界史Ａ及び世界史Ｂのうちから１科目並びに日本史Ａ、日本史Ｂ、地理Ａ、地理Ｂのうちから１科目」から「地理総合及び歴史総合の２科目」となり、「地理探究、世界史探究、日本史探究」は選択科目とされました。標準単位数も、現行のＡ科目２単位、Ｂ科目４単位から総合科目２単位、探究科目３単位となり、高校で歴史を学ぼうとする生徒は、現行では世界史でも日本史でもＡ科目とＢ科目で６単位の授業を受講することができますが、新しい要項では歴史総合に世界史探究または日本史探究を選択したとしても５単位で、１単位減となってしまいます。各学校でどれほどの増加単位が認められるかにもよりますが、歴史教育の条件としては改悪といえます。

　それ以上に大きな変革は「歴史総合」が設置されたことです。その目標は「世界とその中の日本を広く相互的な視野から捉え、現代的な諸課題の形成に関わる近現代の歴史を理解する……」などとされ、これまで日本史・世界史の２本立てで行われてきた高校の歴史教育を大きく変えることとなりました。そればかりではありません。「……歴史に見られる課題を把握し解決を視野に入れて構想したりする力や、考察、構想したことを効果的に説明したり、それらを基に議論したりする力を養う」とされ、従来多く行われてきた歴史の流れに沿って基本的に教師が説明していくタイプの歴史教育を否定し、アクティブラーニングつまり「主体的・対話的で深い学び」の導入を求めているのです。そして、前近代史を含んだ「日本史探究」も「……『歴史総合』の学習との連続性に留意して諸事象を取り上げることにより、生徒が興味・関心をもって我が国の歴史の展開を学習できるよう工夫すること」とあ

ります。

　このような新科目が設置された背景には、それまで必修であった世界史（AまたはB）の未履修問題があり、そのことへの抜本的な分析＝反省＝改革がないまま、日本史と合体させることで糊塗しようとする文科省の姿勢や、日本史（内実は国史）必修化を求める右翼政治勢力への配慮など批判すべきことは多いのですが、現場の教師には批判点が多いからといって学習指導要領で設置が決まった科目を拒否する権限はありません。その科目の授業をしなければならないのです。授業する以上は、生徒が楽しく学べて価値のある学習が成立するよう努めなければなりません。たとえ、そのような授業ができなかったとしても、それを学習指導要領や教科書のせいにはできないのです。となれば、批判は批判としてその科目の問題性を理解する上で重要ですが、それを踏まえた上で、教師はその科目に自分が授業するにふさわしく、生徒に学びがいを感じさせられる価値を見出していかなければなりません。では、「歴史総合」にはどんな価値を見出すことが出来るのか、それを論じたのが、第14節「歴史教育の危機と新科目・歴史総合」です。『季刊　人間と教育』第99号（2018年9月）に載せた論考です。「歴史総合」は「日本と世界の歴史が統合された、今の日本で高校生として生きる若者にとって意味のある人類の歴史が教えられ、学ばれる可能性も存在する。また、生徒が歴史を学ぶ意義を実感し、歴史修正主義を乗り越えて歴史認識の主体として成長する可能性もある」としました。

　では、そのような学習が成り立つ具体的な授業はいかにしたら実現するのでしょうか。その手立てを論じたのが、第15節「『問い』からはじまり、その刷新（尖鋭化）をはかる歴史の授業」と第16節「主体的な学びを実現する授業づくりの挑戦—「歴史総合」に向けて—」です。第15節は『歴史地理教育』947号（2022年11月増刊）に前半の骨子を載せましたが後半を加筆するなど大幅に改稿し新稿として掲載しました。生徒の認識の発達には矛盾の発見が不可欠で、問いとその刷新（尖鋭化）の重要性を論じました。第16節は『日本歴史学協会年報』第35号（2020年3月）に載ったものに加筆・修正を加えたものです。2019年10月に開催された歴史教育シンポジウム　「『歴史総合』をめぐって(4)－『歴史総合』の背景－」で私は「主体的な学びを実現する授業づくりの挑戦—『歴史総合』に向けて—」をテーマに報告しました。その概要です。私と楳澤和夫氏、若杉温氏の3人で編集した『考える歴史の授業（上)』『同（下）』（地歴社、2019年）に掲載されたさまざまな

校種の実践報告をもとに、生徒（児童・学生）が歴史を主体的に、つまり、自分事として考えるには、共感を媒介とした内在的な歴史認識の方法と意外感を媒介とした分析（客観）的な歴史認識の方法があるとしました。

　そして、第17節「どうする『歴史総合』？　こうする『歴史総合』！―『歴史総合』の授業サンプル―」では、具体的にいかなる授業が「歴史総合」では可能かについて、『岩波講座世界歴史　1』（2021年、岩波書店）で勝山元照氏が紹介した「戦争を回避できた時点は」を批判的に検討し、私案「砂利鉄道ってなんだ？」を提示しました。

　多くの先生方の「歴史総合」、「日本史探究」の授業づくりの参考になれば幸いです。

第14節

歴史教育の危機と新科目・歴史総合

はじめに

　2018年3月30日に新しい高等学校学習指導要領が告示された。2022年度から実施される。今回の改訂で地理歴史科は科目編成が大きく変わることになった。これまでの地理A・B、世界史A・B、日本史A・Bの6科目が地理総合、地理探究、歴史総合、世界史探究、日本史探究の5科目となり、必履修科目もこれまでの「世界史A及び世界史Bのうちから1科目並びに日本史A、日本史B、地理A及び地理Bのうちから1科目」から「地理総合及び歴史総合の2科目」となった。なかでも、歴史総合の誕生は、これまで日本史・世界史の2本立てで行われてきた高校の歴史教育を根本から改変することになる。

　今日の（高校における）歴史教育は危機的な状況にある。その内実は下記の通りだが、新科目の歴史総合はその状況を克服するにプラスとなるのだろうか。検討していきたい。

1. 歴史総合は生徒の「歴史なんかどうして学ばなきゃいけないのさ」という疑問に応えられるか

　危機の第1は、歴史をなんのために学ぶのか、その本来の意味の喪失である。むろん、これまでの学習指導要領にも教科としての地理歴史科の目標（「国際社会に主体的に生き平和で民主的な国家・社会を形成する日本国民として必要な自覚と資質を養う」）が書かれていたし、科目としての世界史A・B、日本史A・Bにも冒頭に目標（「歴史的思考力を培い、国際社会に主体的に生きる日本国民としての自覚と資質を養う」）が明記されていた。しかし、それらは完全に建前化し、教える教師も学ぶ生徒も真剣にそのようなものとして歴史を教え・学ぼうとはしていなかった。いや、そのようなものとして教え・学んでいたと言うならば、その目標に照らしてどのような歴史をいかに学習するかの検討が学校現場や教師間で活発に行われたはずであ

るが、そのような状況ではない。むろん、一部の先進的で意識的な教師やその集団は別だが。結果、高校での歴史教育の目的は大学受験で点数を取るためのものと矮小化され、単に事実認識の有無を問う問題の横行が効率よく事項を暗記できるように講義解説することのみを授業に求めるようになった（いわゆる進学校以外の高校では大学受験は実質関係ないが、かわって進級や卒業などのために定期試験で合格点を取るための授業が多く行われている）。

その挙句の果てに起きたのが2006年の世界史未履修問題である。該当の学校へ多くの批判が寄せられ、校長の自死という悲劇も生んだが、その批判の多くが学習指導要領という「法令」に違反した点と、大半の受験生は要領を遵守して受験科目ではない世界史に勉強の時間と労力を割かざるをえなかったのに、その時間と労力を受験科目の勉強に充てられた未履修高の受験生はズルイ、つまり不公平だというものであった。そこには、歴史（世界史）教育の本来の目標に照らして、「歴史的思考力を培い、国際社会に主体的に生きる日本国民としての自覚と資質を養う」ための教育の機会を該当校の生徒は奪われたのであり、それは本人および日本の国家・社会にとってきわめて重大な問題（損失）であるという批判はほとんどなされなかった。

そのような観点から今次示された学習指導要領の歴史総合をみてみると、まず、その目標で現行の世界史Ａや日本史Ａと大きな違いがある。世界史Ａや日本史Ａでは「日本国民としての自覚と資質を養う」とあるが、歴史総合では「公民としての資質・能力を次のとおり育成することを目指す」とし、(1)から(3)の項目をあげているのである。

まず注目すべきは、日本国民を公民にした点である。公民科や小中学校の社会科の目標と合わせて、その関連や統一性を図ろうとしたと言われるが、(3)で「日本国民としての自覚、我が国の歴史に対する愛情、他国や他国の文化を尊重することの大切さについての自覚などを深める」とあり、2006年教育基本法に対応して歴史教育を通した国民育成を放棄したわけではない。

ただ、より重要なのは、世界史Ａや日本史Ａでは「日本国民としての自覚と資質を養う」が目標とされながらも、その内実が総括的に規定されていなかった、つまり目標とされる「日本国民としての自覚と資質」とはどのような内容を指し、それをいかにして「養う」かも授業者（教師）や学校の裁量に任されていた。しかし、歴史総合では目標である「公民としての資質・能力」の内実が(1)から(3)として示されている。(1)では「世界とその中の

日本を広く相互的な視野から捉え、現代的な諸課題の形成に関わる近現代の歴史を理解するとともに、諸資料から歴史に関する様々な情報を適切かつ効果的に調べまとめる技能を身に付けるようにする」とあり、(2)では「近現代の歴史の変化に関わる事象の意味や意義、特色などを、…多面的・多角的に考察したり、歴史に見られる課題を把握し解決を視野に入れて構想したりする力や、考察、構想したことを効果的に説明したり、それらを基に議論したりする力を養う」とし、(3)では「近現代の歴史の変化に関わる諸事象について、よりよい社会の実現を視野に課題を主体的に追究、解決しようとする態度を養うとともに、多面的・多角的な考察や深い理解を通して涵養される日本国民としての自覚、我が国の歴史に対する愛情、他国や他国の文化を尊重することの大切さについての自覚などを深める」とある。総じていえば、よりよい社会の実現のために解決・達成されなければならない現代的な課題がいかに生まれたかを世界と日本の近現代の歴史の中から、さまざまな資料を調べて主体的に探究し、その成果をもとに、その課題はいかにすれば解決できるかを考えて、発表し、議論しようとする態度＝姿勢及びそのための能力こそが、歴史総合が目標とする「公民としての資質・能力」の内実ということである。そして、そのようにすれば、「日本国民としての自覚、わが国の歴史に対する愛情、他国や他国の文化を尊重することの大切さについての自覚などを深める」こととなるとするのである。

　確かに、これまでの歴史の授業では、個々の歴史的な出来事や現象が詳しく正確に説明され、時代の特徴や構造、歴史の推移のメカニズムも教師から一方的に教授されるスタイルが主流だった。それでは生徒の「現在を未来に向かって生きている自分たちにとっては歴史＝過去を知ることになんの価値があるのか」という疑問に応えられない。そのことが、「歴史をなんのために学ぶのか、その本来の意味の喪失」を招いていたのだが、現代的な課題を解決するために、その根源と推移を、歴史（近現代史）を振り返って主体的・実証的に探究するという歴史総合は、生徒に歴史を学ぶ意義を実感的に分からせ、その能力や意欲を獲得・向上させる新たな歴史教育のステージとなる可能性があると言えよう。

　そして、問題の「日本国民としての自覚、我が国の歴史に対する愛情…を深める」についても次のように考えられないだろうか。つまり、上の下線部のような学習を積み重ねていけば、生徒は日本だけでなく世界の平和と民主社会の発展に寄与することが日本国の主権者としての自己の歴史的使命と自

覚するようになる。歴史総合の学習を通じてそのような内実の「日本国民としての自覚」を生徒は獲得していく。そして、その自覚を支える歴史意識も、排外的なエスノセントリズムやショービニズム（日本では皇国史観に代表される）、歴史修正主義的な自国史への愛着などではなく、帝国主義国家として侵略戦争や植民地支配を行って多大な被害と犠牲をもたらし、自国民へもファシズム的な人権侵害や戦争犠牲者を生んだ歴史を、自らの歴史として引き受けて、過ちを悔い、失敗を反省して、これからも日本を平和国家・民主国家としてその歴史を前進させていこうとする意志と覚悟を持つものとなっていく。このことを「わが国の歴史に対する愛情」と解釈するのである。

2．歴史総合は歴史修正主義に対抗できるか

　歴史修正主義者は、人々のナショナリズム的な心情に付け込んで、自分たちが好む歴史像を声高に推奨し、右翼的勢力や政治家・財界の権力・財力を利用してそれを広めていこうとする。そうして人々の歴史意識を右傾化させ、もって戦後日本の民主主義・平和主義（日本国憲法）を破壊し、格差や差別を容認する新自由主義やポピュリズムを推し進め、同時に、グローバル化する世界のなかで軍事力を十分に活用できる現代帝国主義国家に日本を変えようとしている。彼らは、自分たちの主張に基づいた教科書の発行、教師の教科書採択権への政治勢力と結託した妨害、先進的で民主的な実践者への恫喝など、さまざまな攻勢をかけて歴史教育への介入を図っている。それらを阻止するには広範な市民との連帯、民主的な政治勢力との連携が必要だが、実際に授業を担当する歴史教師としては生徒に歴史修正主義が推奨する歴史像の誤りや一面性、その意図の反動性＝非民主性、好戦性、侵略性を見抜く力を獲得させたいと思う。そのためには、生徒が自分たちで歴史の真実を探究しようとする意欲と能力（科学的な歴史認識の能力＝歴史を実証的、論理的、個性・主体的に考える。拙著『考える日本史授業　1〜4』地歴社、1991年、1995年、2007年、2015年）を獲得させる必要がある。つまり、彼らを歴史認識の主体として成長させるということである。それは、歴史学の方法を体験的に学ばせるということでもある。つまり、<u>問題意識をもって史（資）料を分析し、論理的な解釈を積み重ねて仮説を進（深）化させていく。その過程で新たな史（資）料を調査し、そこから自分の仮説に都合の悪い事実が発見されても、それを無視したり、軽視したりせず、その事実をも説明できる方向で仮説を修正したり止揚したりして、より説得的で適合性の広い仮説に発</u>

展させていく。どの過程においても討論を通じて異見との交流を図り、他者を拒絶するのではなく、学び合い、刺激し合うことの価値を共有させる。そのような教育＝学習活動が必要なのである。しかし、これまでの歴史の授業ではほとんどなされていない。生徒は一方的に教師の講義解説を聞き、理解し、暗記するといった受動的な学びしか経験してこなかった。たしかに、講義解説の内容は教科書に盛り込まれるような歴史学の研究成果なのだが、なぜそれが正しいのか、どうやってそのような歴史が解明されたのかについて生徒が納得するような説明はなく、生徒からのその種の質問がだされ、教師が答えることもない場合が大方であった。このような授業では、生徒が歴史認識の主体として成長することは期待できない。そのような状態こそが、いかに一面的で誤謬に満ちた意図的な歴史像であっても、生徒の素朴なナショナリズム（現在の日本で高校生として生活している彼らは、様々な場面でエスノセントリズムやショービニズム的な言説に接しており、知らず知らずの内にその影響を受けたナショナリズムを持ってしまうことは大いにありうる。しかし、それは彼らの責任ではない。つまり彼らは糾弾の対象ではなく、教育の対象なのである）に心地よいということだけで歴史修正主義の提示する歴史像にシンパシーを感じてしまう高校生を出現させてしまうのである。

　したがって、上の二重下線部のような、生徒を歴史認識の主体として成長させる授業が必要ということになるのだが、歴史総合では228ページの単線下線部のような主体的で探究的、討論も組み入れた学習が求められている。そのような授業が十分に展開できるのではないだろうか。

３. 歴史総合は、根無し草の世界史、独りよがりの日本史という２本立ての歴史教育の弊害を克服できるか

　歴史教育者協議会の実践家で世界史の授業開発を意欲的に進めていた鈴木亮氏は、高校で日本史と世界史が別個の科目として学ばれていることに対して、「世界史をぬかした日本史はなく、日本史をぬかした世界史はない」（『世界史学習の方法』岩崎書店、1977年）として両者を統一して理解することの重要性を訴えた。そして次のように述べている。

　「日本史と世界史を統一してつかむということは、一方にできあがった日本史というものがあり、もう一方にできあがった世界史というものがあって、この２つをどうやっていっしょにするか、まぜていくかを考えることではない。いっきょに世界史（日本史）をとらえようとするのである」、「世界が日

本をつくっていること、その日本が世界をつくっていること、日本が世界の中で役割を果たしているという構造をさぐっていき、自覚化していきたいのである」。

歴史総合も「世界とその中の日本を広く相互的な視野から捉え、現代的な諸課題の形成に関わる近現代の歴史を理解する」を目標としている。歴史総合は鈴木氏が提唱した「日本史と世界史を統一してつかむ」歴史学習の恰好の場になりうるのではないかと思う。ただし、いくつかの問題点が存在している。

1つはいかなる観点＝問題意識で歴史をとらえようとするかである。鈴木氏は「それが日本の民衆にとってどんな意味があるのか、どうとりあげることが自分にとって意味のあるとりあげ方なのかを、問いなおしてみる」ことを教師に勧めている。 歴史総合では「近代化と私たち」、「国際秩序の変化や大衆化と私たち」、「グローバル化と私たち」の3つの観点で近現代の世界と日本の歴史を捉えさせようとしているのだが、果たしてこの3つは鈴木氏の言うような意味で、日本の民衆として生きている教師や高校生にとって教えるに「意味ある観点」、学ぶに「意味ある観点」たりえるのだろうか。たとえば、新自由主義とポピュリズムの時代に生きている現代日本の高校生が、その弊害である格差と差別の増大を阻止し、平等で民主的な社会への展望を確信できるような歴史認識を獲得するためには、日本国憲法に具現化されている基本的人権の尊重はどのような歴史的な推移や人々の思想、運動によって実現されてきたのかを広く世界（史）的な視野で探究するような授業が必要である。はたして、それは提示された3つの観点で可能なのか。学習指導要領の「内容」に関する記載を踏まえて、具体的に検討しなければならない。そして、その結果によっては、学習指導要領に提示されている観点をそのような授業を可能にするように解釈したり、新にそのような授業を可能とする観点を立てることが必要であるかもしれない。その場合は、あくまでも大綱を示すとされる学習指導要領の「法的拘束力」についてのこれまでの議論と教師の授業づくりの自由や裁量との関係を視野に、現場からの実践を踏まえた要請活動が必要である。そして、それは、これまで日本の歴史教師が実践的な努力を重ねてきた平和教育としての（アジア太平洋戦争における日本軍の加害の事実にも着目するような）戦争教育についても同様であるといえる。

その他にも、鈴木氏の提言を歴史総合の授業として実現するためにはいくつものハードルがある。世界と日本の歴史をトータルに捉えて、現代の課題

に迫る歴史総合の授業を実現するには、世界と日本の歴史および現代の諸課題について教師に鋭い問題意識、トータルな世界観、広くて深い教材研究が求められる。むろん、その多くは歴史学の研究成果や歴史教育の先行実践、現代社会についての様々な分析や論説などから学ぶのだが、長年の日本史と世界史の２本立て体制の下、高校の歴史教師の専門性も日本史と世界史に分かれ、両科目にわたって十分な教材研究と実践経験を積んでいる教師は現実問題としてけっして多くない。このままでは意味ある歴史総合の授業は困難である。ただでさえ、多忙化が進み、教材研究の時間が削られ、夏休みなどの長期休業に図書館や博物館などで研修しようとしても認めずに出校を強いる学校が多い。そのような教師への管理体制の強化、研修にかかる費用も出ないといった状況のなかで、これまで以上に広範な教材研究を教師に求めるのは酷というものである。せっかくの新科目だが教材研究の自由と時間、費用を確保しなければ歴史総合の成功は期待できない。そのような訴えをしていくことも必要である。しかし、個人では限界がある。教職員組合の教研活動や歴史教育者協議会などの民間の研究団体に結集して文科省・教育委員会や社会全体に訴えることが必要であろう。

　２つ目のハードルは、中学校の歴史教育との関係についてである。中学校では日本史が主流だが世界史も教えている。今度の指導要領では高校で世界史必修がなくなったことから、世界史部分の拡充がされている。そのような中学校の歴史の授業と歴史総合をどのように接続させるのか。継続・発展させると同時に差異化も考えなければならない。

おわりに

　歴史総合は高校の歴史教育を大きく変質させることになる。むろん、歴史総合の設立には様々な経過や思惑がからみ、もろ手を挙げて歓迎するとはいかない。

　しかし、これまで述べてきたように、歴史総合にはかつて鈴木亮氏が提唱した日本と世界の歴史が統合された、今の日本で高校生として生きる若者にとって意味のある近現代史が教えられ、学ばれる可能性も存在する。また、生徒が歴史を学ぶ意義を実感し、歴史修正主義を乗り越えて歴史認識の主体として成長する可能性もある。（高校の）歴史教師はその可能性を現実にすべく努力し、歴史総合のあるべき授業を実現していくことが求められているのである。

第15節

「問い」から始まり、その刷新（尖鋭化）をはかる歴史の授業

はじめに

　「歴史総合」は「Ａ　歴史の扉」を除き、「Ｂ　近代化と私たち」「Ｃ　国際秩序の変化や大衆化と私たち」「Ｄ　グローバル化と私たち」と「内容」の４項目中３項目において、最初に「問い」（以後括弧を外す）を立てて表現することを求めている。

　一体、なぜそのように問いを重視するのか。それは今次の学習指導要領が「主体的・対話的で深い学びの実現に向けた授業改善」を求めているからに他ならない。生徒が主体的に学習に取り組み、クラスメートをはじめ多様な人たちとのコミニケーションをはかり、その経験と成果を後の学習や問題解決に活かしていく。そのためには、なにより生徒が自ら調べよう、考えようとする気持ちや姿勢を持つ必要がある。いわゆるチョーク＆トークの授業では生徒は自ら進んで調べよう、考えようとしない。生徒に調べたり、考えたりさせるには、そのきっかけないしはテーマとなる問いがなくてはならないというわけである。

1. 原爆投下の目的は？──米ソの見解の違いから

　北尾悟氏（奈良女子大学附属中等学校）は15年戦争期を12時間かけて授業する。その単元構成は下記の通りである。

　第１時　恐慌と山東出兵（金融恐慌からはじまる不況の中で軍部を中心
　　　　　とした中国侵略の主張が持った意味を考える）

　第２時　満州国の建設と満蒙開拓団（中国残留日本人孤児問題を導入と
　　　　　して、満州国の建設と開拓団の派遣の歴史的背景を探る）

　第３時　武器なき戦い（石橋湛山と共産党の活動を例に、当時の日本と
　　　　　して別にとる道はなかったのかを考え、一方なぜファシズムが浸透し

ていったかを考える）

第4〜5時　南京事件と奈良38連隊（抗日民族統一戦線結成からはじま
　　　　る中国側の抵抗運動の流れの中に南京事件を位置づけ、「なぜ虐殺が起
　　　　こったか」を総合的に考える）

第6時　紀元2600年祭と戦時体制（紀元2600年祭を例に、国民精神と国
　　　　民生活がどのように統制されていったのかを、政府、地域有力者、一
　　　　般民衆など様々なレベルでとらえる）

第7時　アジア太平洋戦争はどこではじまったか（真珠湾とともに東南
　　　　アジアへの侵攻が対米開戦のはじまりとなったことに注目させ、この
　　　　戦争の目的、戦争責任などを考える）

第8時　「大東亜共栄圏」とは何だったのか（当時の日本人の多くが戦
　　　　争を支持する背景となる「大東亜共栄圏」の理想と現実を考える）

第9時　敗戦のなぞ(1)　本土爆撃と国体護持（戦争中のGNPの変遷、本
　　　　土空襲の実態、戦争終結の判断といった資料を使って、戦争をめぐる
　　　　アメリカ政府、日本政府、財閥のそれぞれの意図を考える）

第10時　敗戦のなぞ(2)　沖縄戦と集団自決（沖縄戦の経過を追いなが
　　　　ら、集団自決がなぜ起こったのかを考える）

第11〜12時　原爆はなぜ投下されたのか（本時）

　第11〜12時に実践された「原爆はなぜ投下されたのか」の報告が『子ども
が主役になる"歴史の討論授業"の進め方』国土社、2002年）に載っている。
北尾氏はまずはじめに【資料1】と【資料2】を提示して生徒に問いかける。

　『〈原爆は戦争を早く終結させるためだ。米、日の人命を多く助けた〉と
アメリカは言っている。この主張をどう考えるか』。『アカデミーの意見は
〈ソ連に対してその威力を見せつけ、原爆によって戦争は終わったと印象づ
けるため〉と言う。この意見をどう考えるか』

【資料1】

1945年8月9日　トルーマン大統領の議会演説

　　われわれは、戦争の苦しみを早くなくすために、また数千数万人のア
　　メリカの兵士の命を救うために、原子爆弾を使用した。

1947年10月3日　ヘンリースチムソン陸軍長官

　　…連合国は、文字通り死ぬまで闘いうることをすでにしめしていた民

族を向こうにまわして、500万の兵力と5千の特攻機を全滅させねばならぬという膨大な仕事に直面することになるのであった。（略）大規模の戦闘は、もっともはやく見ても、1946年後半以前には終わらなかったであろう。このような作戦を実行すれば、アメリカ軍の死傷は100万以上となるかもしれないことが予想された。従来の経験に徴すれば敵の損害ははるかにそれ以上であろう。（略）私が見た全ての証拠は日本をして最後に我が条件受諾を決意させた決定的要素がまさしく原爆であったことを明らかにしている。

【資料2】

ソビエト科学アカデミー歴史研究所の主張

　　無防備の市民を野蛮に殺害し、滅ぼしたこの残虐行為は、1945年8月6日アメリカ空軍の手で行われた。原子爆弾の結果、約45万人が死傷した。この大量殺人は、日本に決定的打撃を加え、日本をひざまづかせたのは他ならぬアメリカだと世界を説得すると同時に、ソ連を脅かし、アメリカの意思を押しつけることを目的としていた。しかし、もちろん原爆の威力をかりても、こうした目的を達成することができなかった。関東軍と中国占領軍の殲滅および日本列島への上陸のみが、日本政府に無条件降伏を強制し得たのである。

　米ソでまったく異なる、そして対立する原爆投下への見解を知って、生徒の意見は多岐に分かれる。「アメリカの人は助かったけど、日本人はたくさん死んだし、ビデオででてきたように後遺症でいまだに悩んでいる人もいる」。「ソ連も結局〈自分のところが終わらせた〉と言いたいだけなのではないだろうか」など批判的な意見が出され、生徒の探究心が刺激されていく。そこで、『いろいろな意見がでたが、これでは主張は平行線だ。こういうときは事実を確かめてみることにしよう』と問いかけは刷新（尖鋭化）され、新たに提示された「原爆投下に至る関係年表」をもとに米ソの見解の整合性や妥当性を生徒が討論しながら検証していく展開となる。

　「なぜアメリカは、事前通告をせずに原爆を落としたのか」

　「日本に原爆投下のことを言って、もし降伏してしまうと、アメリカの原爆によって日本が降伏したことにならないから」

　「被害を大きくして、アメリカの力を誇示するため」

　「被害をより大きくするためなら、空襲を大都市に何度も行う方が効果的

だろう」

　「いくつも空襲するよりも1発の原爆で大きな力を見せる方が効果的である」

　「人の多い時間帯に落としていることから、より多くの人命を奪うことができて効果的だったのだろう。そのことからも『人命を救った』というアメリカの言い分は明らかにおかしい」

　「ソ連はアメリカと協定を結んだのに、戦後投下を非難するようになっているのは不思議だ」

　「冷戦によるソ連のアメリカに対する批判が背景にあった。アメリカより有利な立場になるようにという意味があったと思う」

　こうして、生徒は主体的に、つまり自分の知識や思考力、判断力などを発揮してなにより自分が納得出来る歴史の真実を突き止めようとしていった。そして、その探究は授業が終わっても続く。

　「アメリカがポツダム宣言をしてから…日本はどのような動きをとっていたのか気になり、中央公論社『日本の歴史25 太平洋戦争』を読んでみた。そこには『7月28日午後4時より記者会見で鈴木首相は〈3国共同声明はただ黙殺するだけである。我々は戦争完遂にあくまで邁進するのみである〉とのべた。この報道は海外で日本がポツダム宣言を拒絶したものと受け取られた』とある…このときすぐに降伏していれば原爆は投下されなかったと思う」

　後日提出された生徒のレポートの文章である。

　原爆についてこのような授業を実践しようとした動機を北尾氏は『悲惨さの強調だけでは何か物足りない…高校生であればなおさら、もっと当時の歴史的背景を踏まえて、総合的に原爆投下に関わる一連の出来事を考えさせる必要がある』とし、原爆投下を『第2次世界大戦末期の世界史的な状況の中に位置づけてとらえること…このことは戦後日本の占領政策が置かれた位置づけを考える意味でも重要である』としている。日本史と世界史の融合をはかる「歴史総合」の授業づくりにも参考になる貴重な先行実践といえよう。

2．正解率1％の問い

　私の原爆の授業も問いかけから始まる。その問いとは「次の①〜⑧の出来事を年代順に並べよ」である。

①広島に原爆が投下された。②長崎に原爆が投下された。③ポツダム宣言が発せられた。④ポツダム宣言を日本が受諾した。⑤イタリアが降伏した。⑥ドイツが降伏した。⑦アメリカが日本に原爆を投下する計画を立てた。⑧原爆が完成した。

　高校でも大学の教職科目の授業でも、正解（⑤→⑦→⑥→⑧→③→①→②→④）率は１％程度である。大半の生徒・学生は⑦を間違える。⑧の直後とする者が多い。しかし、⑦は1944年９月19日のハイド・パーク協定のことで、開発中の原爆が完成したら日本に落とすとしたアメリカとイギリスの秘密覚書である。生徒・学生の驚きは大きい。彼らの常識ではニューメキシコ州アラモゴードの砂漠で実験が成功した⑧の時点（1945年７月16日）でアメリカと戦争していたのは日本だけだったのでアメリカにとって投下先の選択肢は日本しかなかったということであった。しかし、アメリカは⑧よりも10ヶ月近くも前に、そして、「主敵」としていたナチスドイツと激しい戦いが継続していたにもかかわらず、開発中の原爆は日本に対して使用すると決めていたのである。自分のこれまでの常識にとってきわめて「不都合な」この事実にどうしたら説得的な説明を付与することができるのか。生徒・学生は真剣に調べ、考え始めるのである。

　そして、当時のアメリカ社会が有していた日系人や日本人移民に対する黄禍論的な人種差別が関係するのではないのかといった意見に多くの支持が集まるようになるのだが、①②はアメリカと戦争していたから「ある意味しかたない」と思っていた生徒・学生もそんな単純なことではないと気付く。そして、それまでの「原爆はなぜ投下されたのか」という受動態の問いでは原爆投下という行為の主体とその意図の解明が不徹底となり、答えは曖昧なものになる。解明を徹底し、明確な答えを得るには「アメリカはなぜ日本（広島・長崎）に原爆を投下したのか」という問いでなければならないと考えるようになるのである。

　この問いの刷新（尖鋭化）が、日本の早期降伏＝失われる人命の減縮のためとする原爆投下を正当化するトルーマンらの説明を鵜呑みにせず、戦後世界におけるアメリカの覇権確立のための戦略行為とする学説をも視野に彼らが考えを深めていくことを可能にしたのである。授業後に次のような文章をレスポンスカードに書いた学生がいた。

「ポツダム宣言の原案には戦後の日本の体制について『現在の皇統の下における立憲君主制が包含されるであろう』と天皇制を保持してもいいように書いてあった。早く日本を降伏させたければそのまま発表すればよかった。しかし、⑧の連絡を受けたトルーマンは発表寸前にその部分を削った。それはポツダム宣言をすぐには日本に受諾させたくなかったからではないか。それに、日本との戦争の総司令官だったマッカーサーが後のインタビューで『私は原子爆弾の使用についての相談を受けなかった』と答えている。日本との戦争を終わらせるためだったらそんなことはありえない。戦後の冷戦を見越しての示威行為だったらマッカーサーに知らせなかったというのも納得できる」

3. 日本政府はなぜポツダム宣言を直ちに受諾しなかったのか

　次に間違えが多いのが③である。①や②の後としてしまうのである。このような誤認は生徒・学生だけではない。「ポツダム宣言というのは、米国が原子爆弾を2発も落として日本に大変な惨状を与えた後、『どうだ』とばかり（に）たたきつけたものだ」と述べた人物もいた。安倍晋三元首相である。『Voice』2005年7月号の対談での発言と朝日新聞（2015年5月22日朝刊）は伝えている。これは単なる思い違いではない。このように考えることによって原爆投下はアメリカの一方的な行為（攻撃）であり、その惨禍に日本の政府や軍は責任がないという認識と結びついている。

　しかし、事実は違っていた。③（7月26日）は①②に先行するのである。そこで③の2日後に行われた鈴木貫太郎（海軍大将）首相の記者会見が注目されることとなる。鈴木は、宣言の13条に受諾しなければ「迅速且完全ナル壊滅アルノミトス」とあるにもかかわらず、ポツダム宣言は「黙殺する…われわれは戦争完遂にあくまで邁進するのみである」と発言したのである。これが受諾拒否と受け取られ、①②が実行された。惨劇のトリガーは日本政府によって引かれたのである。

　この事実を知った生徒・学生は、ここでも問いを刷新（尖鋭化）させる。「原爆はなぜ投下されたのか」から「日本はなぜ原爆を投下されたのか」、つまり「日本政府はなぜポツダム宣言を直ちに受諾しなかったのか」である。そして、その問いを探究していくなかで、彼らは以下のような事実に遭遇していく。1944年7月7日のサイパン陥落によってB29による日本本土への空襲が可能になって日本の敗北が決定的になった。したがって以後は日本の敗

238

北の条件をめぐって無条件降伏を求めるアメリカと条件を認めさせたい日本との争いだった。日本が求めていた条件とは「国体護持」、つまり天皇制の継続であり、鈴木首相の黙殺発言も、当時連合国側で日本と戦端を開いていなかったソ連の仲介に望みを託していたためだった、などである。これらの事実から生徒・学生は問いを再度刷新（尖鋭化）させる。「一体どんな人がなんのために、国民の多大の犠牲にもかかわらず国体護持のための戦争を望んだのか」である。

　この問いをめぐってどのような探究が行われたか。軍人、昭和天皇、地主・財閥、貴族、政府、国民の６説が立ち相互批判を中心とした討論授業を行ったことがある。その実践報告を拙著『考える日本史授業 ２』（地歴社、1995年）に載せた。第７章「だれのための国体護持か－平和の主体を育てる歴史の授業－」である。原爆投下という日本史の最重要ともいえる歴史事象を生徒が主体的多角的に探究したこの授業は「日本史探究」の授業づくりの参考にならないだろうか。以下にその概要を紹介する。

４. 討論「だれのための国体護持か」

　生徒が立てた６説とは次の通りである。

> 　「軍の偉い人たち。当時の日本の国体は天皇主権だったので、天皇の言うことは絶対だった。だから軍部は天皇の命令という形でなんでも好きなことができた。敗戦によって国体護持ができなくなると、そういうこともできなくなるので、軍は最後まで国体護持を守り続けたのだと思う」
>
> 　「それはなんといっても、昭和天皇自身でしょう。むざむざ自分の国の支配者としての地位を捨てたくなかったということ」
>
> 　「大地主や大企業（財閥）の人じゃないかな。天皇主権じゃなくて民主主義になれば、自分達に不利になると思った。財閥解体とか農地解放とか」
>
> 　「当時いた貴族みたいな、身分の高い人。だって、天皇が絶対って社会だから、天皇の親戚とか言うだけで、特権やお金が国からもらえていた。天皇制がなくなって、それがなくなれば、ただの人になっちゃう」
>
> 　「政府の人。天皇主権だと、自分たちの思うように政治をすることができた。いくら国民や国会が反対しても、天皇の名を使えば、なんでも

できた。民主主義になったら、そんなことはできなくなるから、天皇主権を何としてもまもろうとしたと思う」

「当時の国民はみんな天皇のために死ぬように教育されてきた。戦争に負けてアメリカによって天皇制がなくされて、天皇が戦犯として処刑される（実際はならなかったけど）なんて、絶対にいやだったのではないか」

　上から順に軍人、昭和天皇、地主・財閥、貴族、政府、国民の6説である。授業は指名順に、それぞれの説について賛成に○、反対に×、○が2つ以上あれば、国体護持の戦争の推進力として1番強かったと思うものに◎をつけさせ、併せてその理由も発表させていった。

　たとえば、最初の軍人説については以下のような議論となった。

　S　どうして、明治憲法だと軍部が勝手に戦争することができたなんて言えるの。

　S　ナントカ権っていうのがあって、天皇だけが軍に命令を下す権限があった。だから天皇の命令だと言えば誰も文句は言えなかった。

　T　ナントカって何だ。大日本帝国憲法はみんなの持ってる資料集（副教材『資料現代社会』東京学習出版）に出てるよ。探してごらん。

　S　11条の統帥権。解説に軍隊を指揮し命令することってあるから、これだよ。

　S　13条も14条も関係あるんじゃないの。「天皇ハ戦ヲ宣シ和ヲ講シ及諸般ノ条約ヲ定ム」ってある。戦争するのもやめて、どんな条約を結ぶのかも天皇だけに決める権限がある。戒厳だって言って軍隊を派遣してその地域を制圧することも天皇はできるわけで、本当に天皇の名前を出せば、軍は何でもできることになる。

　S　中国との戦争で政府の方針に逆らって、軍がどんどん戦争を進めていったって習ったけど、そのことと関係あると思う。

　軍人説は結局クラスで最多の支持をえた。◎25人、○16人で×はひとりもいなかった。次は昭和天皇自身はどうだったかの議論である。

　S　だれだって権力はもっていたい。まして神とまで言われる程の絶対

的な権限が天皇制のもとで昭和天皇には与えられていたわけだから、必死に守ろうとしたと思う。

S　天皇主権といっても、実際は天皇は飾り物だった。昭和天皇自身も天皇制を守りたかったかもしれないが、そのことはそれほど関係ない。だから○だけど◎じゃない。◎はやっぱり飾り物の天皇をつかって実権をにぎっていた軍部や政府だと思う。

S　そんなことはない。主権は天皇にあったのだから、具体的な政治はともかく、国の体制を最後に決める権限は天皇にあったと思う。きっと昭和天皇は天皇制を守りたかったと思う。だから、天皇は近衛文麿がもう戦争をやめようといったのに、国体護持のためには、もう一度戦果をあげなくてはなんて言って、戦争を続けさせた。絶対に◎。

S　でも、最後は昭和天皇の決定で、終戦になったわけだから、天皇が絶対天皇主権を守りたかったら戦争はもっと続いていたはず。

S　僕も前には、昭和天皇は自分はどうなってもいいから国民を救いたいといって軍部の反対を押し切って終戦にしたって聞いたけど、プリントの資料だと、結局最後まで国体護持は捨てていなかったわけで、8月14日のポツダム宣言受諾だって、ソ連が来る前に、わざわざアメリカにその確認を取って受諾したわけで、◎はやっぱり軍部だと思うけど、昭和天皇も相当つよく天皇制を守りたかったと思う。

　授業の終わりにとった集計では、◎は1人もいないが○は22人、×は15人となった。残りは保留ということか。長崎市長へのテロが起きた直後であり、この問題に鋭い関心を示す生徒がいる反面、いわゆる「紀子さんブーム」もマスコミを通じて盛んになっており、生徒の天皇制に対する意識に大きなブレが起こり始めていた。

　他の説についての議論は『考える日本史授業 2』で確認していただくとして、このような討論を経て、生徒は原爆投下という歴史的事実に対する認識を深め、そのような悲劇を繰り返さないためにはなにが必要であり、自分たちはどうすべきかを考えた。一例を示そう。

　このような悲劇は当時の国家体制が巻き起こしたのだろう。大日本帝国憲法の下で天皇主権の国家はとても戦争をやるのに好都合だった。例えば軍人である。当時天皇は神と称されていた。大日本帝国憲法は第1

条や第３条で天皇を神聖なものとしている。その天皇の命令は絶対であり、軍人は国家総出で戦争をすることができる。第11条には天皇の統帥権が規定されていて、天皇の名をかりれば軍が勝手に戦争を始めることもできた。だから、朝鮮や満州に領土を拡大し、中国大陸に戦線を拡大することも、どんなに国会や内閣や国民が反対したとしても、それを押しのけることができた。また、内閣や政府の役人たちにとっても、天皇主権の体制は自分たちの思い通りに政治を進めるのに都合がよかった。……15年戦争はこのような軍人や政治家たちが自分達の利益のために起こした侵略戦争だったし、原爆が投下されて何十万という国民が死んでも、彼らは自分達の特権や身分を守るために、国体護持を唱えて戦争を続け、結局310万人の国民の命が犠牲にされた。

　このようなことを再び起こさないためには、まず民主主義が不可欠だと思う。民主主義でないと独裁者１人が国を動かすことになる。そうするとどうしても当時と同じことになってしまう。今日本は憲法を変えて民主主義の国になったけど、国民はもっと自分が主権者であることを自覚し、与えられた権限はすべて実行すべきだ。でないと、国民は政治に関心がないのか、どうやっても文句がないのかと、政府が思って、また勝手な政治をし出してしまう。それでは形は民主主義だが、内実は政府の独裁を許すことになる。もう１つ心配は言論の自由だ。当時は治安維持法があって軍国主義以外の意見はすべて取り締まった。これでは民主主義なんかありえない。誰でも思ったことが自由に言える社会こそ、片寄った意見や一部の人のためだけの政治をやめさせ、みんなのための政治を実現する。長崎市長の事件なんかみても、まだまだ日本は完全に言論の自由を実現していないと思う。２学期の授業でやったが、日本国憲法のなかに書かれていたように、われわれの不断の努力が必要だと思う。

　主体的に獲得した歴史認識をもとにこの生徒は自らが果たすべき歴史的使命は何かを考え、それをなそうとする意志を持った。主体的に歴史を認識する者のみが歴史創造の主体となりえるのである。

おわりに
　問いは思考や探究の出発点である。授業において多くは教師が問いを設定

するのだが、単に正解を言い当てさせるような問いでは生徒の主体的な思考や探究活動は発動しない。生徒の現有の知識や時代像、歴史観では説明できない「不都合な事実」、つまり矛盾を発見できるような問いでなければならない。そうすれば、生徒は「不都合な事実」をも合理的に説明できるように自分の知識や時代像、歴史観を進化発展、変容（止揚）させようと努力するようになる。そうしなければ認識の主体として存立の基盤を失ってしまうからだが、そのようにして新たな合理的で説得的な答えを得たとしても、認識の主体性を回復した彼らはそれで満足することはない。新たな答えは問いの更なる刷新（尖鋭化）を生む。その連鎖が歴史認識の主体としての成長を実現するのである。

第16節
主体的な学びを実現する授業づくりの挑戦
——「歴史総合」に向けて——

はじめに

2019年10月26日に駒澤大学で行われた「歴史教育シンポジウム 『歴史総合』をめぐって(4)―『歴史総合』の背景」で私は「主体的な学びを実現する授業づくりの挑戦―『歴史総合』」に向けて―」をテーマに報告を行いました。本節は、その要旨をまとめたものです。

歴史教育シンポジウム「『歴史総合』をめぐって」

1.『考える歴史の授業』を刊行して

高校の社会科・地理歴史科の教師として37年間、主に日本史を担当してきました。その間、1番困ったこと、つらかったことと言えば、どんなに教材研究をして一生懸命に歴史を説明しても、少しも話を聞いてくれない、中には端から「おまえの授業なんか聞きたくない」という態度の生徒の存在でした。そんな生徒がなん人もいるような教室へ向かう廊下はどうしても足取りが重くなります。なんとか彼らも楽しく、熱心に学べる授業をしたい、そんな思いをずっと持ちながら教員生活を続けていました。

しかし、どうしたらそんな授業は実現するのか。こうしたらいいんじゃないか、ああしたら活路が開けるんじゃないかと試みている内に、いつもは寝ていた生徒が今日は起きていた。内職ばかりしていた生徒が単語帳を開かず熱心に班の仲間と話し合いをしている。内気でいつもは目立たない生徒がみんなの前で堂々と自説を発表している。文章を書くなんて苦手と言っていた生徒が図書室で何冊も本を調べて表紙付きの立派なレポートを書いてくる、

などという経験を何回かするようになっていきました。そうしたなかで、自分なりの授業のやり方を掴んでいきました。

　それを私は「考える日本史授業」と自分で勝手に名付けて実践を積み重ねていったのですが、日本史全体を36の単元に分けて（『考える日本史授業4』掲載の「年間授業計画」参照）、まずは問題提起の授業をし、生徒に自説を構築させ、それをもとに、方法や規模はさまざまですが、相互批判を中心とした討論を組織し、それを踏まえて各自の歴史認識を発達させ、そのことを通じて、歴史を科学的に考える能力（実証性、論理性、個性・主体性）を獲得させていくというものです。その実践報告は現在のところ4冊の実践集（『考える日本史授業　1〜4』地歴社、1991年、1995年、2007年、2015年）にまとめましたので、ご覧いただければと思います。

　教員になってしばらくは、授業がうまくいかないって悩んでいるのは自分だけで、ほかの先生方はみんな自信をもって授業を進めているように見えました。自分には授業者としての才能がないんじゃないかなんて思った時もありました。しかし、そうじゃなかった。多くの教師が同じような悩みを抱えて試行錯誤、悪戦苦闘して、それぞれに自分の方法論、授業理論をつくり出そうとしている。それに気づいたのは、私の場合は藁をもつかむ気持ちで歴史教育者協議会の千葉県の支部に参加して、高校ばかりではありません、小中の先生方の実践報告や議論を聞いてからのことです。そして、多くのことを学ばせていただきました。とくに、小学校の実践には子どもを授業に参加させる意義と方法を学びましたし、中学校の実践からは、当時、同じ千葉県の安井俊夫氏が精力的に実践を発表されていたこともあって、生徒が歴史の現場に立って真剣に話し合う姿に感銘しました。

　やがて、全国大会にも参加すると、その学びは全国に広がっていきました。以来30数年がたったのですが、その間、若手の魅力的な実践も数多く発表され、お互いに刺激を受けながら、実践をし、授業論を発展させていきました。そこで、今回、そういった学びの輪を一層広げるために、生徒が主体的に歴史を考えて討論など話し合いを通じて互いに学び合うといった授業実践60本を集めて『考える歴史の授業』というタイトルの実践集を上下2巻で地歴社から刊行しました。

　そして、その本の編集を担当して、じっくり何回も、時には実践者である執筆者と意見交換しながら、原稿段階の実践報告を読んだのですが、そうすると、そこには大きくは2つの類型といいますか、方向性があるように思え

てきました。つまり、どの実践も生徒（児童、学生）に歴史を主体的に考えさせようとそれぞれ工夫されているのですが、どうしたら、彼らをして歴史に興味、関心、問題意識を持たせ、自分事として歴史を真剣に考えさせることができるのか。2通りの方法があり、どちらの方法で授業を組織するかは、教師自身の歴史教育観や

『考える歴史の授業』上巻と下巻
（地歴社、2019年）

目の前の生徒の様々な状況（校種、思考力、歴史感・歴史観、授業意識など）によって決せられているのではないかと考えました。

　アクティブラーニングや「歴史総合」についての私見は拙著『考える日本史授業　4』の終章「『考える日本史授業』とアクティブ・ラーニングについて─主体的・協働的な学びの位相を問う─」や「歴史教育の危機と新科目・歴史総合」（『人間と教育』99号、2018年9月、本書第3章第14節）として発表しました。それは、さまざまな問題点はあるにしろ、生徒の歴史意識を振起し、科学的な歴史探究の意味や価値を認識させられ、「根無し草の世界史、独りよがりの日本史」の2本立ての歴史教育の弊害を克服できる可能性のある科目というものです。しかし、その可能性を実現するためには、生徒が歴史を主体的に考える必要があります。つまり歴史を他人事ではなく、自分事として捉えて、自らの知識や感性、思考力、価値観、世界観など、知的個性といいますが、自分の持っている知的なものをすべて投入して、歴史を自分が納得できるまでとことん考えようとしなければなりません。その過程で他者との相互批判的な意見交流（討論など）が図られることになります。そのように歴史認識の主体として生徒を立ち上げ、自由な探究活動を支援することが不可欠の要件として求められると思います。では、どうしたら生徒に歴史を主体的に考えさせられるのか。そのための基礎的な提案として今回の報告を聞いていただき、アドバイスやご批判など賜れればと思います。

2．歴史を自分事として考える

　教師の一方的な教え込みのスタイル（チョーク＆トーク）と暗記主義的な学習（学力）観に基づく授業が、未だに日本の特に高校では歴史教育の定番

であり、生徒を「歴史嫌い」「歴史離れ（歴史に学ぶ価値を見いだせない）」に追いやっています。

　むろん、これまでも一方的な教え込み授業の弊害は指摘されており、生徒を授業に参加させる手立てとしての発問の重要性などは教師の共通認識となっています。現に、授業中１度も発問しない教師はまずいない。そして、たしかに教師が発問すれば生徒は答えようとはしますが、多くの場合、それは教師の求める「正解」を言い当てようとするのであって、けっして自分自身が納得できる答えをとことん考えた上でというわけではありません。いくら発問しても、教科書に「正解」がないと「わかりません」としか生徒が答えないので、発問はしても自分で答えてしまう教師や、教師の期待する答えを察知して発表してくれる特定の、いわゆる「学力」の高い生徒ばかりを指名する教師もいます。

　しかし、考えていただきたいのですが。もしその問いが生徒自身にとってぜひとも知りたい疑問や確かめたい仮説だったら、どんなに難しくても、生徒は簡単に考えることを放棄したりはしない。教科書だけでなく、インターネットで検索してみたり、史料集や参考図書にあたってみたりするだろうし、史跡を訪ねたり、関係者や研究者にインタビューするなどの調査活動をしていくと思うんです。そして、そこから分かったことや思いついたことがあれば、仲間同士で情報交換もするだろうし、意見の相違があれば批判と反論の応酬によって争点を明確にしていく討論も生まれる。「考える歴史の授業」はそのような生徒の主体的で協同的な探究活動を、授業として意図的に生み出し、組織化したものといえます。

　したがって「考える歴史の授業」が成立する最大のポイントは、生徒がぜひとも知りたい疑問を持たせ、確かめたい仮説を立てさせることです。そのためには、歴史を他人事ではなく、自分事として考えさせることが求められます。なぜなら、歴史は自分にとってどうでもいい、テストで点数さえ取れればいいと思っていては、ぜひとも知りたい疑問も確かめたい仮説も思いつかないし、調べたり、考えたり、授業で討論するなんて「時間のムダ！」、「先生さっさと合格点をとるには何をどう暗記すればいいか教えてください」となるからです。

　では、生徒に歴史を自分事として考えさせるにはどうしたらいいのでしょうか。『考える歴史の授業』の実践例はそのための方法が２つあることを示しています。

3. 内在的な歴史認識の方法

　1つは、生徒を歴史の現場に立たせて、君が当事者だったら、どのように思い、考え、発言し、行動するかを問うというもので、東京の大学付属高校で教えている北田邦夫氏は、世界史Aの授業で『あなたがもしイギリス植民地時代のインドに生きていたとしたら、ガンジーの「塩の行進」に対してどのような態度をとりますか』と問うています。生徒からは、「自分も塩を作り皆を助けたい。行進しなければ行進中に何が起きているのか、仲間がどんな目にあっているのかも分からないし、サポートも出来ない。だから参加してガンジーのこの取り組みに協力したい」という回答がありました。この生徒は、仲間と共に助け合って『塩の行進』に参加している自分の姿を思い浮かべています。

　ガンジーの非暴力・不服従による抵抗運動の歴史上の意義を現代に生きる高校生が理解するとは、こういうことではないだろうかと実践者の北田氏は述べています。

　お気づきのように、これは、かつて千葉県の中学校教師だった安井俊夫氏が開発した共感を媒介とした歴史教育の方法に通じる内在的歴史認識の方法です。歴史は過去の出来事ですが、時代の環境が作り出すさまざまな困難や逆境の中で家族や村や地域の人々のために立ち向かい、解決しようとした人々がいたわけで、その人々の願いや努力、苦悩などを生徒に共感的に理解させて、自分とは直接関係のない遠い昔の人々だが、その人たちの身になって自分ならどう考えるか、どう発言するか、いかに行動するかを考えさせようとする方法で、そうすることで当該の時期の歴史認識、つまり時代像を生徒に想像的に形成させようというわけです。安井実践としては、スパルタクスの乱を扱った授業（『子どもが動く社会科』地歴社、1982年）や、洪水を防ぐために行われた坂川（松戸市）の掘りつぎをめぐる実践（『子どもと学ぶ歴史の授業』地歴社、1977年）などが有名ですが、この方法の問題点は、たとえば、『ここで奴隷軍は会議を開いた。ここまでローマ軍をうち敗かしてきたが、今後とるべき道は？ということだ。2つあった。1つは一気にローマ進軍。もう1つはアルプスを越えようということだ。ちょっと考えて下さい。どちらの道をとるべきか』とか、『下流の人たちはものすごい反対だ。……坂川を掘ろうとする上流の12の村はどうするだろう。坂川の掘りつぎは、つづけるのか…？』とする教師の呼びかけに生徒はそう簡単に乗ってこない

という点です。スパルタクスたちが反乱を起こした紀元前1世紀はもちろん、坂川の掘りつぎが完成した19世紀前半も、生徒にとっては遠い過去のことです。そこで、安井氏はいかにローマの奴隷たちが悲惨な状況に置かれていたかや、松戸の農民たちが坂川の氾濫に困っていたかを入念な教材研究のもとで教材化し、生徒たちが奴隷や農民に共感するように授業を展開させていきました。

　紹介した北田実践も、視聴覚教材（『その時歴史が動いた「第159回　ガンジー・暴力の連鎖を断ちきれ！〜自由への行進400キロ〜」』ＮＨＫ総合テレビ、2004年11月26日）を視聴させ、イギリスによるインド支配とそのもとで苦しむインドの人々の実情をリアルに生徒につかませています。結果、生徒はその時代、地域の民衆の実情を知り、その困難や苦痛、それに対する彼らの努力や思慮を彼らに身を寄せて考えるようになり（共感）、自分がその民衆の1員だったらどうするかを真剣に想像する、つまり歴史を内在的に考えるようになったのです。

4．分析（客観）的な歴史認識の方法
(1)生徒の歴史認識と矛盾する事実を提示する

　歴史を自分事として考えさせる方法の2つ目は、意外感を媒介とした方法です。生徒はそれぞれ歴史について知識や常識、時代のイメージなどを持っています。授業でそれを揺さぶる。つまり、生徒の既有の知識や常識、イメージに反する、ないしは説明のできない、生徒にとって意外な事実を提示する。そうすることによって、生徒の歴史認識や時代像に矛盾や疑問を生じさせます。矛盾や疑問をそのまま放置すれば、自分がこれまで正しいと信じてきた歴史認識や時代像が破綻してしまう。なんとかしてその矛盾や疑問を解消（止揚）して、提示された意外な事実をもきちんと説明できるように自分の歴史認識や時代像を刷新したいと生徒は考えるようになる。こうして、生徒は歴史を自分の問題として真剣に考えるようになるというものです。

　石上徳千代氏の実践は小学校（6年生）の実践ですが、事前の調べ活動で秀吉について調べた児童に刀狩について紹介させた後、石上氏は実際に加賀国江沼郡での刀狩でどのような武器がどのくらい回収されたかを示していきます。『刀１０７３』、『脇差１５４０』、そして最後に『鉄砲０』と紹介されると、子どもは、「あれ？」、「教科書と違う！」などと驚きます。刀狩は一揆防止のための農民の武装解除という事前の調べ学習で得た知識や教科書

記述と矛盾する事実の提示は彼らに意外感を持たせ、それはなぜかという問いを生みます。彼らにとってはぜひとも解きたい自分たちの「謎」の誕生です。みんなの知恵を結集してその謎を解こうとする授業に子どもが熱心に取り組んだことは実践記録から読み取ることが出来ます。そして、刀と鉄砲の違いをどちらが「武士っぽい」武器かという、いかにも小学生らしい概念で比較し、刀は武器にしかならないのに対して鉄砲は狩猟にも害獣駆除にも使うので刀の方が「武士っぽい」、だから武士と農民の区別をはっきりさせるために刀を農民から取り上げようとしたのだと、「刀狩の本当のねらい」が兵（武）農分離の身分社会を目指したものだったということを突き止めていきました。

　意外性を媒介として生徒の主体的な歴史探究を実現している授業は、石上実践の他にも『考える歴史の授業』では多数紹介されています。そして、そこには４つのタイプが見て取れるのですが、第１のタイプは、この石上実践のように子どもの持つ既存の歴史認識や時代像（イメージ）と矛盾する、ないしはうまく説明できない事実を教師が提示して生徒に意外感を持たせるタイプです。

　東京の私立高校に勤めていた松井知沙氏は、1945年7月29日に模擬原爆（本物の原爆と同じ形、同じ重さで作られた爆弾）が、学校の近くの西武柳沢駅（東京都西東京市）付近に投下され、犠牲者も出たという事実を、資料と共に生徒に示します。原爆といえば広島・長崎のことで原爆にまつわる戦争体験など自分の地域にはないと思い込んでいた生徒たちにとっては意外な戦争の事実です。続く授業では、なぜ学校近くに模擬原爆が落とされたのかといった疑問が探究され、生徒が熱心に取り組んでいる様子が報告されています。そして、授業後の感想に「私は特に中島飛行機武蔵製作所が印象に残りました。私ははじめ、地図を見てみるという授業の際に、ここが狙われていることに疑問を感じました。しかし、そのあとの授業でここが日本最大の軍用航空機の発動機製造工場であること、アメリカ軍が爆撃目標として目をつけていたことを知りました。……家に帰って調べてみると実際に落とされた模擬原爆の画像や工場周辺の設備や、人々に関する記述があり、戦争の被害を改めて知る機会となりました」と生徒は書いています。地域の歴史に関心を持ち、帰宅後も調べてみようとする姿勢は歴史を自分事として考える主体性を、この実践を通じて、生徒が獲得していったことの表れではないでしょうか。

(2) 矛盾する事実を生徒が発見する──「変だなぁ」探し

　意外な事実は教師から提示されるばかりではありません。生徒自身が発見する授業も存在します。私の「『一遍上人絵伝』の画面を読み取り、時代の実相を探究する」などですが、「変だなぁ」探しとされる方法を用いた授業です。教材は13世紀に制作された『一遍上人絵伝』備前国福岡の市の場面（336ページ参照）で、この絵画史料になにが描かれているかを丹念に読み取らせた後、既有の彼らの知識や時代像（イメージ）ではうまく説明できない事実をあげさせていきます。すると、「売られている下駄が巨大すぎる」、「画面の下方の人たちは一遍と武士の騒ぎに注目しているけど、上の方の人たちは無視している」など、いかにも意外な事実があげられます。

　しかし、前者の巨大な下駄は当時のトイレ事情（庶民はどのような場所でいかに排泄していたか）を、副教材として各自が持っている図説の『餓鬼草紙』伺便餓鬼の図（同ページ参照）から知ることによって説明が可能になり、それがやがてなくなった理由も二毛作の普及という当時の農業発展から説明ができる。後者の人々の様子の差は現代とは違う、この時代の人々の時間軸の捉え方に起因することに生徒は教師の指導・助言を受けながら気付いていきます。生徒は、自らが発見した、自分の歴史認識と史料の中の事実（中世の現実）との矛盾を止揚しながら、時代像を構築、刷新していったのです。

(3) 比較する授業

　意外性を媒介とする授業の3つ目のタイプは比較という方法を用いた授業です。まずは教科書同士の比較ですが、埼玉県の高校教師川島啓一氏は韓国併合について4種類の日本史Bの教科書記述を比較し、千葉の私立高校の楳澤和夫氏は2種類の中学校の歴史教科書のアジア太平洋戦争の記述を比較させています。その結果、教科書間に大きな違いがあることが判明するのですが、教科書は唯一絶対の正しい歴史叙述がなされていると思っている（教科書信仰）多くの生徒にとって、このことは意外な事実に他ならず、どうしてそのような違いがあるのか、本来教科書にはどう記述されるべきかを生徒は考えるようになっていきました。

　また、同一のテーマを描いた2枚の絵画史料を比較させたのは四十栄貞憲氏の実践「大名行列で禁じられた槍投げをなぜ都市民衆は続けたのか」です。教材としたのは、『徳川盛世録』と『江戸城登城風景図屏風』で、同じ大名

行列を描いているにもかかわらず、前者は整然と描かれ、後者は「がさつ」と呼ばれた江戸抱えの日用層（武家奉公人）の様子がリアルに描かれています。相矛盾する光景を描いている２枚の絵画は生徒に意外感を与え、真実はどうなのかを追究させていきました。

戦後70年の安倍談話と戦後40年のワイツゼッカーの演説を比較検討させたのは奈良の中等教育学校の北尾悟氏の実践「安倍首相の『戦後70年談話』を読み、『若者の戦争責任』について考えあう」です。共に敗戦国のリーダーが語った第２次世界大戦の総括と反省ですが、その明白な違いに意外感を持った生徒は、その差異はなにによって生じたかを考え、自分が「戦後70年談話」を出すとすれば、どのような内容にすべきかを真剣に考えていきました。

(4) 異見との出会い

最後のタイプは異見との出会いです。西村美智子氏の実践「原爆投下は仕方なかったのか」では、中国や東南アジアの現地校に通っていた子どもたちから「日本を降伏させるためには原爆投下はやむを得なかった」と言った意見が出されます。原爆について被害者意識を持っている日本育ちの子どもたちにとっては意外な発言で、人道的に許されないと思っていた原爆投下をなぜアジア諸国やアメリカの人々は正当化するのか、子どもは疑問を持ちそれらの国々の教科書には戦争の時代の日本はどのように描かれているかを調べるなどの活動に熱心に取り組み、原爆に対して様々な立場からの考え方があり、それらを受け止め自分はどう考え行動していくか一生懸命話し合って「創作劇」を作り、学芸会で上演していきました。

5. 討論はいかにして生徒の歴史的思考力を伸ばすか

「考える歴史の授業」の特徴は多彩で活発な討論（話し合い活動）が展開されていることです。その理由は、生徒が主体的に歴史を考えるようになると、なにより自分自身が納得できる答えを得ようとしてそれぞれに仮説を立てる。その仮説には、各自の知識（当該の時代についての歴史的な知識だけでなく、さまざまな時代の知識や歴史以外の知識も含む）や感性などが反映されて、個性的で多彩な説が立つからですが、それだけでなく、自分は歴史をどのような立場（庶民、為政者、テクノクラート、知識人、女性、男性、青年、子ども、自分が住んでいる地域の住民、マイノリティなど）に立って考えると納得できる歴史認識を獲得できるか、どのような観点（例えば生活

史的観点、経済史的観点、思想史的観点、政治史的観点など）や思考パターン（社会科学的思考か人文《科》学的思考か、唯物論的思考か唯心論的思考か、など）で歴史を考えれば腑に落ちる歴史認識を得られるかなどの歴史意識の違いによって、各自の作る仮説は違ったものになるからです。そうなると、討論などの意見交流も活発におこなわれるようになり、多くのことを生徒は学び合うこととなります。

　しかし、討論は単なる発表会ではありません。各自の仮説の真実性＝説得力が吟味される検証の場です。神奈川県の県立高校に勤める内田圭亮氏の授業では、なぜツタンカーメンの墓が盗掘されなかったのかについて生徒は班ごとにユニークな５つの仮説を立てました。①「罠が仕掛けてあった説」②「場所が分かりにくかった説」③「神官から尊敬され墓が守られた説」④「国民から支持され厳重に守られた説」⑤「ツタンカーメンの存在が薄かった説」です。しかし、①には「墓の間取り図をみると罠がない」、②には「地図を見ると墓は王家の谷の中央部にある」とする批判が出されました。図書室の古代エジプト史関係の書籍に示されていた事実をもとにした批判だけに強力です。①と②の班は、うまく反論することができずに支持を失ってしまいました。最多の支持を集めたのは⑤の説の班で、こちらは逆に図書館の書籍の中からツタンカーメンが「忘れ去られた王」といわれていたという事実を見いだし、それを論拠に「ツタンカーメンは神官の排除を狙った父アメンホテプ４世と真逆の政策を行っている。ツタンカーメンは少年王だったので、神官が実権を握り代わりに政治を行ったのではないか」と主張したのです。

　討論で問われたのは各説の実証性と論理性、それと個性・主体性です。いかに多くの確かな事実にもとづいているか。ちゃんと飛躍や矛盾無く、しかも他の事実と整合的な説明の論理を組み立てられるか、孫引きなどではなく自分の知識や体験、感性や思考力などが活かされているかが吟味され、評価されたのです。そして、このような討論を経ることによって、生徒は、仮説は自由に立てることができるが、説得力という点において優劣が存在し、説得力がある説を立てることこそが、タイムマシーンのないわれわれが歴史の真実に近づける唯一の方途であると気付いていきます。こうして、生徒は歴史の学習で身につけるべき学力は、けっして暗記した知識の量ではなく、歴史をいかに実証的かつ論理的に、しかも自分の頭で考えられるようになるかだと分かっていきます。「歴史をどう考えるかなんて、みんな違って、みん

な良い」といった安易な相対主義に陥ることはありません。

6. 歴史認識の発達と歴史意識の成長

　歴史を自分事として捉え、主体的に、しかも実証的論理的に考えることがいかに自分にとっても、みんなにとっても説得的な歴史認識を獲得（構築）でき、歴史の真実に近づけるかを体験的に学んだ生徒は、そのようにして獲得した歴史認識をもとに自らの歴史意識を成長させていきます。

　千葉の県立高校の浅尾弘子氏の実践「映画『蟹工船』のラストシーンはなぜ原作と異なるのか」の高校生は、映画のエンディングが原作と違って、労働者が帝国海軍の介入で無差別に殺戮され、その遺骸を前に残った労働者がじっとたたずんで終わっていることに強い衝撃を受け、1953年に制作されたこの映画がなぜこのようなエンディングになったのかを考えました。そして、「この最後はもう２度と蟹工船に代表されるような労働者、ひいては国民がこのようなことにならないように、自分の考えを持ってほしいという思いが込められた製作者の方々からのメッセージではないでしょうか」という仮説を立て『マンガ蟹工船』の作者や映画製作者へ手紙を書くという探究をはじめました。

　そして、生徒は「原作にも目を通してみて思いました。『まるで今の日本だ』と。そう思ったのは国は大企業を守るが、企業側は利益にしか目がいかず、労働者のことを考えていないと考えたからです。国が海軍、大企業が現場監督の浅川たち、労働者が蟹工船で働いていた人たちです。こうして考えると昔の人たちも大変だったけど、それは今も変わっていないのではないかと思えてしまいます。これでは蟹工船を書いた小林多喜二さんも映画にしてくれたかたがたもすべてが意味のないことになっていってしまうような気がしてなりません。蟹工船をもっと多くの人たちに見てもらいたい！そして今の私たちも実は蟹工船の中にいるのだということに気づき、考えてもらいたい。『今のままでいいのか』そう考えてもらいたい！私たちはまだ蟹工船の中にいます。いつか地上に降りることのできる日が来るまで、今のままではだめなのだという考えを持ち続けて生きたいと私は思いました」としています。

　歴史意識とは、先述の通り、歴史認識における各人の立場性や観点、思考パターンのことですが、歴史の到達点としての現在に対する問題意識でもあります。高い歴史意識の持ち主は、その問題意識から現在の日本や世界を批

判的に検討・評価して、その民主的で平和的な発展に積極的に寄与する意志を持つようになります。浅尾実践の生徒は授業を通じて、国家や企業（資本家）ではなく、労働者の立場に立って様々な人に問い合わせながら探究することで自分にとって最も納得のゆく歴史認識を獲得できると確信をもって言えるようになりました。そして、そのような歴史意識をもとに「今の私たちも実は蟹工船の中にいる」という現在認識と「いつか地上に降りることのできる日が来るまで、今のままではだめなのだという考えを持ち続けて生きたい」という自分の生き方と社会改革に対する強い意欲を持つようになりました。

　歴史認識の主体を育てることを通じて歴史創造の主体を育てることが社会科教育としての歴史教育の役割だとすると、この授業はまさしく、その役割を果たしているといえるのではないでしょうか。

おわりに

　歴史教育の目的は、生徒を歴史認識の主体として成長させることです。そして、平和で民主的な社会の担い手を育てることを目標とする社会科教育の一翼として、その責務を果たすことを求められています。

　したがって、生徒の歴史認識の主体性を基本的に認めない一方的な教え込みの授業（チョーク＆トーク）は改善されなければならず、生徒が自分事として歴史を真剣に考えて、討論など仲間との意見交流のなかから、互いに学び合って、各自の歴史認識を発達させ、科学的な歴史認識の方法を習得し、歴史意識を成長させていく「考える歴史の授業」が必要となるのではないでしょうか。

　「歴史総合」という歴史教育の新しいステージが開設されるにあたって、生徒を歴史認識の主体としての成長させるための原理を『考える歴史の授業』に掲載された実践をもとに考えてみました。１つの提案としてご検討いただければと思います。

どうする「歴史総合」?　こうする「歴史総合」!
──「歴史総合」の授業サンプル──

はじめに──『岩波講座世界歴史』第1巻を手にして

　『岩波講座世界歴史』が約四半世紀ぶりに第3期が刊行された。第1巻を手にして編者が小川幸司氏であることに新鮮な驚きを感じたのは私ばかりではなかろう。そして、小川氏による巻頭論文「〈私たち〉の世界史へ」を読んで、下の一文だけでも魅了された歴史教師は多いのではないだろうか。

> 　学生や生徒・児童は、歴史教師が研究の成果を教え込む客体なのではなく、歴史教師とともに歴史を探究していく主体である。……世界史は、私たち一人ひとりに開かれており、皆が自分の世界史をつくり、それを開いていくべきなのである。

　未履修問題に象徴されるような、「世界史(外国史)なんてなんで学ばなくちゃいけないの!」という怨嗟の声にたじろぎ、自分たちの学問の存立基盤が危ういと強く意識した研究者たち、とりわけ『岩波講座世界歴史』編集委員会が、その危機を乗り越えるための戦いの最前線に、自分たちの研究者仲間からではなく、その怨嗟の声の中を必死になって戦ってきた、つまり、高校生にとって意味ある世界史の授業はいかにあるべきかを模索してきた歴史(世界史)教育の実践者にして理論家である小川氏を送り込んだという印象を私は持った。

　では、一体いかにしたら高校生が「自分の世界史をつくり、それを開いていく」歴史の授業が実現するのか。その問いに答える任を託されたのが巻末「焦点」論文の勝山元照「新しい世界史教育として『歴史総合』を創る──「自分の頭で考え、自分の言葉で表現する」歴史学習への転換──」である。

1.授業「The Point of No Return (戦争を回避できた時点は)」について

　勝山氏は「日本史と世界史の統一」と「思考力育成型授業への転換」とい

う２つの難題に挑んだ実践として、神戸大学附属中等教育学校が「主題的単元史学習」として開発した「歴史総合」の実践を紹介する。この学校は、日本史と世界史の融合について「グローバル・ヒストリーなどの研究動向に学び、『世界史の中の日本史』の枠組みを基本とし、グローバル（世界）・リージョナル（東アジア）・ナショナル（日本）・ローカル（神戸）の４層の視点から『歴史総合』を構成することが妥当と判断した。そして、思考力育成型授業については、「時系列単元学習と主題学習との融合を試み『主題的単元史学習』を開発した」。これは①序＝課題設定、②歴史的展開＝史資料の活用・知識理解と考察、③主題学習＝調査・考察・発表からなる３層を組み合わせた学習形態と説明されている。

そして、単元末の主題学習については「単元全体をふり返りながら、生徒が主体的に歴史像を構成する学習」とし、その１例が単元「２つの世界大戦」における主題学習「The Point of No Return（戦争を回避できた時点は）」である。

この授業では、まず「戦争を回避できた時点」として５説（A　ロンドン軍縮条約締結時／B　国際連盟脱退時／C　トラウトマン工作時／D　３国軍事同盟締結時／E　第３次近衛内閣「日米交渉」時）を提示し、生徒の個人的思考をふまえ、班として支持する説を選び、調査・発表活動を展開している。結果、E説が「発表時のパフォーマンスが優れていたこともあって」発表部門評価で１位となり、B説が内容評価で１位となった。

「生徒が自己と自班の歴史像について、根拠を基に考察し表現することで、戦争推進と防止勢力との対抗関係や戦争に至る背景・要因を深く学び合う場となった」というのが勝山氏の授業評価であり、「選択肢型の発表・討論学習は、自らの意見を明確にして臨むことができるので、授業の参加度を高めやすい」ともしている。その他、「高校生になると、自説との関係性を念頭に他者の説を理解する傾向がみられ、異なる見解を認めた上での議論も増加する。感想では、『歴史には選択による岐路があったことを理解できた』との指摘も散見され、歴史的な『見方・考え方』の形成につながったと思われる」ともしている。

ただ、私の実践的経験をもとに判断するに、この授業はけっしてうまくゆかない。というのも、何人で班を構成したのかは不明だが、当然「個人的思考」の段階では各説の支持者が班内に混在していたはずである。それをどうやって「班として支持する説を選」んだのか。多数決か発言力や知識のある

生徒が支持する説にしたのか。ここで生徒個々の意見と以後の討論＝質疑の単位である班の説の乖離が生じる。あとは、授業で語られ、吟味される歴史は「自分ごと」ではなくなる。そうなったら、生徒は歴史を「自分の頭で考え、自分の言葉で表現」しようとはしない。ディベート的な議論（自分の班はB説なので、その立場から発言しようとするなど）となる。

　なぜ、この5つの説を選択肢として与えたのか。生徒自身に考えさせることは出来ないのか。ここで欠落しているのは一人ひとりの生徒の戦争認識への尊重的なまなざしである。「The Point of No Return（戦争を回避できた時点は）」という問題設定は、アジア太平洋戦争は回避すべきであるという価値判断が前提としてある。むろん、多くの生徒もそう思っている。でも、なぜそう思うのかは生徒一人ひとりによって違う。ある生徒は原爆という非人道的な兵器が使われて多くの罪もない市民が犠牲になったから、と答えるだろう。ある生徒は中国をはじめアジアや太平洋地区で日本軍の加害行為により多くの人が犠牲になったから、と答えるだろう。また、ある生徒は沖縄に住む親戚のおばあさんから「集団自決」の悲惨な話を聞いたから、と答えるだろう。私の子どもたちのように祖母（私の母）から聞かされた東京大空襲の際の恐怖の体験談かもしれない。理由はそれぞれである。これまでの小中学校での学びや、「はだしのゲン」などの読書、毎年8月に特集されることの多い戦争ドラマの視聴、家族や近所に住むお年寄りからの聞き取りなどが考えられる。それらはその生徒にとってはかけがえのない戦争認識なのである。

　となれば、それらを阻止する時点は選択肢の5説のなかにあるとは限らない。原爆ならば、戦争が開始された後でも回避するポイントはいくつもあったし、日本軍の加害ならば、それは遅くとも1931年の満州事変まで遡らなければならない。1945年2月14日の「近衛上奏」（近衛文麿が敗戦は必至であり、天皇制護持のためには戦争を終結すべきだと昭和天皇に提案した）を天皇が聞き入れていれば、3月10日の東京大空襲をはじめ各地の大規模な空襲や3月末からの沖縄戦は回避できた可能性は大きい。しかし、そのような生徒の認識や思考はこの授業では埒外に置かれる。これでは、生徒は歴史＝戦争を「自分の頭で考え、自分の言葉で表現」しようとはしない。ではなぜ、本授業では提示された5つの説から班で1つを選ぶなどということが出来たのであろうか。それは、「自分の頭で考え、自分の言葉で表現」することをこの授業では求められていないと生徒が思ったからに他ならない。それなら、

みんなと歩調を合わせて適当な選択肢を選べば良いということになる。

２．歴史認識の枠組み──自分（INDIVIDUAL）や家族（FAMILY）という層の欠如

「自分の頭で考え、自分の言葉で表現」させることを目指しながら、なぜこのような授業が構想されたのか。そこには理論的な問題がある。具体的には、先に引用した「グローバル（世界）・リージョナル（東アジア）・ナショナル（日本）・ローカル（神戸）の４層の視点から『歴史総合』を構成することが妥当と判断した」とする点である。その最下層＝基層がなぜ神戸なのか。学校が神戸にあっても必ずしも生徒は神戸生まれで神戸育ち、神戸在住とはかぎるまい。それを神戸とされた時点でそのような生徒は授業から疎外されることになる。

歴史を主体的に、つまり自分事として考えるためには、その基層に自分（INDIVIDUAL）がなくてはならず、その上ないしは外側に自らが人間として存在するために最初に取り結ぶ社会である家族（FAMILY）という層がある。この層は重要である。むろん、生徒個々の状況や学習テーマによっては踏まえられない場合もあるが、歴史認識の対象は多くが自分は体験（もしくは実見聞）していない過去の出来事である。その意味では基本的には歴史は他人事なのである。その他人事を自分事に引き寄せるには媒介ないしは触媒が必要で、前節で示した通り、共感はよくその役割を果たす。特に体験者が存命、ないしは存命の時にその体験談を聞くことのできたアジア太平洋戦争の学習においてはそうである。

どんな悲惨な出来事もそれだけでは所詮他人の不幸でしかない（「かわいそうだけど、自分がそんな時代にその地域に住んでいなくて良かった」＝「今の日本に生まれて良かった」）。その時の当事者の苦しさや悲しみ、怒りなどを我がこととして受けとめるという共感的理解は自分の家族（FAMILY）の体験に対してが最も持ちやすい。（曽）祖父母の戦争で苦労した話や悲惨な出来事は、たしかに生徒にとっては自分が体験したことではないが、自分につながる家族の苦労や悲しみである。それを他人事として聞き流すことはできない。むしろ、その生徒の戦争認識の核となる場合が多いのである。

そうした家族の共同体としてローカルという意味の地域は存在する。それは、行政区画としての都道府県や市町村のことではない。たとえば、本書第２章第13節で紹介した愛沢伸雄実践（「教室から地域・世界へ──世界へ目を向けた生徒の『ウガンダ救援活動』」）が依拠している地域は、けっして千葉

県でもなく、館山市といった行政的な区域でもない。それは住民が生活と生産のために歴史的に創り出した共同体としての「安房地域」なのであり、安井俊夫実践「小さな川に命をかける」（『子どもと学ぶ歴史の授業』地歴社、1977年）では江戸時代の松戸の歴史が取り上げられているが、それは単に実践校が所在する松戸市の歴史だからではない。当時の住民（坂川上流地区の農民）が自分たちの農業生産の安定化＝悪水路を築くために結集した共同体の苦難と民衆的協力の歴史、つまり歴史を創る民衆が見える地域の歴史だからである。なんにしても、自分も家族も存しない歴史をどうして自分事として考えられようか。歴史を主体的な契機を欠いたままに他人事として解釈する空々しさをこの授業は生徒に味わわせてしまうのではないだろうか。

　では、お前（加藤）はどのような授業が「歴史総合」の授業として望ましいと考えているのかと問われそうだが、私案を提示したいと思うので検討していただきたい。

3.「歴史総合」の授業サンプル「砂利鉄道ってなんだ？」

　「歴史総合」は「日本史と世界史の統一」と「思考力育成型授業への転換」という２つの目標を掲げている。勝山氏が言われるように難題である。特に前者はこれまでの高校の歴史教育にはない。しかし、後者についてはどうか。

　「日本史Ａ」には「私たちの時代と歴史」「近代の追究」「現代からの探究」といった、通史とは異なる主題学習の単元が設定されていた。生徒が主体的、つまり歴史に関心をもち、学ぶ意義に気づき、歴史的な見方・考え方を活かし、身に付けることを目途としたこれらの単元を指導した経験や教材、授業案は教師にとって貴重な財産である。歴史的な見方・考え方とはそれぞれの歴史意識に裏打ちされた歴史的な思考力に他ならない。それらを「歴史総合」に活かさない手はないのではないか。

　たとえば、日本史Ａの「近代の追究」は学習指導要領に「近代における政治や経済、国際環境、国民生活や文化の動向が相互に深くかかわっているという観点から、産業と生活、国際情勢と国民、地域社会の変化などについて、具体的な歴史的事象と関連させた適切な主題を設定して追究し表現する活動を通して、歴史的な見方や考え方を育てる」とある。「歴史的な見方や考え方」を働かせることは「歴史総合」の目標にも冒頭に掲げられている。また、「歴史総合」「Ａ 歴史の扉」の内容「歴史と私たち」にある「私たちの生活

や身近な地域などに見られる諸事象を基に、それらが日本や日本周辺の地域及び世界の歴史とつながっていることを理解すること」と重なっている部分が大きいのではないだろうか。

　むろん、日本史Ａ「近代の追究」の授業をそのまま「歴史総合」に流用することはできない。しかし、難題の前者とした「日本史と世界史の統一」の部分の補充ないしは、その観点からの改変をすればいいとなれば、教師、この場合は、今まで主に日本史を担当していた教師だが、従来の自分の実践的蓄積の上に新科目「歴史総合」の授業づくりを果敢に、自信を持ってチャレンジすることができる。当然そのような授業は生徒にとっても学びやすく、学びがいのある学習の機会になるはずである。

　私が考えた具体的な授業サンプルは269～272ページに載せた「授業展開」の通りだが、そのもとになった教科書記述も参照していただきたい。実教出版『高校日本史Ａ　新訂版』の「近代の追究－砂利鉄道ってなんだ？」である。調布市の高校生が地元の廃線になった鉄道の存在に気づき、どのような目的で敷設された鉄道なのかという課題を様々な資料をもとに、家族にも聞いて追究して解決していくという内容となっている。

　この授業では、生徒は、地元に存在した鉄道が砂利鉄道であったということから、日本の近代化の進行がコンクリートの原料としての砂利の膨大な需要を生み、その運搬のために鉄道が必要とされ、地元の下河原線はそのような必要性から敷設された鉄道だったということを知る。そのような地域の歴史的事象が近代化という日本の歴史とつながっていることを理解し、そのような歴史の知識を獲得していくのである。また、その砂利生産の労働者として多くの朝鮮人が働いていたという点に注目し、世界史的見地からは帝国主義の時代といわれる時代に朝鮮が日本の植民地にされ、厳しい支配・収奪が行われ、その結果多くの朝鮮人が日本に渡ってきたという歴史と、砂利鉄道が敷設され、多くの砂利が東京方面に運ばれていたという歴史的事象がつながっていることも生徒は理解していくのである。

　そして、関東大震災後において朝鮮人労働者によって労働組合が結成され、日本人労働者も参加して、自分たちの生活や権利、自然環境を守る運動が行われたことを知る。「まとめ」では、今回の授業への生徒の感想（「現在も府中には多数の在日韓国・朝鮮人が生活している。他にもアジアや世界の国・地域からたくさんの人々が来て生活している。府中はけっして日本人だけの町ではない。そういった人々といかにして連帯の輪を広げていくか、それが

今の私たちの課題だと思った」）を紹介し、「あなたはどう思いますか。また、今の私たちの課題としてどのような問題が考えられ、それを解決するにはどうやって連帯の輪を広めたらいいと思いますか」という問いかけをしている。

おわりに

　「歴史総合」の授業サンプルとしての弱点は、やはり世界史的部分の薄さであろう。一応展開④で朝鮮近代史との「総合」をめざしたが、これではまだまだ日本史的視点からの捉え方に過ぎない。「歴史総合」は「世界とその中の日本を広く相互的な視野から捉え、現代的な諸課題の形成に関わる近現代の歴史を理解する……」なのであり、サンプル授業で言えば、多くの朝鮮人が日本に渡ってきて、多摩川の砂利採取といった低賃金で重労働の職業につき日本の中でコミニティを形成して生活するようになったが、そのことが彼らが去った後の朝鮮の社会にどのような影響を与えたのか。日本に渡った後も、彼らと半島に残った人たちとの交流や関係は続くわけだが、それはなにを生み出したのか。そして、それらのことが朝鮮と日本の以後の歴史にどのように影響したか、など、それらの点を生徒が追究する授業にしなければならない。中学校の歴史教育との接合をいかにするべきかという問題とともに、教材研究をすすめたい。

【参考資料】「近代の追究──砂利鉄道ってなんだ？」

『高校日本史Ａ』実教出版、2012年文部科学省検定済より）

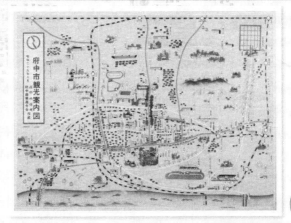

近代の 追究 **砂利鉄道ってなんだ？**

府中市郷土の森
博物館蔵

プロローグ　東京都府中市のＦ高校に通うＫ君は，市内の郷土の森博物館を見学した。
そこに展示される「府中市観光案内図」を見て不思議な発見をした。

「こんなところに鉄道が走っている。今はないぞ。」

中央線や京王帝都電鉄などは現在とほぼ同じだが，1954（昭和29）年につ
くられたこの地図には，市街の西側を南北に貫通する一本の鉄道があった。
さっそく学芸員の方に質問してみた。

「こんな鉄道があったんですか。」

「下河原線といって，府中市で一番はじめにできた鉄道です。中央線の国分
寺駅から下河原駅まで通じていました。現在は廃線となっていますが，その線
路跡の多くが下河原緑道とよばれる遊歩道になり，この博物館の脇を通ってま
すよ。」

後日，Ｋ君は下河原緑道を歩いてみた。

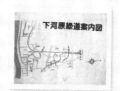

出発点は，甲州街道に面した下河原線広場公園の駅舎である。ここに実際の駅があったわけで
はないが，かつての下河原線の駅舎をイメージして府中市が建てたのである。地面にはレールが
敷かれ，レトロな感じの駅とマッチしていた。下河原線広場公園から甲州街道を渡ると，下河原
緑道（約3.7㎞）の入口になる。

　下河原緑道を行くと，線路の跡地らしく，まっすぐに道がのびている。ところどころに線路を支えていた枕木の廃材を利用した花壇や掲示板がある。レールが埋め込まれている場所もある。歩行者用と自転車用に分けられている。終点は下河原駅があった場所。今はそのことを示すものはなにもない。

　　　　　K君は下河原線のことが気になってしかたがなかった。

「一体なんのためにつくられた鉄道だったんだろう。」

　今の鉄道のように東京方面に通勤・通学客を乗せるためなら，府中の市街にも駅があったはず。しかし，下河原線にそんな駅はない。学芸員の方の話では，唯一の途中駅である北府中駅が開業したのは1956年だそうだ。それまでは，多摩川の河川敷に近い下河原駅から国分寺駅までノンストップでむすばれていた。

「よし，調べてみよう。」

　こうしてK君の下河原鉄道調べがはじまった。そして，K君はその成果をレポートにまとめて先生に提出した。

レポート

No.
Date.

● [テーマ]　**府中市にはじめて鉄道がつくられた理由はなにか** - 下河原線はなにを運んだか -

● [調査の動機]　下河原鉄道は,府中市ではじめて敷設された鉄道だが,市街地に駅はなく,
　　　　多摩川の河川敷に近い下河原駅から国分寺駅までをノンストップでむすんでいた。
　　　　なんのためにつくられた鉄道なのか興味をもった。

● [調査方法]　(1) 関連のあるところを訪ね，遺構を探したり，説明板を読むなどした。
　　　　その際に，記録用に写真をとった。

　　(2)インターネットで検索したり,図書館や博物館で本や資料を探し,そこから知識を得た。

　　(3)図書館の司書の方や博物館の学芸員の方，
　　　　そして学校の先生に話を聞いた。

● [レポートの目次]

下河原鉄道の線路

　1　下河原鉄道の敷設の目的をさぐる
　　　－砂利鉄道ってなんだ？

　2　多摩川の砂利と都市の近代化

　3　関東大震災と朝鮮人労働者

　4　多摩川砂利闘争
　　　－朝鮮と日本の労働者の連帯－

　5　結論

　6　感想

1 下河原鉄道の敷設の目的をさぐる
―砂利鉄道ってなんだ？―

まず，インターネットで下河原鉄道を検索した。

> 多摩川の砂利を運搬する目的で1910年に「東京砂利
> 鉄道」として開業した。東京都国分寺市と府中市の市域を
> 通っていた。府中市にとっては最初の鉄道路線であった。
> フリー百科事典『ウィキペディア』より

●東京砂利鉄道ってなんだ？
　インターネットの情報には不正確なものもあるので，書籍などからも確かめた方がいいとい
う先生のアドバイスを受けて，図書室で調べていたら，次のような記事があった。

> 　（府中市で）最初にできたのが南北を走る下河原貨物線で，中央線国分寺駅から南下，府
> 中の市街西側を経て多摩川原まで7.1キロの路線であった。当初は多摩川の砂利運搬のた
> めに東京砂利鉄道が明治43（1910）年に敷設したものだったが，まもなく洪水の被害で運
> 休となり，それを鉄道省が大正9（1920）年に買収，上野〜新橋間の高架鉄道のための骨材
> として多摩川の砂利をこの線でせっせと運んだ。現在山手線が通っている古い高架橋には
> 多摩川の砂利がぎっしりつまっているのである。
> 今尾恵介『多摩の鉄道沿線　古今御案内』より

　下河原鉄道は多摩川の砂利を東京方面に運ぶためにつくられたことがわかった。そのため，
乗客が乗り降りする途中駅を市街につくる必要がなかったのだ。多摩川からすくい出された砂
利を河川敷近くの下河原駅で積み込み，東京に直結している中央線の国分寺駅までひたすら運
んだのである。

　　　　下河原鉄道に続いて，1916年に京王電気軌道（現京王電鉄）が府中と
　　　新宿をむすぶようになった。1922年には多摩鉄道（現西武多摩川線）の
　　　終点である是政駅が開業し，1929年には立川から府中を経由して川崎
　　　に至る南武鉄道が全通した。しかし，これらの鉄道もすべて多摩川の
　　　砂利を東京方面に輸送することを主たる業務としていた。

2 多摩川の砂利と都市の近代化

> 　砂利は鉄道路線用，道路用の他，コンクリート用として用いられるが，なかでも近代的な
> 都市建設の進展とともに，コンクリート用砂利の需要は，増加の一途をたどった。そのなか
> にあって，多摩川の砂利は早くから，良質の砂利として有名であった。
> 　首都の都市づくりは着々とすすめられ，明治末期からは土木建築の事業費も増大した。砂
> 利は現在の府中市から立川市にかけての地域の河川敷で，さかんに採集されるようになった。
> 建設省関東地方建設局京浜工事事務所『多摩川誌』より

砂利の需要を急増させたのはコンクリート建築の増加であった。コンクリートとはセメントに砂，砂利，水を調合して固めた人造石のことで，コンクリート建築は，従来の木造建築や煉瓦づくりの建築に比べて強い耐震性や耐火性をもつ。1880年代のなかごろから，セメントの国産化が進むにつれ，コンクリート建築が各地で建てられるようになった。こうして，日本の都市はコンクリートのビルがたち並ぶ近代都市へと変わっていったのだが，それは同時に大量の砂利が必要とされる時代になったということでもあった。多摩川が砂利の採取地として注目されるようになったのも，この頃からである。良質の砂利が大量に堆積していて，また最大の消費地である東京に近くて輸送コストが比較的安い多摩川は，右表のように生産量全国1位の砂利の川になっていった。

河川名	1922年度	1925年度
多摩川	115.0	145.0
相模川	38.0	83.0
入間川	21.5	41.4
荒　川	20.0	36.3
その他	55.5	74.5
計	250.0	380.2

（万トン）
「関東砂利業界変遷記」による

3 関東大震災と朝鮮人労働者

東京市（現東京都区部）に到着した砂利の量は，1923年には107.4万トンに増え，翌年には131.7万トンとなった。この時期に砂利の需要が増加した原因は，関東大震災である。1923年9月1日の大震災は多くの建物を崩壊・焼失させた。復興にあたってコンクリートの使用がさかんになった。多摩川からこれまで以上に大量の砂利が採掘され，東京に運ばれた。

しかし，砂利採取の仕事は重労働であった。作業は露天で，夏は強い日射を受け，川面の反射も強烈である。冬は寒い川風のなかふるえながらシャベルや働簾（じょれん）をつかって砂利をすくうのである。

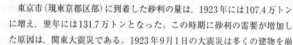

活を入れられたかのように河水のいきいきと踊り流れる傍（かたわら）で，砂利の山のかげにうずくもっている人影がある。黒いチマに白いチョゴリのは女だ。上下とも白いのは男である。よくみると子供もいる。

金網様のもので砂をふるい落として，小礫（これき），大礫（おおれき）をよりわけるのに彼らは夢中である。彼らに近づいていくと，かすかにもれる歌が聞こえる。農婦達の草摘歌（くさつみうた）が哀歌（あいか）だ。

このような風景を多摩川の流域一帯に我々は見受けることができる。彼らの手に選び取られたジャリは市内の富豪の庭園に，公園に，さらにコンクリート工事の原料にと運び去られていく。

張赫宙（チャンヒュクチェ）「朝鮮人集落を行く」より

図書館の司書の先生に教えてもらった，1937年に『改造』という雑誌に書かれた文章である。関東大震災以後の多摩川では多くの朝鮮人が砂利採取の過酷な労働に従事していた。そのなかには女性や子どもまでもがいた。『高校日本史A』の教科書p.71に書かれているように，日本の植民地にされた朝鮮では，朝鮮総督府がおしすすめる土地調査事業などによって多くの農民が土地を失い，日本に移住せざるをえなくなった。多摩川での砂利採取は，朝鮮半島での生活を奪われた人々が日本に渡ってきて，ようやく見つけた仕事だったんだろう。

4 多摩川砂利闘争 －朝鮮と日本の労働者の連帯－

> 　（1931年の）去る7月20日，丸子玉川多摩川ジャリ採取の朝鮮人の兄弟約600余名（これは丸子玉川だけじゃなくて，調布からも参加していると思うんですけども）集まってジャリ採取権を労働者に与えよ，機械船は撤廃しろ，ジャリの値段を6割値上げしろなどの要求をきめるためのまさに職場大会に移ろうとしたとき，突然官憲がやって来て，一方的に解散を命じられた。激昂した大衆は無届集会ではない，従業員大会だといって直ちにデモに移ったので，官憲は抜刀してデモの切り崩しをやった。
>
> 　　　　　　　　　　　　朴慶植（パクキョンシク）『多摩川と在日朝鮮人』より

　関東大震災以後，1日に150〜200トンも採取する機械船（機械化された採取船）が，鉄道会社などの大企業によって導入された。そのようなこともあり，長年の砂利の大量採取は多摩川の自然に影響を与え，河床の低下など多くの問題を生み出した。そこで，多摩川を管理する内務省が砂利採取業者に対して規制や取り締まりを強化した。ところが，内務省は機械船による砂利採取には許可を与える一方で，一日に2.5〜3トン程度の採取にすぎない，朝鮮人をはじめ貧しい手掘り労働者を排除しようとしたのである。朝鮮人労働者たちは労働組合をつくり，内務省や地元の町村に対して，自分たちの採取権の承認や，多摩川の自然環境に大きなダメージを与えている機械船の撤廃，ジャリの値上げなどをもとめて，デモやストライキをおこなった。

　このような活動（多摩川砂利闘争）が1931〜34年に展開されたことが，多摩川流域全体を調べて，わかった。上の資料は，その時代に発行されたビラの文章の一部だが，警察から暴力的な弾圧を受けた様子が書かれている。しかし，ビラには，日本人労働者代表8人が職場大会に参加し，「民族的な偏見をけとばして」朝鮮と日本の労働者の連帯が生まれたとも書かれている。

5 結論

　府中市で最初につくられた下河原鉄道は多摩川の砂利を東京方面に輸送するために敷設された。同様の目的で，1910年代から20年代にいくつもの鉄道がつくられた。その砂利の多くがコンクリートの素材として使用され，東京（川崎や横浜なども）を近代都市へと変えていった。

関東大震災以後は防火性や耐震性に優れたコンクリート建築がブームとなり，多摩川の砂利の需要は高まった。多数の朝鮮人が砂利採取の労働者として働くようになったのはこの時からである。また，この時期に導入された機械船は砂利の生産効率を高めたが，深刻な自然環境の変化も引きおこした。多摩川で働く朝鮮人を中心におこなわれた多摩川砂利闘争は，彼らの採取権や生活権，それに多摩川の自然を守るための運動だった。この運動には日本人も参加し，朝鮮人と日本人の連帯が実現した。

多摩川の砂利採取はアジア太平洋戦争後も続けられ，高度経済成長の時代の東京に砂利を供給した。しかし，機械採取によって出来る大きな窪地の危険性や輸送時のダンプによる排気ガスや騒音被害など，新たな問題も発生した。このため多摩川での砂利採取は1968年3月31日に全面禁止となる。役割を終えた下河原鉄道は1973年の一部廃止を経て，1976年に全線廃止となった。

6 感想

なに気なく調べはじめた下河原鉄道だったが，いろんなことが判って楽しかった。東京がコンクリートだらけの近代都市なるには，多摩川の砂利が欠かせなかったことや，その砂利を運ぶためになん本も鉄道がつくられたなんて，意外だった。そして，砂利採取の労働者として多くの人々が朝鮮からやってきて，子どもまでもが厳しい作業に従事していたなんて，日本の植民地支配のもたらした悲惨な事

実の一つがこの地域にもあったと知って，胸がつまる思いがした。しかし，朝鮮の人たちがそんな過酷な状況でも，自分たちの生活や多摩川の自然環境を守るために労働組合をつくって活動し，それに日本人の労働者も連帯したって話しを聞いた時はうれしかった。

現在も府中には多数の在日韓国・朝鮮人が生活している。他にもアジアや世界の国・地域からたくさん人々が来て生活している。府中はけっして日本人だけの町ではない。そういった人々といかにして連帯の輪を広げていくか，それが今の私たちの課題だと思った。

エピローグ 　K君のレポートを読んで，あなたはどう思いましたか。はじめて新橋・横浜間に鉄道が開通した1872年には29kmだった鉄道の営業距離が，2006年には27011kmに達しています。あなたの地域ではいつ，なんの目的でどのような鉄道がつくられましたか。ぜひ調べてみましょう。そこにはあなたの地域の近現代史が浮かび上がってくるはずです。

むろん，いったんつくられた鉄道が廃線になったり，路線が変更されたり，沖縄県のように本格的な鉄道がつくられなかった地域もあります。なぜ，そうなったのか。その問いからも，その地域のさまざまな歴史がわかるはずです。調べたら，それをもとに口頭でのグループ発表や討論会をしましょう。テーマは鉄道以外にも，産業の発達によって人々の生活はどのように変化したのかとか，冷戦が終結してアメリカの世界に対する支配が強まるなど国際情勢の変化は人々の生活にどんな影響をあたえたのかなども考えられます。

「砂利鉄道ってなんだ？」の授業展開

段階	教師の働きかけ（発問、指示、解説など）	生徒の学習（発言、活動など）	教材・学習材
導入	**本時の主題をつかませる。** 「この案内図を観て、気づいたことはなんですか」 「下河原線といって府中市で1番はじめにできた鉄道です」、「現在は廃線になっていますが、その線路跡の多くが下河原緑道とよばれる遊歩道になっています」 「いったい、なんのための鉄道だったのでしょうか。調べてみましょう」	・「昭和29年というから、1954年の府中市の地図だ」、「中央線や京王帝都線などの他に、国分寺駅から市街を南北に貫通する鉄道が描かれている。今はそんな鉄道はないぞ」、「終点が多摩川の川原ってどういうこと？」、「途中に駅が1つしかない」	「府中市観光案内図」（府中市郷土の森博物館蔵）
展開①	**砂利鉄道を調べさせる。** ・「インターネットの情報には不正確なものもあるので、書籍などからも確かめた方がいいですよ」「家族や近所のお年寄りにも聞いてみましょう」 ・「唯一の途中駅である北府中駅が開業したのは1956年で、それまではノンストップで国分寺駅と下河原駅を結んでいました」	・「インターネットで検索したら、資料①の記事がヒットしたよ」、「図書館の本に資料②って載っていた」 ・「下河原鉄道は1910年に多摩川の砂利を東京方面に運ぶためにつくられたことがわかった。そのため、乗客が乗り降りする途中駅を市街につくる必要がなかったといわけか」、「なんのために多摩川の砂利を東京に運んだんだろう」	資料①「下河原鉄道」（フリー百科事典『ウィキペディア』） 資料②今尾恵介『多摩の鉄道沿線　古今御案内』
展開②	**多摩川の砂利と近代化の関係をとらえさせる。** ・「資料③を読んでみましょう。運ばれた砂利の用途がわかりますよ」 ・「コンクリートとはセメントに砂利、砂、水を調合して固めた人造石のことで、耐震性や耐火性に優れています。18	・「コンクリートの材料」、「近代になって東京がコンクリートのビル街になっていったのは、近くの多摩川から大量の砂利が供給されたからなんだ」 「多摩川から毎年どのくらいの量の砂利が東京などに運ばれたんだろう？」	資料③建設省関東地方建設局京浜工事事務所『多摩川誌』 資料④『関東砂利業界変遷記』

	80年代のなかごろから、セメントの国産化が進み、コンクリートの建物がどんどん造られるようになりました」 ・「資料④のグラフからどんなことが読み取れる?」	・「④から、全国の河川で多摩川が砂利の生産量断トツ1位ってわかる」、「それって、多摩川産の砂利がコンクリートの材料として良質だったから」、「それに、近代化が急速に、そして大規模に進んだ東京の都市部に近くて、砂利の需要量が大きくて、しかも輸送費が安くすんだからじゃないかな」	
展開③	関東大震災と朝鮮人労働者に注目させる。 ・「1923年に東京市に運ばれた砂利は107.4万トンだったのに、翌年には131.7万トンにもなっている。こんなに急増したのはどうしてだろう? 教科書の年表や記述を手がかりにその理由を探ってごらん」 ・「砂利採取の仕事は重労働でした。作業は露天で、夏は強い日差しを受けて川面の反射が強烈で、冬は寒い川風のなかをふるえながらシャベルや長い柄の先に竹を編んでつくった鋤簾をつかって砂利をすくうのです」 ・「その様子を描いた当時のルポが資料⑥です。読んでみましょう」	・「1923年9月1日に関東大震災があった」、「教科書に『家屋の全壊10万9千、焼失21万2千』ってある」、「復興のため、耐火性の強い都市をめざしてコンクリートのビルや橋などが造られるようになって、コンクリートの材料としての砂利が大量に必要となった」 ・「でも、どうやってそんな大量な砂利を取っていたんだろう?」 ・「多摩川では多くの朝鮮人が砂利採取の過酷な労働に従事していた。なぜだろう?」、「1910年に朝鮮は日本の植民地になったって中学校で習ったけど、そのことと関係があるんじゃないかな」	資料⑥チャンヒュクチェ「朝鮮人集落を行く」(『改造』1937年6月号)
展開④	植民地下の朝鮮と日本への移住の関係をとらえさせる。 ・「近代になって日本と朝鮮の関係はどのように推移したのか、特に植民地になってから朝鮮総督府はどのような支配を行い、結果、朝鮮の社会や人々の生活はどのように変化	・「1875年の江華島事件の結果、翌年結ばれた日朝修好条規によって日本の朝鮮への経済的な進出がはじまり、日清戦争時に再起した朝鮮の農民たちを徹底弾圧したりして支配を強化した」、「日清戦争、日露戦争を経て、列強の承認	

	したか。調べてみましょう」	を取り付けて日本は朝鮮を19 10年に併合した」、「朝鮮総督 府による土地調査事業などに よって多くの農民が土地を失 い、日本に移住せざるをえな かった」、「多摩川での砂利採 取は、朝鮮半島での生活を奪 われた人々が日本に渡ってき て、ようやく見つけた仕事だ ったんだろう」 ・「でも、朝鮮人労働者の人力 による採取じゃ、関東大震災 以降の増大する砂利需要に対 応できないんじゃないか な？」	
展開⑤	多摩川砂利闘争－多摩川の自 然と生活を守る運動－ ・「資料⑦は1931年に朝鮮人 の砂利採取労働者の組合が集 会を行った時の様子が書かれ たビラの一部です。なぜこの ような事態になったのか。ど んなことを彼らが要求してい るか、調べて発表してくださ い」	・「関東大震災以後、1日に1 50～200トンも採取す機械 （化された採取）船が、鉄道 会社などの大企業によって導 入された。そのようなことも あり、長年の砂利の大量採取 は多摩川の自然に影響をあた え、河床の低下などの多くの 問題を生んだ。内務省は規制 を強化するが、機械船による 砂利採取には許可を与える一 方で、1日2.5～3トンの採取 にすぎない朝鮮人を中心とす る手掘り労働者を排除しよう とした。そこで、朝鮮人労働 者たちは労働組合をつくりデ モやストライキを行った」 ・「朝鮮人労働者たちは自分 たちの採取権の承認や砂利の 値上げだけでなく、機械船を 撤廃して多摩川の自然を守ろ うとしている」、「日本人労働 者も参加して、朝鮮と日本の 労働者の連帯が生まれてい る」	資料⑦パクキ ョンシク「多 摩川と在日朝 鮮人」

		・「母に聞いたが、曾祖父がこの争議にかかわったそうだ。夏休みに祖父の家に行くので、なにかこの件について知っていることはないか、じっくり話を聞いてこよう」	
まとめ	**学習の総括と新たな課題** ・「多摩川の砂利採取はアジア太平洋戦争後どうなったのか、調べて発表してください」 ・「あなたはどう思いますか。また、今の私たちの課題としてどのような問題が考えられ、それを解決するにはどうやって連帯の輪を広めたらいいと思いますか」	・「戦後も多摩川の砂利採取は続けられ、高度経済成長の建設ブームを支えた。しかし、家族の話では、機械採取によってできる大きな窪地の危険性や輸送時のダンプによる排気ガスや騒音被害など、新たな問題も発生した。そのために多摩川での砂利採取は1968年3月31日に全面禁止となった。役割を終えた下河原線は1973年の一部廃止を経て、1976年に全線廃止となった」 ・「現在も府中には多数の在日韓国・朝鮮人が生活している。他にもアジアや世界の国・地域からたくさんの人々が来て生活している。府中はけっして日本人だけの町ではない。そういった人々といかにして連帯の輪を広げていくか、それが今の私たちの課題だと思った」	

今、読みたい社会科・歴史教育の古典
——宮原武夫著『歴史の認識と授業』——

本書との出会い

　1冊の本との出会いが教員人生を変えることがある。そんな経験を私は持った。宮原武夫著『歴史の認識と授業』である。1981年11月に岩崎書店から発行されている。

　高校の日本史教員になって7年目の私は迷っていた。果たして自分の授業はこのままでいいのだろうか。年数を重ねるごとに、教科書の内容を要領よく解説し、それに新しい歴史学の成果を加味することも出来るようになっていた。しかし、その授業を受けている生徒はというと、大方は辛そうに板書をノートに写しながらひたすら終業のチャイムを待っている。自分の授業は生徒の心を掴んでいないという実感が私に重くのしかかっていた。なんとかしたい、でも、どうしたらいいのか。ヒントを求めて歴史教育の研究書や実践集を読み進めていったのだが、そんななかにこの本はあった。

　著者は当時歴史教育者協議会の副委員長であったが、大学で日本古代史を専攻していた私には律令社会の著名な研究者という認識の方が強かった。「あの宮原さんが歴史教育についても本を出されたのか。それなら読んでみよう」といった思いで読み始めた。

生徒が考える歴史の授業

　そこには、私が当時授業について悩んでいたことの本質や改善の方向性が端的に示されていた。「教師が自分の頭で考えることが重要であると同様に、生徒が自分の頭で事実にもとづいて筋道をたてて考えることも重要である。どんなに正しい考えでも、結論をおしつけ、知識を注入するだけでは、歴史の認識は深まらない」(29ページ)「私が、歴史の授業を通して生徒にわ

かってほしいと思うのは、いくつかの確かな事実にもとづいて（実証的に）、筋道をたてて（合理的に）、自分の生活感情に即して、歴史を説明し、解釈すること（習慣）の楽しさである。これが、現象の背後にある本質をつかむ力であり、社会のしくみをとらえる力であり、世俗や権力にだまされない力である」（260ページ）

つまり、教師の主観的意図とは逆に、私が行なっていたような一方的な教え込みのチョーク＆トークの授業では、生徒が自分の歴史認識を深化・発展させることはない。生徒自身に歴史を科学的、主体的に考えることの楽しさや大切さを経験させる必要があり、そこから生徒は社会を正しく認識する能力（社会科が目指す学力）を獲得していくようになる、ということである。そして、著者はそのような授業の具体例として、平安京遷都の理由について高校生に自分の知識や生活体験にもとづく仮説を立てさせて、どの意見に賛成かを議論させた授業記録「平安京遷都」を提示し、解説されていた。

読んでいて、このような授業ならば、生徒は積極的に授業に参加するようになるし、各自の個性が発揮され、歴史を考える能力（歴史的思考力）が鍛えられて、楽しく学びがいのある授業になると、私は直感した。私の授業改革の方向性はこうして決まったのである。

歴史教育の今を考える

本書が出版されて40年以上になる。しかし、その時点で著者が提起したさまざまな問題や課題をその後の歴史教育はどう解決（達成）していったのだろうか。歴史教育の今を考える際に重要な論点を本書は提供してくれる。たとえば、先述した生徒が考える授業の創造については、共感を媒介とする安井俊夫実践を土壌に中学校では討論を主体とした田中龍彦実践（『討論する歴史の授業①〜⑤』地歴社、2014〜5年）やさまざまな時代の人間になって生徒に日記を書かせる小林朗実践（「奈良時代の人びとの日記を書こう」『歴史地理教育』908号、2020年４月）などが生み出されている。その他、敗北史観（「教師の期待に反して、民衆の歴史を挫折と敗北の歴史とみる、子どもの歴史認識の１つの傾向」〔24ページ〕）の克服については、秀吉の刀狩が農民からの一方的な武装解除ではなく、身分制的な社会政策であることを６年生が探究していった石上徳千代実践（「刀狩の本当のねらいは何か」『考える歴史の授業（上）』地歴社、2019年）などがある。子どもが主体的・体験的に学んでいく問題解決学習と子どもの成長を保障する系統学習の統

一については拙稿「歴史教育の系統性と時代区分」（拙著『考える日本史授業 4』地歴社、2015年）で私案を示した。果たして、これらの実践や論考は本書で提起された問題（課題）に正当に応えているのだろうか。その検討が歴史教育の明日を拓くことになる。　　　　　（『歴史地理教育』911号、2020年7月）

第4章
歴史教育から歴史学へ

【本章を読まれる前に】

皇孫のお降り

第一　神國

一　高千穂の峯

大内山の松のみどりは、大御代の御栄えをことほぎ、五十鈴川の清らかな流れは、日本の古い姿をそのままに傳へてゐます。

遠い遠い神代の昔、伊弉諾尊・伊弉冉尊は、山川の眺めも美しい八つの島をお生みになりました。これを大八洲といひます。……最後に天照大神が、天下の君としてお生まれになり、日本の國の基をおさだめになりました。

……御代御代の天皇は、この三種の神器を、皇位の御しるしとせられ、特に御鏡は大神として、おまつりになるのであります。

これは、1943年に国民学校、つまり現在の小学校ですが、その5年生用に文部省自らが作った国定教科書『初等科国史』の文章と挿絵です。1945年には使用禁止・回収の措置がとられていますので、わずか2年で姿を消した短命の教科書と言えます。

当時、日本史は国史と呼ばれ、修身・地理とともに国民科の1科目として教えられていました。その指導目標は「皇国臣民たる自覚を培い、皇国の歴史的使命を感得して、これが遂行の覚悟に導くにある」です。「皇国の歴史的使命」が、大東亜共栄圏建設の美名のもとで進められていたアジア・太平洋地区への侵略であったことは明白です。そして、そのための戦争で日本の

劣勢が決定的になったこの時期、国民を根こそぎ戦争にかり出すための思想的締め付けが強化されていました。つまり、喜んで天皇のため、大日本帝国のために死んでいける国民を1人でも多くつくろうとしていました。この教科書は、それを11歳の子どもに強いるためのものだったのです。

　戦前・戦中の歴史教育は、侵略戦争や植民地支配を肯定し、進んで参加し、支えることを良しとするイデオロギーを国民に植え付けようとしました。結果、アジア・太平洋地区の人々や当時の日本の国民にも多大な犠牲と損害を与えました。そのような歴史教育ではなく、民主的で平和な日本の国民が持つに相応しい歴史を教えようという決意のもとで戦後の歴史教育は始まりました。そのための改革の第1が教育内容の科学化です。この教科書のような古事記・日本書紀の神話をベースにした非科学的で皇国史観的な歴史ではなく、きちんとした学問成果を教えようというのです。教科書も「日本史の舞台である日本列島は、地質学者の研究によれば、かつて大陸と陸続きであったという」(『三省堂　新日本史』、1952年) といった記述になりました。

　こうして、歴史教育は学問 (主に歴史学) と強い結びつきを持つようになったのですが、結果、「戦後歴史学」から民衆史、社会史へと続く戦後の歴史学の潮流が歴史教育にも影響を及ぼし、さまざまな授業実践が生み出され、これからも生み出されていくだろうと思います。そのようなことについて、日本近代史の研究者で歴史学の研究動向を史学史的観点から分析している成田龍一氏と語り合ったのが第18節「歴史教育と歴史学の架橋—加藤公明・成田龍一対談—」です。『歴史地理教育』896号 (2019年7月) に掲載されました。

　また、歴史教育を実践する側にも歴史学とどのような関係をとるかについて、かならずしも意見が一致しているわけではありません。基本的に4つの立場 (考え方) があるとするのが私の見方ですが、そのことを第19節「歴史学の成果と歴史教育−4つの立場−」で述べました。『歴史地理教育』867号 (2017年7月増刊) の論文です。

　歴史教育と歴史学は人々の歴史認識や歴史意識を科学的かつ民主的に発達 (成長) させる車の両輪であるはずです。その関係は本来、平等で互恵的でなければなりません。しかし、現実にはそうなっていません。それが証拠には、歴史教育の実践報告には依拠した歴史学の研究成果が書かれているものが多いのに、歴史学の論著で歴史教育に言及するものはごく希でしかありません。歴史学は歴史教育を無視しているか、歴史学の成果を子どもに伝える

ための媒体としてしか見ていないのではないでしょうか。そのような一方的で非対称的な関係が長く続いてきました。結果、いかなることになったか。歴史教育は歴史学に対する発信力を失い。歴史学の成果をいかに生徒（児童）に効率的にわかりやすく正確に伝えるかのみに腐心する「啓蒙主義の歴史教育」（第19節で詳説）に陥ってしまいました。その一方で、歴史学の研究は主に歴史学の研究者が集う学会での論争のベクトルにしたがって進展していくこととなり、人々の歴史に対する関心や問題意識、つまり歴史意識から遊離していってしまいました。むろん、時々の社会的状況から研究者が自分の研究の方向を模索するということもありますが、それが主流たりえていない、うまく機能していない、ないしは建前化してしまっていることが、日本の思想界における歴史学のプレゼンスの低下を招いているのです。

　その点、歴史教育は日々、日本だけでも何万という学校で教師が歴史の授業をしています。したがって、今子どもがどのような歴史意識を有していて、いかなる歴史を欲しているのか、また、子どもが現有している歴史認識にどのような過ちや問題性があり、どの方向に発展の可能性があるのかも教師たちは熟知しています。子どもは社会の鏡といいます。子どもの歴史意識はその社会に生きる多くの人々の歴史意識に通じています。歴史教育に注目してそこから発信されている人々の歴史意識の要請に応え、歴史認識の発達に寄与する方向で研究を進展させることが、歴史学が自らの社会的有用性を発揮することであり、「歴史学ばなれ」を阻止し、人々の歴史学への知的信頼を回復する方途なのではないでしょうか。そして、そのような歴史学の研究成果を得て、歴史教育も子どもの歴史意識に沿い、彼らの歴史認識を科学性を担保させつつ発達させる授業（教育実践）を実現させることが可能になるのです。

　第20節「長年にわたる荘園の教えづらさはなぜ解消しないのか」、第21節「『鎌倉幕府』という名称はやめませんか－天皇中心の歴史観を克服する－」はそのような意味を込めた私の歴史学への提言です。なお、第21節は『歴史地理教育』920号（2021年2月）に発表した文章に加筆・修正したものです。

第18節
歴史教育と歴史学の架橋
——加藤公明・成田龍一対談——

1. 歴史教育と歴史学の関わり

——昨今の歴史教育と歴史学の関わりからお話を始めさせていただきます。

加藤　戦前の国史教育は歴史学の成果と切り離されて皇国史観のラッパ手の役割を果たさせられました。そのことへの深い反省の上に、戦後の歴史教育は出発しました。ですから、原点に歴史学との一体化、歴史学の成果をふまえて歴史教育をおこなうという決意がありました。それは歴史教育者協議会の設立趣意書にもあって、先輩たちは戦後歴史学の科学的な研究成果を子どもに伝えようと懸命に努力してきたと思います。

　歴史学と違い、歴史教育の強みは現場を持っていることです。歴史教育は日々、日本だけでも何万という学校で教師が歴史の授業をしている。ですから、教師たちは自分が戦後歴史学の成果として教えていることが、子どもの歴史意識（興味、関心、問題意識など）にマッチしているかが肌でわかる。例えば、戦後の1950年代から60年代、高校の多くは旧制中学校や高等女学校の流れをくみ、生徒たちも日本の国や社会を背負っていくんだという意識を多少なりとも持っていた。学生運動の影響もあって、校内で国家、社会を論じることもめずらしくはなかった。戦後歴史学が明らかにした歴史像が、彼らのそのような歴史意識にマッチして、授業に血肉が通っていた。

　ところが歴史意識は変わる。高度経済成長期を経ると、大上段に国家、社会はどうあるべきかを考えようとする意識は低くなる。そうではなく、もっと身近な問題関心から歴史を考えようとするようになっていった。確かに表面的には男女平等なんですけど、大学進学となると「おまえは女子

成田龍一（なりた　りゅういち）　日本女子大学教授（対談時）、著書『近代日本史と歴史学』（中公新書、2014年）、『近現代日本史との対話　幕末・維新－戦前編』『近現代日本史との対話　戦中・戦後－現在編』（集英社新書、2019年）他

だから短大にしろ」などと親にいわれる。そういう矛盾、格差にぶち当たって、そこから、なぜ今の日本社会はそのような生きづらさを私に与えるのか、どうしたら解消できるのかという問題関心で歴史を見ようとするようになっていった。他にも、教科書は中央から見た歴史ばかりだが、自分の住む地域にも歴史はあったはずだ。その歴史を知りたいという生徒も多くなっていった。戦後歴史学が築き上げ、教科書の中心となっている部分と、生徒たちの歴史意識に乖離が生まれてきた。授業をしていてそれに気付いた教師たちが授業改革に取り組んでいった。女性史や民衆史、地域史の成果を学び、教師自身が地域の歴史を掘り起こしたりするようになっていった。千葉県の松戸で中学校教師だった安井俊夫さんが地元の坂川の歴史を掘り起こして実践したのが1970年です。その授業はまさに地域の民衆の歴史を生徒が自分事ととらえ、生き生きとした学びを実現させた。

　しかし、歴史意識はさらに変わる。身近な社会だとしても変革の担い手として主体化することは当然だという前提で授業していくと、そういう意味で自分は歴史に興味をもっているわけではないと、生徒がまた押しつけの主体化に拒否反応を示すようになっていった。もっと自分の日常の生活や人生に価値のある歴史を学びたい、と。教師はそれに応じた授業をしようとする。その時に社会史という歴史学の新しいトレンドが多くの素材を与えてくれた。しかし、生徒の歴史意識の今はますます希薄化と多様化が進んでいる。その歴史意識を振起し、彼らが学ぶに価値があると実感できる授業を作り出すには、彼らの歴史意識の要請に応える方向で歴史学の研究が進むことが望まれる。

　だが、はたして、そうなっているか。例えば、『考える日本史授業4』（地歴社、2015年）で書きましたが、荘園制の研究は立荘論みたいなところで法皇や貴族がどのように所領を獲得したかが焦点になっていて、生徒たちが一番知りたい、田畑を耕している農民たちにとってその土地が荘園になることはどういう意味があったのかは必ずしも明らかにされていない。そういう状態は非常に危険で、歴史学は少しも知りたいことに応えてくれない。それより、こっちの方がおもしろいし心地よいでしょうと、歴史学の研究と生徒の歴史意識の隙間から歴史修正主義の言説が入り込もうとしている。それが今の情勢かなと考えています。

2．歴史学の動向と歴史教育

成田　示唆に富む、お話でした。私自身は中学と高校の教科書編纂に携わり、大学の教職課程で学生の授業を持っています。教員志望の学生に対する授業では、教科書がどういう仕組みで、どのような歴史学を基として作られているかを軸としてきました。教科書が自明のものでなく、どのように歴史学との関係で作られたかを理解することが、歴史教育として必要と思ったからです（『近現代日本史と歴史学』2012年にまとめました）。教科書の歴史像の作られ方とその位相の考察となりますが、くしくも、歴史学も加藤さんが説明されたような、戦後歴史学から民衆史研究、そしてその先へという流れとなりました。

　教科書の土台となっているのは「戦後歴史学」です。皇国史観を反省し、科学的な歴史学として戦後歴史学がスタートし、それを背骨にしたのが教科書です。戦後歴史学はマルクス主義と実証主義がくっついて構成されています。従って、歴史は社会の仕組み−社会構成体が移行し、進歩発展していくものとして把握されています。しかも経済的な変化を重視し、時期区分も古代―中世―近世―近代―現代となっている。説得力のある考え方ですが、そこに生きている私たち、つまり、民衆がどういう役割をするかに関しては公式的です。その点を反省し、1960年頃から民衆史研究が登場してきました。政治、文化と経済の間に、歴史の主体として「民衆」を入れ、民衆にとっての歴史を考察するのです。民衆は運動、生活の両面をもちますが、主体的に歴史に立ち向かう存在とした。この研究成果は教科書にぽつぽつ入り込み、背骨は戦後歴史学で変わっていないものの、いまの教科書は「民衆」の営みを入れ込んでいます。そのような動きに、1970年代後半、80年頃から社会史研究が入りこみ、今に至る大きな変化がさらに加わっています。

　現在の歴史学の潮流は社会史研究と総括されますが、歴史的な変化があるように見えなかった家族、人間の生きること死ぬこと、あるいは恋愛することなど、あらゆることがらを、歴史的な問題としました。また、自然や地形、気候にも歴史があり、あらゆるものに歴史があると、歴史学の領域を大きく広げ、歴史を生き生きとさせました。

　歴史学の変化は、基本的には状況認識の変化によっています。このとき、加藤さんは「現場」、つまり生徒たちに語りかけ、その要求への対応から歴史教育の推移を説明されましたが、その過程は歴史学の推移とぴったり

と重なっていました。まことに興味深いことです。

　この３段階の変化は、歴史学と歴史教育との関係の変化でもあります。戦後歴史学の頃は、加藤さんがいうように、歴史学の成果を学び、生徒に伝えることが歴史教育の重要な使命とされた。しかし、代わって、歴史を体験し実感する地域や女性、あるいは「私」を明らかにしていこうとし、民衆史研究を接点として、歴史教育と歴史学がコラボする。けれども、（加藤さんがいう）生徒が変わってくるころは、歴史学も第３段階に入ってきています。いまはそのなかで、歴史学と歴史教育の関係をもう１度考え直してみる段階になっている。歴史学と歴史教育がそれぞれ変わるなか、歴史学と歴史教育の関係も変わります。

３. 歴史の解釈と歴史修正主義

成田　しかし一方で、学生たちに民衆史研究の話をすると、「民衆って誰」といって、私たちとは認めたがらない。私たちは主体的に生きており、民衆と上から名指されるような存在ではない。それを民衆と名指している歴史家とは何様だと（笑）。さらに、社会史研究が進展するほどに、あらゆるところに歴史があることになる。でもその中で教科書を作成し、歴史的な出来事として、ある出来事を選択して重視するのは歴史家でしょうが、「歴史家ってそんなに偉いの」という当然の疑問です。

　社会史研究はそこで転回します。そう、「歴史家だって歴史の中の一員なんだ」——これが社会史研究が作りだしたもう一つの論点です。ただ、話はややこしくなります。このように考えると、今まで「事実だ」と思っていたものが、あやふやになる。歴史家が軽重をつけた結果、歴史的事実が提供された、ということになりかねない。「事実って何？」というラディカルな問いも出てきます。歴史的事実と先生はいうけれど、「歴史的事実は最初からあるんじゃなくて、歴史家が歴史の中で選び出してきたものなんじゃないの」。

　歴史教育と歴史学の間の現在のギクシャクの１つの要因は、ここにあるでしょう。生徒たちが授業を聞くとき、例えば、自由民権運動の中で「民撰議院設立建白書」が出され、地域で豪農たちが動き出したというが、「それは教師の解釈でしょう」といわれたら、授業は成立しない。振り子が極端に振り切られれば、「じゃあ何でもありだ、『日本国紀』もありだ、教科書は書いた人たちの解釈だ、私が解釈してどこが悪い」となる。社会

史研究が直面する厄介さは、ポスト・トゥルースとして、現代社会が抱えている論点と直結しています。

　歴史修正主義は外から突然現れてきたのではなく、歴史学のある行き着いた地点、今切り拓いたところから入り込んできているのです。

加藤　歴史は解釈で、教科書も研究者の解釈です。それに間違いない。しかし、だからといって「何を考えても勝手でしょ」となるか。生徒は教科書に書かれていることも１つの解釈だとはわかっている。だけど、教科書が無価値だ、無意味だと投げ捨てはしない。解釈には説得力という価値基準がある。それはディベート的に相手を論破するためのものではなく、己に対する説得力。頭の中の空想ではいろんな解釈も浮かぶが、それらは本当に説得力があるか、自分が得心（とくしん）できるか、そこに生徒の問題意識はある。私の授業では、説得力ある解釈のためのサンプルないしは参考書として、教科書は尊重されている。

成田　ポイントはそこですね。いま述べたことを、あらためて言い直せば、歴史における「事実」が最初からあるのではなく、歴史は解釈の上で私たちの目の前に提示されるということです。そこまできて、どんな解釈でも許されるのではない、あらゆることがいえるのではないという議論になります。そのことを学ぶことこそが、歴史の授業であるということです。

　「解釈」ということは、根拠を示し、論を立て、対話をして相手を説得することです。自分が得心するために、必ず史料や根拠を示し、そこから読み取れることを示し、その論理を提示する。そして対話をして互いに検証しあうのですね。

加藤　私の「加曽利の犬」の授業では、貝塚からなぜ犬だけがバラバラではなく完全な状態で出土するのか、それをどう解釈するかで討論します。例えば、これは食用犬として飼われていたが捨てられたという説を立てる生徒たちがいる。だけどそれは貝塚から完全な状態で出てきた事実を無視したために、いろんな生徒から批判を受ける。そこでどうしたら自分たちが考えた説をより進化させられるか。「教科書に猟犬と書いてあるから猟犬だ」ではなく、この時代は食糧難の時代だという縄文時代のイメージや知識があって、それをもとに自分たちの説を立てたが、そういう批判を受け、自分たちの説をバージョンアップするにはどうしたらいいかを考える。その中で猟犬説、犬神説などをいろいろ聞いて、自分たちなりに学んで、その中で生徒一人ひとりが自分の縄文時代像を豊かに築いていく。それこそ

が歴史教育であって、生徒を歴史認識の主体に育てることではないか。歴史教育はそういう方向性を進むべきではないのか。

4. 『近現代日本史との対話』を読み解く

――ここで成田さんの近著『近現代日本史との対話』を取り上げて頂きます。

加藤　たいへんボリューミーなご著書ですね（笑）。だけど読みやすかった。普通の通史記述って、出来事の描写とその原因や背景、影響の説明が連綿と続くってイメージで、そのことがどんな意味をもつのかの説明がないものが多い。この本ではそこまで踏み込んでいる。

　日本の近現代史の基底を一応A、B、Cの３つのシステムの移行として捉えて、Aが国民国家の形成、それがAⅡになると帝国主義化していく。Bは国家総力戦体制で、極限として全体主義に至るが、戦後も続いて経済成長を目標とした動員体制BⅡとなり、高度経済成長を実現する。ところがCになってそれが大きく変わって、いわゆる新自由主義の時代になった。だけど今はCⅠからCⅡに変わるのか、CⅡは新しいD型なのか、それが混とんの中にある。そういう大きな歴史の構造性が示されていて、そのシステムのもとではそれぞれの事件や現象がどういう意味をもつのかが明らかにされている。だから非常にわかりやすいんだと思う。

　そして、歴史教育として何を学ぶかということなんですけど、もちろん、こういうこともあったんだというような新しい事実、私自身が不勉強だったので初めて知ったということもあるし、その解釈から学ぶことが多々あるんですけど、より根本的には、歴史に対する成田さんの基本姿勢、成田さんは研究者なので叙述をテーマにしているけど、歴史を認識するとはどういうことかを次のように語っている点にあると思う。

　「そもそも歴史を叙述するとは、無数の出来事から、重要な出来事を選び出し、出来事同士を結びつけて解釈し、それに意味を与え、批評するという営みです」（「はじめに」）

　これは、小川幸司さんの高校世界史の授業実践にインスパイアされたということですが、生徒が歴史を解釈して、そのことがその時代にとってどんな意味があったかを考えた上で、そのような歴史が今の日本や世界、そして高校（中学・小学）生として今を生きている自分にどんな価値（むろんマイナスの価値も）があるかを判断し、批評する。批評するわけですから、発表してみんなに問いかけるということが大事なんだということを言

われている。

成田　これほど深く読んでいただけると、著者冥利に尽きます。歴史を学ぶ
　　ことは、別の言い方をすると、歴史で考えることです。歴史から培った思
　　考力で、現在に至るさまざまな変化を考え、筋を通して説明してみようと
　　思いました。小川幸司さんの『世界史との対話』（全３巻、地歴社、2011
　　年）という歴史教育の本からは、多くを学びました。具体的な出来事をお
　　さえ、意味を考え、さらに批評するという３層構造を営むこと──小川さん
　　はそれを、歴史との「対話」としています。与えられたものではなく、自
　　ら引き受けて解釈し、意味を考えて批評するということが、歴史で考える
　　ということです。
　　　この本では、明治維新から東日本大震災までの近現代日本史の150年間
　　を、通時的に描くということを試みました。そのため、小川さんとの対話
　　が前面に出てきましたが、実は加藤さんの実践も強く意識しています。先
　　ほど説明されたように、加藤さんの問いは「加曽利の犬」の場合「縄文時
　　代像」という時代像と一体化しています。通時的な歴史像が背景にあり、
　　そこから問題を抽出してきている。そのゆえに、切り取ってきたものがエ
　　ピソードではなく、問いとして考える対象になる。そして、その問いを互
　　いに議論し考えることで、背後の認識、すなわち歴史像へ接近していくと
　　いう往還が加藤実践にあると思います。『近現代日本史との対話』は、加
　　藤さんが背後の前提にしているものを描き出す営みで、そのために分厚く
　　なってしまった（笑）。
　　　通史的・通時的な理解があればこそ、一つひとつの出来事に意味が付さ
　　れます。その通時的な理解がないと、出来事は単なるエピソードに終わっ
　　てしまう。それに意味を与えるのは、背後に歴史像をもっているというこ
　　とです。どういう歴史像（縄文時代像）と、加曽利貝塚の犬の解釈とが論
　　理的に整合するか、を加藤さんは生徒たちに問うたと私は理解しています。
　　　いま１つ。これは通史の体裁をとっていますが、いったん通史として固
　　定化すると、これが正しい、ありうべき歴史となってしまいます。しかし
　　歴史像も解釈に基づいていますから、絶えず対話のなかで変化していきま
　　す。本書は、成田が現在の状況の中で解釈をし、そこから提供した歴史像
　　であるという意味で、メタ通史といえます。

5. 歴史総合をめぐって

——最後に、新科目「歴史総合」の問題を、取り上げて頂きたいと思います。

加藤　新指導要領で高校に導入される「歴史総合」について３つの観点がいわれていますが、うっかりすると近代化・国際秩序の変化や大衆化・グローバル化が３つの単元だと思われてしまう。しかし、それら全部に「と私たち」と付いている。だから、これは今までの歴史の授業で見られるような、いわゆる通史を教師が一方的に教えればいいというのではない。「と私たち」の私たちは、高校生として「歴史総合」を学んでいる生徒たちのことで、しかも、必ずそれぞれの単元には、その単元で学んだ歴史と関わる現代的諸課題を取り上げることとなっている。つまり、この科目の授業では、先ほど、成田さんの本から学ぶべきだといった、歴史を解釈し、意味を考えて、各自が歴史を批評するところまで求めている。「歴史総合」の学習指導要領を書いた文科省の役人の意図は違うかもしれないが、そう解釈して授業することが大事で、さもないと、歴史を現在と短絡的に結びつけて、精神主義に陥ったり、ただ単に日本の近代以降の進歩はすばらしいで終わってしまうことになりかねない。そうならない学びを実現しなければならない。その点で、成田さんのこの本は大いに参考になります。

成田　先ほどの問題に接続して考えられると思います。生徒にどういう問いを語りかけるかといったときに、貝塚の犬の骨を入り口にするやり方（加藤型）と、通時的な流れに沿いながら批評を求める方法（小川型）と、２つのやり方があるでしょう。多くの先生方は、双方を組み合わせながら授業をされていると思います。

　そのときに、「歴史総合」では近代化・大衆化・グローバル化を手がかりに、「私たち」を考えるということになります。中教審の答申では、「近代化」「大衆化」「グローバル化」とされていたものが、学習指導要領では、「大衆化」が「国際秩序の変化や大衆化」とされました。一見、通時的に見えてしまう言い方ですね。近代化があって、第１次世界大戦を中心とする国際関係の変化の中で大衆化があって、さらにグローバル化がある。だから「歴史総合は通史だ」という解釈もありますが、中教審からの流れで考えると、近代化・大衆化・グローバル化という主題学習だと思います。ことばを足せば、近現代の歴史において、ある時期は「近代化」が前面に出て、ある時期になると「大衆化」が前面に出る。でも、現在は「グローバル化」が前面に出るが、背後に「近代化」も「大衆化」もあり、

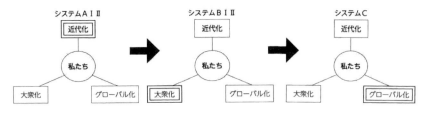

システムＡⅠⅡ　　　　　システムＢⅠⅡ　　　　　システムＣ

近代化　　　　　　　　　近代化　　　　　　　　　近代化

私たち　　　　　　　　　私たち　　　　　　　　　私たち

大衆化　　グローバル化　　大衆化　　グローバル化　　大衆化　　グローバル化

近代日本史のシステム論と歴史総合の３つの観点

そのトライアングルで近現代史を理解しよう——これが歴史総合の基本的な発想だと思います。

　ですから通史学習ではなく、主題学習と考え、そこで問いを立てて、「私たち」のことを考えるように構想している。もう少し言うと、中学校の通史学習をふまえ、歴史総合ではテーマを立て、それにもとづいて問いを立てて議論をし、学習するように、というのが歴史総合のガイドラインだろうと思います。

　このことは、歴史総合では今までの「世界史」や「日本史」の定番の叙述を崩すことを意味します。「近代化」では、18世紀がスタートです。18世紀の世界の関係を「近代化」を前面に出しながら、「大衆化」「グローバル化」も視野に入れながら、テーマを出し、歴史像を考察するように促しています。

　「日本史」の場合、とくに大幅な叙述と認識の転換が求められているでしょう。「明治維新」「自由民権運動」があって「大日本帝国憲法」ができ、「日清・日露戦争」があり「大正デモクラシー」「アジア・太平洋戦争」を経て「戦後」に至るという、定番の叙述を考え直さなければなりません。近代化・大衆化・グローバル化をキーワードに、これまでの叙述のスタイルを組み直してごらんというのが、おそらく新学習指導要領のもう１つのガイドラインだと思います。明治維新を「近代化」——国民国家化の始まりとすると、「自由民権運動」は憲法や議会を要求することで、明治政府とは異なる国民国家の形成をめざしたということになる。その対抗関係のなか、行き着いたところが「大日本帝国憲法」と「帝国議会」となったことの意味を考えることになります。今までのような自由民権運動の叙述は、変わってこざるをえないでしょう。

　通時的な理解と主題を組み合わせる発想で、①通時的なものを前面に出さず、②主題的なものを問いとして提出し、③表現力、思考力、判断力と

して考えてみようというガイドラインを文科省が出したと理解しています。先ほど、歴史学と歴史教育の関係が模索されているといいましたが、いまや、ここに制度的な改革も加わってきています。みなが知恵を出し合い、対話に基づく議論をすべきときであると痛感します。

——本日はさまざまな示唆に富んだ貴重なお話を頂き、ありがとうございました。

（2019年 3 月11日、歴教協事務所会議室にて）

第19節
歴史学の成果と歴史教育
──4つの立場──

はじめに

　歴史教育は現在、危機的な状況にある。子どもからは暗記科目と忌避され、教師たちは多忙化と教育統制の強化で授業研究や教材開発の時間と意欲を削がれている。そのことが魅力的な授業の創造を困難にし、「歴史嫌い」を増やすという悪循環を生んでいる。そして、そうした状況に付け込むかたちで、自分たちの政治的な主張や信条にマッチした歴史認識を子どもに浸透させようとする勢力も活発に活動している。

　この危機をいかに乗り越えるか。歴史学の成果と歴史教育との関わりを切り口に解決策を探ってみた。

1. 歴史学の成果を無視する─歴史修正主義の歴史教育

　歴史学と歴史教育の関係はいかにあるべきかという問いに対して。現在4つの立場（考え方）がある。大きくは、歴史学の成果を尊重し、それらに依拠して歴史教育は行われるべきとする立場と、歴史学の成果を否定し、これを無視する立場である。

　前者は啓蒙主義の歴史教育と「社会認識形成のための歴史教育」、それに「考える日本史授業」の3つである（それぞれについては後述する）。後者がいわゆる歴史修正主義にもとづく歴史教育である。拙著『考える日本史授業　4』（地歴社、2015年）で「歴史観を押し付ける授業」として批判的分析を行った藤岡信勝氏の授業「高杉晋作と馬関戦争」などだが、この授業では、高杉晋作を取り上げながら彼の行った奇兵隊の創設について一切紹介していない。教科書（『詳説日本史　改訂版』山川出版社、2016年文科省検定済）でも「高杉らは先に組織した奇兵隊を率いて1864（元治元）年末に兵をあげて藩の主導権を保守派から奪い返し、領内の豪農や村役人と結んで、藩論を恭順から倒幕へと転換させ……」とあり、「長州藩では、そのあとも農商民を加えた諸隊があいついで組織され、これが倒幕運動の軍事力となった」と注

290

記されている。にもかかわらず、授業者はひたすら、四国艦隊下関砲撃事件で敗北した長州藩の代表として、彦島を借りたいというイギリスの申し出を気迫で撤回させたことを強調し、「香港のように、いわば植民地にならないで済んだのは、高杉晋作のこういう交渉のおかげだったんですね」として、最後は、吉田松陰は自分の国の誇りを失わないことをいちばん大切に弟子に教え、その弟子たちが改革をなしとげ今の日本につながっていると強引に結んでいるのである。

　なぜ奇兵隊など諸隊のことを無視したのか。その理由はこの軍隊の兵士が武士以外のいかなる階層でもよく、農民や町人出身者が多かったからであり、その活躍ぶりを紹介すれば、幕末から明治維新へという歴史の進展に彼らのような民衆をはじめ、武士階級以外の人々が大きな役割を果たしたことが明らかになってしまう。それでは、「明治維新で封建制度を打破したのは誰かというと、けっしてブルジョアジーではなく、武士階級そのものなのです」（『汚辱の近現代史』徳間書店、1996年）といった授業者の基本的な歴史観、それは「奇兵隊こそは明治維新への民衆の直接参加の具体的な態様を示している」とする田中彰著『高杉晋作と奇兵隊』（岩波新書、1985年）などの歴史学の成果を無視した歴史観だが、そのような歴史観に反するからに他ならない。

　歴史学の成果ときりはなされた歴史教育は、特定のイデオロギーを広める思想教育（統制と強要）の手段に転化する。その実例を私たちは戦前・戦中の国史教育に見出すことができる。皇国史観のラッパ手の役割を負わされた教師たちによって、植民地支配や侵略戦争を正当化する八紘一宇の世界観などが子どもに植え付けられていった。そのことを想起すれば、歴史修正主義にもとづく歴史教育の問題性や危険性は明らかであり、主権在民、絶対平和主義、国際協調などを旨とする日本国憲法下の日本では決して容認されるべきではない。

　しかし、容認されるべきではないものが駆逐されるどころか、しだいに力を得て、皇国史観の真髄であるがゆえに戦後の国会で排除・失効の確認がされたはずの教育勅語を声高に暗唱する幼稚園児がテレビに映し出されている。そして、それを容認する勢力が政権を保持している。ここに今日の歴史教育の危機の深刻さがあると言えよう。

２．歴史学の成果を教える－啓蒙主義の歴史教育

　戦前・戦中の国史教育を批判し、歴史学と一体化した歴史教育をという主張は、敗戦後すぐに研究者らによってなされている。その内容は『歴史学研究』122号（1946年6月）に掲載された、前年11月の国史教育再検討座談会の報告に示されているが、「これからは歴史学者の立場からの歴史教育論が起こらねばならぬ。歴史学者は自ら歴史教育者としての自覚と責任を持たねばならない」とある。

　こうして、戦後の歴史教育は、天皇の神聖性と事績を強調する神話・伝説に代わって考古学の成果が取り入れられるなど、教育内容に科学性が担保されて人々の信頼を獲得するようになっていった。また、1960年代から70年代になると、民衆史や社会史、地域史の研究が盛んになり、従来の政治史や経済史、中央史の視点では軽視されがちだった人々（女性、在日朝鮮人、障がい者など）の立場から歴史の見直しが進み、その研究成果を取り入れた実践が行われるようになった。その結果、地域の市民運動や人権擁護・反公害などの運動が活発に展開していたこの時期、子どもを民主的な社会改革の担い手に育てるための歴史教育として一定の支持や理解を市民から得ることとなった。

　しかし、歴史の授業は歴史学の成果を正確に子どもに伝えることが何より大事だとする啓蒙主義的な歴史教育観を克服するには至らない場合が多かった。たとえば、戦争学習では、1980年代になるとアジア太平洋戦争における日本軍による加害の事実が多く明らかにされ、それらを取り入れて、被害の側面に偏りがちだった戦争の授業の改革が進んだ。しかし、教師が一方的に日本軍の加害の事実を糾弾し、子どもの自由な思考を保障しない「バクロ（暴露）型」とされる授業も少なくなかったのである。

　本来は子どもにとって有意義な学習の場であるはずの歴史の授業だが、学びの主体として子どもに保障されるべき思考の自由や相互の意見交流の機会が与えられず、教師を通じて外部から既成の歴史認識が持ち込まれ、その受容を迫られる。そのような歴史認識が子どもにとっていかによそよそしいものかは言うまでもない。このような啓蒙主義的な歴史教育が彼らを「歴史嫌い」に追いやっていったのである。歴史教育における疎外を言うならば、まさにこの点にある。

　啓蒙主義的な歴史教育が克服されずにいたのは、学習指導要領の改変にともなういわゆる系統学習重視の知識伝達型の科目編成や、知識の有無ばかり

を問う入試問題の横行が歴史は暗記ものという学習観を広めたことも、その原因である。したがって、学習指導要領にとらわれずに子どもにとって楽しく学びがいのある授業を自由にデザインし実践する裁量権を教師に認めることや、受験科目から歴史系科目を外すなどの入試改革が求められている。

3. 歴史学の成果を利用する―「社会認識形成のための歴史教育」

　歴史学の成果を無視する歴史修正主義の歴史教育や、逆に絶対視して学ぶ子どもの主体性を考慮せずに教え込もうとする啓蒙主義の歴史教育の問題性は指摘してきた通りだが、では、歴史教育は歴史学の成果とどのように向き合うべきか。

　社会認識教育学会（広島大学に事務局を置く）に集う社会科教育学の研究者は、歴史教育の基本的性格は市民性教育であり、その内容は歴史学の成果にもとづいた正確なものでなければならないとしながらも、「歴史的事実や歴史学の成果としての特定の解釈が、すくさま『歴史教育内容』になるのではない」とする。そして、従来のような歴史学が明らかにした時代の特徴をそれ自体として理解させようとする歴史主義の歴史教育ではなく、「現実の社会に立脚しながら過去の社会を眺め、現代の社会を理解させるために過去の出来事を理解させようとする歴史教育」として「社会認識形成のための歴史教育」を提唱している（『中学校社会科教育』学術図書出版社、2010年）

　つまり、現代社会に市民として生きる子どもに、その問題や課題がどのような原因・背景のもと発生し、いかなる経過で今日に至ったのかを理解させ、どうしたら問題を解決し、課題を達成できるかを考えさせる。そのための素材（教材）を歴史学の成果の中から探そうというのである。歴史学の成果はあくまでも利用すべき素材のストックであり、そこからの選択と構成は歴史教育の側がおこなうべきであるとするのである。

　このような主張に対して私が疑問に思うのは、歴史教育の目的を現代社会の理解に限定していいのだろうかという点である。この立場の授業では、現代社会に何らかの影響や繋がりのある歴史事象は歴史教育的に価値があるとして授業などで取り上げられるが、そうでないものは捨てられてしまう。取り上げられたものでも、それは現代とのつながりのある側面のみが強調され。そうでない部分は焦点が当てられないことになる。それでは子どもにとって歴史はすべて現代に直結したものになる。過去に現代とは社会構造や政治体制、経済制度、思想や宗教、風俗習慣などがまったく異なった時代があった

ことを認識させなくていいのだろうか。つまり時代像の構築ということだが、まずは各自の問題関心にもとづいて、その時代がどのような時代だったのかを子どもが自分の言葉で説明できるようになることが大切なのではないか。

　そして、誰がどのような行動を起こし、いかなる状況がつくりだされ、そのもとでどのようなメカニズムが作動して次の時代に移行するのか。そのような歴史認識が重層されてこそ、子どもの歴史観や歴史意識は成長するのである。「社会認識形成のための歴史教育」は、そのような子どもの歴史認識の発達や成長を保障できるのであろうか。できないとすれば、子どもが現代（時代の連続する変化の到達点であり、子どもにとってはまさしくそこに生きているコンテンポラリーな時代）の社会で自分たちが解決しなければならない問題や達成しなければならない課題を見出し、それをどのように解決・達成することが自分たちの歴史的使命なのかを彼ら自身で考えることもできないのではないだろうか。

４. 歴史学の成果を活かす－「考える日本史授業」

　歴史教育の目的は子どもを歴史認識の主体として成長させることであり、そのことを通じて公民的資質の育成（有能で能動的な市民、主権者を育てること）を目標とする社会科教育の一翼を担う、というのが私の歴史教師としての基本的スタンスである。そのための授業として、高校生が主体的に歴史を探究し、討論を通じて相互の意見交流を図る「考える日本史授業」を提唱し、実践してきた。

　「考える日本史授業」を実現するためには、歴史学の成果をまずは実践者としての教師が十分に学ばなければならない。生徒に歴史を自ら考えてみようと思わせる、つまり歴史認識の主体としての意欲を喚起するためには、これまでの彼らの既存の知識（常識）やイメージに反する、ないしは説明のできない、生徒にとって意外な事実や解釈（学説）を提示する必要がある。また、各自が構築した意見が歴史の仮説としてどのような発展の可能性を持つかを理解し、そのグレードアップを図るためにはどのようなアドバイスや史（資）料を紹介すればいいのかを判断するためにも、歴史学が当該の問題や時代についてどのような成果を生み出しているかを教師は広範にリサーチしておかなければならない。それは、討論で生徒同士の論争の争点を明確にしつつ、各自の説が深化・発展すべくリードするためにも不可欠なことである。

　たとえば、徳政一揆を起こした農民の行動の是非を討論させた授業で、飢

饉や戦乱が続く中で金融に頼らざるを得なかった農民や村落にとっても、徳政一揆による金融システムの破壊は当時の人々の生活や生産を危うくするという意味で反社会的行動で許しがたいとする意見が出された。この生徒の意見は、「政治・経済」の授業で学習した金融の今日的な役割を中世にそのまま投影した色彩が濃厚であった。したがって、歴史の意見として取り上げることを躊躇せざるを得なかったのだが、近年の室町時代の研究においては、井原今朝男氏などを中心に当時の金融の果たしていた役割についても解明が進み、「民衆が生き抜くことの困難な中世社会経済の本質的な部分は、借金という貸付取引に依存しなければやっていけない生産力段階にあったものと考える」(『中世の借金事情』吉川弘文館、2009年)とされるのである。となれば、この生徒の意見はこの時代の歴史的現実にも十分に適合的であるとすることができる。私がこの意見をみんなで討論すべき代表意見としてピックアップした背景には、授業者としての私の歴史学の成果についてのこのような学びをもとにした判断があったのである。結果、討論は時代の実相に迫る方向で活発に進展していった。詳細は『新しい歴史教育のパラダイムを拓く』(地歴社、2012年)第16章「歴史を熱く語り合う高校生―徳政一揆の農民は有罪か―」で報告し、授業の実写DVDも付録されているので参照していただければと思う。

　歴史学の研究成果は日々さまざまな形で発表されている。そのすべてを授業に取り入れることは不可能であり、意味がない。歴史教育の観点から歴史学の成果をどのように取捨選択するのかが問われるのであり、それは歴史学の成果を活かして歴史教育を創造することに他ならない。むろん、必ずしも活用できる成果が存在するとは限らない。その時は歴史教育から歴史学へ事実の解明、研究の進展(教材化可能な史料の発掘、より説得的な解釈の提示など)を要請することになる。その要請に応えることは、歴史学にとっても研究の蛸壺化を防ぎ、人々の歴史認識の発達を促し、歴史意識の要請に応える方向で自分たちの研究を発達させることとなる。歴史修正主義や反知性主義を克服する方途はそうして拓かれていくのではあるまいか。

おわりに

　歴史学の成果と歴史教育との関係について４つの立場の存在から論じたが、私としては歴史学の成果を活かすことが歴史教育にとって重要なことと考えている。したがって、われわれは歴史教育者としての自覚と視点を持って歴

史学の成果を学ばなければならない。そして、授業実践し、その結果をもとに歴史学に対して提案していかなければならない。千葉県歴史教育者協議会日本史部会が『岩波講座日本歴史』の学習会を月例で、時に執筆者や編集者の参加を得て行っていたのも、そのような意図からである。その様子は『岩波講座日本歴史　月報22』（2016年2月）に「教師たちの『岩波講座日本歴史』学習会」として報告した（本書にコラム4として掲載した）。お読みいただければと思う。

第20節

長年にわたる荘園の教えづらさはなぜ解消しないのか

はじめに

　なぜ長年荘園が教えづらいといわれながらも解消しないのか。その理由を考えるためには、まず「荘園を教える」とはどういうことかを考える必要がある。ここでは一応「荘園を生徒に理解させる」こととしよう。「理解する」とは「説明できる」ことである。生徒が荘園のなにについてどのように説明できるようになれば、生徒は「荘園を理解した」と言えるのだろうか。

1. なぜ公地公民制は教えづらいといわれないのか
──歴史認識の形成と歴史意識

　荘園は中世の土地制度である。古代にも土地制度はあった。公地公民制＝班田収授法である。「荘園は教えづらい」とされるが、「公地公民制は教えづらい」とはいわれない。なぜか。そこにこの問題を解く鍵がある。

　それは、公地公民制は当時の農民（実際に土地を活用して農業をし、作物を生産し、人びとの生活を支え、社会を成り立たせている人びとで、当時の人口の大半を占める民衆階層）に何を与え、何を奪い、それに対して農民がどのような反応や抵抗をし、公地公民制をどのように変質させていったかを生徒（高校生）は、小学校・中学校で習った知識や教科書の記述をもとに説明できるからである。

　具体的には、班田収授法は農民に、良民男子なら2段、女子ならその3分の2の土地（口分田）を与え、死ぬまで公収することはない。しかし、租庸調や雑徭などの重税が課せられ、耐えられない農民の多くが浮浪逃亡した。結果、働き手を失った口分田は荒廃し、税収入も減り、律令政府は墾田永年私財法にいたる開墾奨励策を実施し、その代価として土地の私有を認めたために公地公民制は変質して古代国家の衰退を招いた、というのである。むろん、この説明には古代史学の成果に照らせば様々な問題が存在する。例えば、墾田永年私財法について古代史家の吉田孝氏は「日本の班田法ではうまく把

握できなかった未開墾地と新墾田を弾力的に規制できる体制を生み出した…
田地に対する支配体制はむしろ深化したといえる」(『日本の誕生』岩波新書、
1997年)としている。であればこそ、それらは授業で活用して生徒の認識を
深化させる資源となる。

　しかし、荘園制については、当時の農民に何を与え、何を奪い、それに対
して農民がどのような反応や抵抗をし、荘園制をどのように変質させていっ
たかを生徒は、小中で習った知識では説明できない。高校の教科書を読んで
も、授業で先生の講義を聴いてもそれはできない。なぜなら、そこに書かれ
ている、ないしは解説される荘園は、貴族(いわゆる皇族も含む)やその同
階層の高僧が支配的地位にある大寺院の財産としての荘園(大私有地)であ
り、それらがいかにして作り出されたか、その過程とシステムであり、彼ら
に土地を寄進して自らの現地における支配権を維持しようとした在地領主
(武士など)の思惑と行動に過ぎないからである。そんなことをいくら精密
に解説されても生徒はけっして荘園を理解したとは思えない。

　人が歴史を理解するには、その人の歴史意識にマッチした歴史認識が形成
されなければならない。歴史意識とは、第一義的には歴史に対する興味・関
心・問題意識のことであり、いかなる立場からどのように語られる歴史なら
ば、それを自分(たち)の歴史と受け入れることが出来るか、という観点の
ことである。むろん、歴史意識は人それぞれであり、同じ人の中にも複数の
意識が重層的に存在している。しかし、生徒の多くが持っている歴史意識の
基調はやはり民衆史的なものである。そのことは、彼らが現在、日本の高校
生として多くが庶民(民衆)として自分は生活しているし、将来も民衆とし
て生きていくと思っていることに由来する。上記した公地公民制についての
彼らの理解がそのような民衆史的観点によるものであることからも明らかで
ある。

　したがって、歴史教育の立場から荘園制研究に望むことの第1は、民衆史
的観点からの荘園の解明である。繰り返しになるが、荘園制はそのもとで働
く農民に何を与え、何を奪い、それに対して農民がどのような反応や抵抗を
し、荘園制をどのように変質させていったかについての解明である。

2. 民衆史的観点からの荘園研究について

　むろん、そのような方面の研究がなされていないわけではない。いくつか
紹介しよう。それらの研究の一層の進展に期待したい。

(1) 鈴木哲雄氏の教材論的観点からの荘園研究

　中世史の研究者であると同時に千葉県の公立高校で長く日本史の教師を勤め、大学に転じた鈴木氏は著書『社会史と歴史教育』（岩田書店、1998年）の第1章「荘園というのは広い土地のことか」で荘園の教材化について論じている。この論考に対する私の評価と批判は拙著『考える日本史授業　4』（地歴社、2015年）第1章第1節「歴史教育の再生と歴史学」で述べたが、その要旨は以下の通りである。

　鈴木氏の石井荘の実践は、当時の「かたあらし」農法という農業の実態から荘園の在り方を説いており、生徒にとってこの型の荘園の構造を実態的に認識できる構成になっており、有効である。しかし、この実践での荘園を捉える視点もやはり、「かたあらし」という農法の段階において、土地支配を実現し有効な租税収奪をするに、いかにこの制度が便利かという、いわば領主の立場で終始していないか。「かたあらし」農法を営んでいた農民＝田堵およびそれに率いられていた一般農民にとっては免田型荘園とは何だったのかは解らない。免田型荘園は一体農民に何を与え、なにを奪っていったのか。

　領域型荘園についても、絵画からこの時代に領域と荘民を持つ荘園が出現したことを読み取らせる授業展開は、絵画史料を教材化した授業としても成功しており、魅力的な授業構成である。しかし、こうした領域型荘園が荘民たる農民たちにとってなんだったかの問題は明らかではない。免田型荘園から領域型荘園に荘園制度自体は発展をとげたが、それが同じくその地で働く農民にとってどのような変化をもたらしたのか。そのもとで彼らが得ていたものはどう変化し、収奪の中身にどんな変化が生じたのか。

　免田型荘園から領域型荘園への発展を考える時、確かに田堵の諸方兼作は領主にとっては、きわめて不都合であり、この時代の農民の領主支配に対する闘争に対抗する領主側の対応として生まれてきた側面は大である。しかし、免田型荘園が「かたあらし」という農法に立脚して存立していたものであるなら、その発展形態として領域型荘園が成立するには、その前提として「かたあらし」農法からの脱却があったということではないだろうか。「かたあらし」から満作へという農民の生産における努力と工夫が農業技術の発展を生み、定住性のつよい中世村落が形成され、それが免田型荘園を解体に導き、あらたな領域型荘園をうみだしていったはずではないのだろうか。鈴木氏にはそのような観点からの研究の深化と教材開発の努力を継続していただきたい。

(2) 水野章二氏の環境論の立場からの荘園研究

　水野氏の著書『里山の成立─中世の環境と資源─』（吉川弘文館、2015年）及び『災害と生きる中世　旱魃・洪水・大風・害虫』（同、2021年）によれば、10世紀は降水量の最も少ない世紀で、特に中葉には少雨と高温の夏が数十年続いた。その結果、11世紀後半からは用水をめぐる紛争が激しくなり、12世紀には荘園を単位とした水源確保や水利体系の整備が進行する。水源の確保は、荘域を明確にし、荘域内の山野から他者の利用を排除・制限しようとする運動と連動する、とされる。

　そして、「山川藪沢の利、公私これを共にすべし」（養老雑令国内条）という、オープンアクセス的な利用を原則とした古代社会のなかから、特定の山野河海を自らの領域に組み込み、閉じた利用原則を実現しようとする中世村落が登場し、水源をはじめとするさまざまな資源を確保する主体となる。中世村落の成立と密接に関係しながら、村落を支配の基礎に組み込んだ中世荘園が12世紀前後に形成されるが、荘園は用水整備や資源確保、祭祀などの制度的な枠組みとなり、村落などとともに災害対応の社会的な基盤となった。荘園領主は用水路などの整備・管理の義務を負い、旱魃が起これば、年貢減免などの対応が求められた。

　中世荘園成立の根底には、在地の側におけるこのような村落レベルでの山野・用水などの確保をめぐる運動が存在していた。荘園は中央権門の財源として上から設定されたというだけではなく、このような下からの運動を基礎に有していた。そのため、支配体制が大きく変容していく中世を通じて、荘園は強靭に生き続けた、とされるのである。

　降雨量などの気候の変化が農民らに水源の排他的な確保を余儀なくさせ、中世村落と中世的な領域型荘園をつくりだしたとする論理は、荘園を王家や摂関家など貴族階級から捉える立荘論的な目線ではなく、この時代にあって生産の現場にいた農民の目線からの荘園論といえよう。ただし、「残念ながら、現在の中世史研究では、地域に視点をすえた研究はあまり流行らなくなっている。特に関西では上からの視点の研究ばかりで、正面から在地社会を考えようという研究者は、ほとんど絶滅危惧種になりつつある」とあるが、歴史教育からは「地域に視点をすえた研究」こそが望まれるのである。

(3) 新井孝重氏の黒田荘についての研究

　荒井孝重著『中世日本を生きる』（吉川弘文館、2019年）の第2章「山の

民ー杣工がつくる荘園の村」を読んだ。

　まずは、杣工とされた東大寺造営のために材木を切出す人々が登場する。彼らは10世紀末には山の傾斜面に畑を造成し、食糧を自給するようになっていったのだが、食糧不足を解消するために、公郷の出作をはじめた。とはいえ、自力でなしうるだけの資力をもたない。ために、東大寺のあるいは寺僧の資本に依存せざるをえなかった。その結果、田堵の出作活動のすべてが、最終的に寺領を拡大させる仕掛けになっていった。田堵らはいくどとなく国司の役人・軍兵の圧迫にさらされ、住宅を焼かれ、あるいは身柄をからめとられ、正税官物納入の圧状（無理強いの文書）、請文（誓約書）を書かされた。それにもかかわらず彼らは出作を続けた。それはまさに彼らにとっては、たたかい以外の何ものでもなかった。しかしそのたたかいは、つねに荘園体制を強める働きをしていたと新井氏は言う。

　だが、やがて耕地の開発が進んで生産力が向上すると、それまでは経営が不安定で定住性が弱かった下層農民もだんだんと定着するようになり、「村民」とよばれるようになっていった。すると、村の様子も変化し、これまでのように有力な名主たちが荘園領主と結びついて自分の地位を維持しようというのではなく、むしろ荘園領主の支配から脱して自立していった。

　石母田正氏の名著『中世的世界の形成』以来、中世の荘園としては最も有名な黒田荘だが、何世代にわたってその地に住み、農地を耕し、自分たちの生活と生産を向上させてきた人々の苦難の歴史とその結果彼らが獲得したものはなにかが生き生きと描かれていた。全国各地に存在していた荘園にも、それぞれ独自の人々の歴史があったはずである。むろん、史料的制約があるのだろうが、その歴史をなるべく鮮明に明らかにしてほしい。そうなれば、その歴史を教材化して生徒に身近な地域の、そして民衆の歴史として荘園の授業が可能になる。

(4) 髙橋一樹氏の立荘論重視の荘園研究

　立荘論の立場からの研究にも学ぶべき内容は多い。

　髙橋氏は「中世荘園の立荘と王家・摂関家」（『日本の時代史 7 院政の展開と内乱』吉川弘文館、2002年）で住民が牓示打ちに参加している事実をあげ、「立荘に現地の住民たちが結集する契機はいくつか考えられる。隣村どうしの山野争いなどもその有力な要因となるが、住民たちにとって王家や摂関家の荘園に包摂されることには大きなメリットがあった。その１つは、一

般の公田より低額の官物率法を規定した『加納』の『院御庄例』を国衙が承認していたこと。もう１つは、国衙の使者などが入部することを停止できる特権の獲得である」としている。そして、「中世荘園は、その成り立ちや内部構造の上からもきわめて国家的な性格をもち、しかも貴族社会の側から主体的に編成されるものであったが、それは決して上から地域に押しつけられたわけでもない。現地で厳密に決められる荘域は、むしろ在地領主から百姓を含む現地住民たちの利害が強く反映しており、過酷な国務の支配関係から離脱しようとするかれらの生活・生産活動の場を囲い込むものであった」としている。

　荘園が公家や寺社の財産となるには、そこで耕作し、耕地を維持し、年貢などの税を収納する生産者＝納税者がいなくてはならない。彼らの逃散を防ぎ、荘園にとどまらせるには、たとえ法皇＝「治天の君」＝国王の権力・権威をもってしても限界がある。彼らをしてこの荘園に残ろうとする意志を持たせなければならない。となれば、そこには彼らを引きつけるメリットがなければならない。そのメリットこそが、彼らにとって荘園とはなんだったのかという問いの答えに他ならない。

３．歴史教育から荘園研究への要望

　先述のように荘園を生徒が理解するには、当時の民衆にとって荘民になること、つまり、自分が耕作している土地が荘園に組み込まれることは彼らに何を与え、何を奪ったのかを明らかにすることが第１に求められる。

　「奪った」については教科書（『詳説日本史 改訂版』山川出版社、2016年文科省検定済）などでは「年貢・公事・夫役」というタームが示され、「名主はおもに米・絹布などでおさめる年貢のほか、糸・炭・野菜など手工業製品や特産物を納入する公事、労役を奉仕する夫役などを負担した。これは、国司が名を請け負った田堵に課税した官物・臨時雑役の系譜を引くものである」とする注が付せられている。授業では、「阿氐河荘仮名書き言上状」で述べられている年貢＝材木などで説明している例が多いのではないかと思う。

私は、容量の異なる多種の一升（斗）枡の存在と右の斗棒図をよく教材にした。同じ一升枡でも何種類もあり、納められる年

東福寺の斗棒図

（寶月圭吾著『中世量制史の研究』吉川弘文館、1961年）

貢米などを計る収納枡は容量が大きく（中でも地頭が用いる「地頭枡」は大きい）、支払い時の下行枡は小さい。斗棒の使い方を考えさせる。

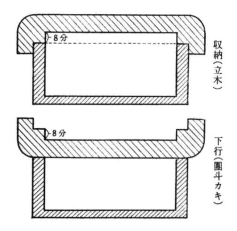

収納（立木）

下行（囲斗カキ）

正解は右図の通りである。

結果、収納時は8分（2.24cm）分の隙間に米などが盛り上がった状態で計測され、下行時に比べて2割以上増量となる。

しかし、「与え」については、教科書の多くは荘園の成立を「寄進論」で説明しており、寄進元の開発領主にとってのメリット（国衙からの干渉排除と下司などの荘官職への任命）しか書いていない。田堵からやがて名主と呼ばれるようになった有力農民、作人とされた一般農民、下人などの隷属農民にとってのメリットが具体的になんなのかは書かれていない。この点の教材化こそが望まれる。にもかかわらず、荘園研究の今日的状況は必ずしもその方向に進展しているわけではない。荘園成立の契機を従来のような在地領主などの下からの「寄進」に求めるのではなく、上からの「立荘」にこそあるとする研究が盛んである。つまり、院政期に法皇やその周辺では六勝寺の造営が行われ、その膨大な建設費や宗教活動のための維持費をまかなうために、院の近臣とれさる受領層の中からフィクサー的役割を果たす人物（藤原顕季や同家成など）が現れ、彼らの働きかけにより広大な土地が荘園として認定されていったというのである（立荘論的観点からの荘園の授業化については、渋澤拓真「中世荘園はどうできたか」〔『歴史地理教育』950号、2023年2月〕に好例が示されている）。いわゆる立荘論だが、その隆盛が上記したような水野章二氏の嘆き（「在地社会を考えようという研究者は、ほとんど絶滅危惧種になりつつある」）を生んでいる。

たしかに立荘論は中世荘園の成立が院政期の政治史と密接な関係があったことを明らかにしたという点で意味があったと思うが、それだけに終始していては荘園史は貴族層の財産形成史に過ぎなくなってしまい、生徒にとっては「そんなことどうでもいい」「ことさら知りたくもない」歴史となってしまう。そうさせないためにこそ、前項の「民衆史的観点からの荘園研究につ

いて」で紹介した(1)〜(4)のような観点の研究の進展を歴史教育から歴史学に要請したいと思う。そして、そうした面の研究の進展は、未墾地も含む広大な土地を囲い込んだ荘園がなぜこの時期に造られるようになったのかの農業技術史的、社会的、経済的な原因や背景を説明するにも必要なのではないだろうか。

　そのためには、まず、当時の農民がおかれていた状況、つまり、生産活動や社会生活をしていく中でいかなる困難や課題を有し、それをどのように解決・達成しようとしていたかを明らかにし、荘園制を通じてそれらに資するなにをどのように得ていたのかを解明していく必要がある。新井孝重氏が示すように国衙からの圧力をはねのける武力や政治力の獲得もあるだろうが、一般に「勧農」とされる領主の行為の内容を探っていくことが大事ではないかと思う。「勧農」と「収納」は対であり、「勧農」なくして「収納」はない。水野章二氏が述べられている用水（路）の確保などかそれにあたるが、鈴木哲雄氏の研究についてで述べた「かたあらし」克服のための新しく「満作」を可能にするような革新的な農法も「勧農」の一貫として導入されたとは考えられないだろうか。というのも、室町から安土桃山時代に広島地方で歌われていた「田植え歌」に「きのふ京から下りたる目黒の稲はな、稲3把にな、米は8石な、福の種やれ、3合まいては3石、（中略）まかうや福の種をば」とある。ここで歌われている「福の種」とは、新田開発や二毛作の実現に努力していた農民にとってその先兵となりえる多収性で日照りにも虫害にも強く、白地（痩せた土地）でも栽培できる大唐米などの外来の新種の稲ではないだろうか。それも「京から下りたる」とあるので、「勧農」との関わりでもたらされたと考えられないかと思うのである。

おわりに——髙橋一樹講演から学んだこと

　2021年6月13日の千葉県歴史教育者協議会主催第17回「地域と民衆の歴史を学ぶ講演会」（オンライン）に出席し、荘園研究の第一人者である明治大学の髙橋一樹氏の講演「新たな荘園制研究からの提言 —中世荘園の捉え方はいかに変わったか—」を聞き、質疑に参加した。学ぶことの多い講演会だった。特に教科書の定番となっている荘園公領制概念の非実態性の指摘や、知行国制度が国司になれない上級貴族による国司権益の確保のための制度であった点などは「目から鱗」の思いであった。

　肝心の立荘論的な荘園についての捉え方だが、①〜⑤のように私は理解した。

① 荘園はあくまでも、それまでの国家的収奪−給付が機能不全になって、それにかわる新たな税収奪−配分のシステムである。

② 納税者の百姓（有力農民）と荘園領主を結び、税を集めて都の荘園領主（貴族）に配分する中間請負人（目代が兼任する場合が多く、沙汰人とか雑掌と呼ばれる人びとで、実務系官人）が荘園領主から任命され、実務を取り仕切っていた。彼らは大津あたりなどに「倉」を設け、そこに各地の荘園からの税を集め、都の貴族に配分していた。「はい、これはあなた様の荘園である〇〇国××荘からの年貢米です」といって、本当は自分が請け負っている別の国の荘園からの年貢米を渡すこともあった。借上をしていた者もいた。後の土倉につながる。儲かって京都の土地を買いあさっていた者もいた。

③ 地域住民にとっては、荘園が成立することにより徴税の一本化がなされて付加税の軽減がなされ、斗代制の導入による税率の軽減化がなされるというメリットもあった。

④ 榜示打ちには地主・住民たちが立ち会っており、彼ら（百姓身分など）の意思が反映しているし、その生活・生産の空間を囲い込むように荘園の範囲を設定した。しかし、単独の在地領主が荘園全体の土地支配を実現しているわけでもない。むしろ中世荘園は徴税のための「郷」「村」などの既存の単位の集合体という側面もある。つまり、荘園に社会的機能などはなく、あくまでも公家たちの税収奪−配分のシステムにすぎない。「勧農」も領主は免税＝減免するだけのことで、新しい農業技術が荘園制のシステムにのっとって京都（荘園領主のもと）から現地にもたらされるといったこともない。新種の稲についても古代からの品種がそのままの名で中世の地方（新潟県）に伝わっている。在地にはそれを支える秩序が存在していた。

⑤ 中世前期の資料は貴族階級により作成されたものがほとんどで、民衆レベルの「在地にはそれを支える秩序」のことを語るのは難しい。しかし、「地域社会内で生成・機能・保存された『地下文書』の研究によって中世社会における中間層としての百姓身分の人びとの動向を直接描き出す研究段階」である。

あくまでも私の理解であり、誤りがあったとしたらすべて私の責任であることは言うまでもない。しかし、私が納得したのは、立荘論の立場を徹底すれば、荘園に社会的機能などはなく、あくまでも公家たちの税収奪−配分の

システムにすぎないとなるということである。そして、人々の生活・生産を支える機能は地域社会自らが保有し、「在地にはそれを支える秩序が存在していた」とされ、「地下文書」の研究がそれを明らかにしつつあるとされる。その研究の進展に期待するばかりだが、そうであるならばなおのこと、荘園制はなぜかくも長く中世という時代を通して存続しえたのか。生の政治力や暴力、総じて権力の一方的な押し付けでそれは可能なのであろうか。これは歴史観の問題である。むしろ、研究が進めば、「在地にはそれを支える秩序が存在していた」とされるその「秩序」形成ないしは維持・発展に荘園制を通じての中央との物的、人的、技術的、文化的、経済的、精神＝宗教的交流がいかに寄与したかが判明するのではないだろうか。それこそが荘園の社会的機能といえよう。少なくともそのような問題関心をもって、われわれ歴史教育の立場の者は歴史学の成果を精査し、研究を促す必要があるのではないだろうか。

補　論
荘園支配における宗教の果たした役割について

　髙橋氏の講演の最後に四十栄貞憲氏が荘園支配における宗教の果たした役割について言及された。最後の総括的な発言のため深く論じられたわけではないが、私には重要な問題提起に思えた。というのも、私は本節で、生徒が荘園のなにについてどのように説明できるようになれば、生徒は「荘園を理解した」と言えるのだろうかとして、その地を耕している農民にとってその地が荘園になることでなにを与えられ、なにを奪われたのかを明らかにし、農民のどのような闘争（努力、工夫、連帯と抗争）が荘園をいかに変質、解体させていったかを明らかにすべきだとした。

　しかし、ここで言う「荘園になることでなにを与えられ……」の「なに」は必ずしも具体的な実利を伴うもの、たとえば様々な災害にたいする財政的援助や最新の農法にもとづく効率的な技術の伝授＝「勧農」とか、国家権力を背景とした国衙や対立する近隣村落との対立抗争の際の政治的支援＝「寄沙汰」などに限定する必要はない。農民たちは必ずしもそのような実利があるから荘園領主に税を払っていたわけではない。

　荘園制が制度であり社会的に認知された存在である以上は、実利的なギブアンドテークの関係があるにちがいないというのは近代的な社会観をベースにした理解にすぎない。前近代社会の社会制度ではそのような互恵的関係がなくても支配・収奪関係は成立する（近現代社会でもそのような支配・収奪がなくなったわけではない）。その最たるものが宗教を媒介としたイデオロギー的支配である。農民層に税を差し出さなければならないと思い込ませればいいわけで、払えば○○という実利があるから、それに相応する税を払おうというのではなく、払わなければ我が身にどんな不利益を与えられるかもしれない（逆に言えば、払えば不利益を被らずに済む）と思い込ませればいいわけで、その実例を清水克行氏は『室町は今日もハードボイルド』（新潮社、2021年）で紹介している。その例とは以下のような出来事である。

　　1469年のことだが、醍醐寺の門前の集落（「御境内」）が寺への年貢を半済（半減）にしようとした。僧侶はこの事態を放置すれば「一寺の滅亡」であるとして、ふだんは寺内の奥深くに安置されている執金剛神像

を引っ張り出し、20人もの僧侶たちが堂のなかで濛々と護摩の煙を焚き、揺らめく炎のまえで呪いの文言をひたすら唱えつづけたのである。やがて、その効果はてきめんとなって表れた。まず、首謀者であった村人数人はすぐに捕らえられ、寺の僧侶たちによって呆気なく処刑される。仏罰ここに報い来たれり！……その後、他の「御境内」の村人たちにも「病死」、「病悩」（重病）、「餓死」、「頓死」（不明の急死）という悲惨な運命が待ち受けていた。年内のうちに村内の数え切れない人々が不可思議な理由で次々と命を落としていったのである。……そんなバカな話があるか。と思われるだろうが、これは真実なのである。いや、少なくとも、当時の人々はこれを「真実」と考えた。こともあろうに醍醐天皇も祈祷所とした霊験あらたかな大寺院に刃を向けた愚かな村人どもは、当然の報いとして、一村滅亡の災厄に見舞われることになったのである。

　考えるべきは、なぜわれわれはこの「真実」を「そんなバカな話があるか」と思うのかである。それは非科学的な言動にリアリティはなく、呪いが人を殺すことなどありえないとする考えや思いを共有しているからである。しかし、そのような考えや思いは科学が進歩し、森羅万象が科学によって説明される（と思われる）ようになってから成立したのであって、人々が合理性や客観性を重視する世界観やコスモロジーを持つようになった近代以降のことである。しかし、科学が未発達で宗教が人々の思想と意識を鷲づかみし、その神話的で呪術的な世界観やコスモロジーが支配的であった前近代においては実際に呪いは人を殺す力を持っていたのである。呪われたという事実と意識が人々に生きる気力を失わせ、死に向かわせたのであろう（「病は気から」というではないか）。このことは、近代的な人間観（「そんなバカな話があるか、と思われる」）をもって前近代の人間も同じだと見てはならないということであり、えてして、思想や宗教といった形而上学は上部構造であり、生産関係が作り出す下部構造のあり方に左右されるという史的唯物論的な考え方のもと前者のもつ時代への規定力を軽視しがちな私たち（少なくとも1970年に大学の史学科に入学し、当時主流だった唯物史観史学を学んだ私のような人間）がはまる歴史認識の陥穽といえよう。
　荘園に限らないが、特に前近代の多くの事象について上記したようなイデオロギー支配の観点からの理解の深化が欠かせない。このことは授業化の際

にも留意すべきで、人々がなぜ荘園制のもとその支配に服し、税を差し出したか（この点こそ荘園制の歴史的本質）を生徒が自分自身にとっても納得できる説明を構築するためには必要なことではないだろうか。

　なお、以上のことを考えたのは、四十栄氏に本章の素案にあたるレポートを事前に読んでもらい、それを契機に以下のようなメールでのやり取りがあったからである。参考資料として掲載するので参照されたい。

【参考資料】
加藤先生
　こんばんは。
　大変参考になるレポートをありがとうございます。
　まだ十分に読み込めておらず、整理もできていないのですが、「奪った」だけでなく、「与えた」という側面（特に勧農の実態）への解明が必要だとおっしゃる点について、同感です。
　加えて、個人的には宗教との関係も気になります。領主がどこまで荘民を信仰で雁字搦めにしたのかや、信仰と農業との関わりについて、古代集落から中世荘園の展開過程でどのように変遷したのか、などを知りたいです。

四十栄先生
　レポートを読んでいただき恐縮です。
　宗教のことも生徒が荘園を理解する上で大切なポイントだと思います。荘園が長期間体制として存続するためには、その元で支配・収奪される農民たちにその支配・収奪を受け入れさせなければなりません。武力で無理矢理では長続きしません。「自分たちにとって利益があるぞ」とか、「当然のことだ」とか、「しかたがない」とか、なんでもいいのですが、彼らを納得させなければならないわけです。そのことを「勧農」に注目することで生徒にも理解できる授業ができるのではないかというのが私のレポートの趣旨だったわけです。
　しかし、「勧農」だけでは不十分で宗教が重要な役割を果たしたと思います。特に寺院を荘園領主とする荘園においては、古くからの荘民の信仰の対象であった村の神が神仏習合＝本地垂迹説により領主寺院の本尊

などと同化させられ、年貢などの税は収奪ではなく、神＝仏への奉仕であり、怠れば祟りがあると思わせられていたわけです。だからこそ、念仏や題目さえ唱えれば救われると説いた鎌倉新仏教はそのドグマを断ち切る可能性があったのであり、権力と癒着していた大寺院勢力から弾圧されたわけです。私も引き続きもっと深く考えてみます。

加藤先生

　確かに現行の日本史教科書の記述は制度説明に終始していて、その荘園にいる住人たちの姿が全く見えないですね。このことが生徒の思考を妨げる元凶にも思えてきます。

　その点で、年貢などの税は収奪ではなく、神＝仏への奉仕であり、怠れば祟りがあると思わせられていたということを、教材を通じて迫れないかと思います。中学校の関誠さんの実践は示唆に富みます（「荘園の授業」『歴史地理教育』852号、2016年7月増刊）。関さんは実践の中で「大和国大宅寺の公事・夫役」に注目させ、年中行事に必要な物を貢納させていることなどを読み取らせています。この、支配・収奪の論理に関わって、佐藤弘夫さんの『「神国」日本』（講談社学術文庫、2018年）129ページには、「中世人にとって神仏の存在は、決してたとえ話でも空想の産物でもなかった。人々は日々神仏の声を聞きその存在を感じ、神仏との交感を重ねながら日々の生活を営んでいた」と述べられています。支配・収奪を実現させるため、どのように荘園領主は住人を説得したのか。その具体的なあり様が叙述されることで、初めて理解が深まるのかなと感じました。その手がかりがやはり「与える」側面の「勧農」であり、「勧農」による成功体験を得させることで、住人を信仰の世界へ取り込んでいった（むしろそれにより住人が積極的に信仰心を深めていった）と考えられないでしょうか。

　また、「鎌倉新仏教」の登場は、飢饉や内乱などで荒廃した荘園内の住人の要求が背景にあり、領主による収奪の論理が飽和してくる歴史的状況のなかで新たに広がった信仰とも言えるのでは、などいろいろ想像させられます。そうしたことの資料的根拠や可能性などについても髙橋一樹講演で手掛かりが得られれば嬉しいです。

四十栄先生

　返信していただき、ありがとうございました。

佐藤さんの本は私も読んで学ぶ点が非常に多くありました。142ページに「中世において民衆を直接支配する上での中心理念は、荘園を神仏の支配する聖なる土地であるとする『仏土』『神領』の論理だった。この論理こそが中世の民衆の意識を呪縛し、荘園制支配の枠のなかにからめ捕る役割を果たしていた」とある点など、まさしくここに荘園制の本質の一面があるのであり、その本質を生徒が理解することを教育内容として授業を構想することがわれわれ日本史教師には求められていると言えますよね。

　その点で関実践は格好の入口を示していると言えます。ただ、教材化するにはその年中行事の具体的な中身を示す必要があります。1月4日の行事とはどんなことを祈念していかなることが行われるのか、その際に荘民が納めた円鏡餅はどのような役割をはたすのか等のことです。それらが分かると生徒は餅を納入した荘民たちの気持ちを想像することが出来るわけで、たとえば「これで今年も豊年が約束されたような気持ちになった」とか「仏の功徳を得て村が戦乱や飢饉に見舞われなくなる気がして、ほっとした気持ちになった」とか。

　『高校日本史B』（実教出版、2013年文科省検定済）の第3章第1節「中世社会の土地制度」の「歴史の窓」は「東大寺『お水取り』と松明の奉納」というタイトルで、この行事に使用される松明が鎌倉時代から黒田荘の荘民によって奉納されており、1930年代までは「30数キロの山道を歩いて、奈良に運んだ」ことを紹介しています。このような公事の納入が単に荘園領主東大寺の権力によって無理矢理行われていたら、荘園制が力を失った近世以降はなくなっていたはずなのに、それが21世紀に至るまで続いていると言うことは、荘民たちにとってもその行事が意味・価値があったからに他なりません。その意味・価値こそ、荘民たちにとっての、自分たちが黒田庄の荘民であることの根拠・理由に由来するのではないでしょうか。しかし、そのようなことは、今までの荘園の授業ではほとんど触れられていません。そのことが民衆史的歴史意識を有する生徒たちに荘園の授業を難解なものにしていたと言えます。

　このことは、もう1つ重要な論点を示しています。これも歴史意識に関する問題ですが、かつて千葉県歴教協日本史部会の例会で渡辺哲郎さ

んが次のような趣旨の発言をしたのを覚えていますか。つまり、「教師は往々にして歴史を社会科学的に説明するが、生徒は歴史を人文（科）学的に学ぼうとする。そのギャップが授業を空々しいものにする」。

　その通りだと思います。教師はモノとコトに即して唯物論的に歴史を説明しようとします。しかし、生徒の多くは人びとの気持ち、心情、思想、観念などに沿って歴史を理解しようとします。そのギャップが、教師は一生懸命教材研究して歴史を分かりやすく解説しているつもりでも、生徒がその授業に少しも興味を示さない、それどころか、「先生の歴史の授業は難しくて、つまらない」などという空回りの現象を引き起こしています。四十栄さんの今回の指摘はそのことを解消する授業の可能性を示していると思います。

第21節

「鎌倉幕府」という名称はやめませんか
——天皇中心の歴史観を克服する——

はじめに——今後の日本史教育が問われていること

「日本はずうっと天皇あっての国だった。いつの時代にも天皇がいたし、実際の権力は他のだれかが握っても、結局は天皇に認められて初めて正式な支配者になれた。頼朝だって、尊氏も家康もみんな天皇から征夷大将軍に任命してもらって幕府を開いている。それだけ、いつの時代の日本人も天皇に最高の権威を感じていたし、天皇こそが日本の中心って思っていた」

日本国憲法の成立前に発表された各種の憲法案を比較してベストワンとワーストワンを選ぶという授業をしてきた。ワーストワンに選ぶ生徒が多い幣原内閣の憲法改正案(明治憲法の天皇大権を若干の語句の変更だけで残そうとした)をベストワンに選んだ生徒(本間)がいた。理由を問うたところ、その返答が冒頭の発言である。

彼女が確信を持ってそのような主張をしたのは、小学校以来学んできた日本史の事実が自説の正当性を保証する知識として位置づけられているからである。そのことが発言に説得力を持たせ、他の生徒に影響を与えていった。

「前の授業で読んだ「深夜の御前会議」という資料(家永三郎監修『日本の歴史』第7巻、ほるぷ出版、1982年)の事なんですけど、ポツダム宣言を受諾するかどうかの御前会議で外相が受諾するにしても皇室の存続だけは日本として譲れない絶対条件だ、『それは、将来の民族発展の基礎だから』っていっていたじゃないですか。本間さんの発言を聞いて、ほんとうにそうだなって思って、東郷さんは敗戦後の日本のことを本気で心配して命がけで天皇を守ろうとしたんだと思う。なんかかっこよくないですか」

授業の感想を輪番で書かせている「日本史授業ノート」の文章である。

クラスメートの発言に対する素直な反応にすぎないが、このような歴史観は、日本は天皇あっての国であり、自分もその一員であるというナショナルアイデンティティ(国民意識)を生み出すことになる。これからの日本史教育はどのような授業を創造して、このような認識・意識の生徒たちに主権在

民の国家である日本国の主権者にふさわしい歴史観を獲得させるかが問われているといえよう。

1．「鎌倉幕府の成立はいつか？」をテーマにした授業

　3年生対象の教職科目「地理歴史科指導法」で学習指導案を作成させている。毎期40～70人の受講者がいるが、多くの学生が討論や班別に協議した内容を発表し話し合う授業を構想し、指導案を作成する。それは、新しい学習指導要領で「主体的・対話的で深い学び」（アクティブラーニング）が推奨されていることもあるが、前年度の「社会科・地歴科教育論」で紹介された多くの優れた授業実践では討論など生徒同士の意見交流が盛んに組織されていることを学んだ結果でもある。そして、テーマは地理歴史科の単元であれば各自が自由に選択していいとしているのだが、毎年何人かが「鎌倉幕府の成立はいつか」という授業を構想する。1185年説 VS 1192年説という単純なものから、1180年説、1183年説、1190年説も選択肢に上げる複雑なものまである。そして、それぞれに根拠とする事実を上げさせ、なぜその説を支持するのかの理由と他説への批判を発表させて反論を考えさせるといった内容である。実際に、指導案に基づいて模擬授業をさせると、生徒役が社会科・地理歴史科教員志望の大学生であり、中に日本（中世）史専攻の者もいることもあり、それなりの議論にはなる。

　例えば1180年説では頼朝が挙兵に成功して富士川の合戦で勝利して東国の実質的な支配権を確保し、侍所を設置して武士を組織的に統率できるようになったことを根拠として上げる。1183年説は朝廷から東国支配権を認める寿永2年10月宣旨が出されたことが幕府成立の画期とする。1185年説は、平氏を滅亡させたこともあるが、守護（国地頭）・地頭（荘郷地頭）制度の成立をなによりの指標とする。1190年説は上洛した頼朝が右近衛大将に任じられた事を重視する。1192年説はむろん頼朝の征夷大将軍任官を根拠とする。その証拠が、「頼朝は…1192（建久3）年、後白河法皇の死後には、征夷大将軍に任ぜられた。こうして鎌倉幕府が成立してから滅亡するまでの時代を鎌倉時代とよんでいる」とする教科書（『詳説日本史 改訂版』山川出版社、2016年文部科学省検定済）記述である。そして、授業の最後に教師役（学習指導案制作者）がまとめとして討論を総括するのだが、最初に言うのが、この問題に正解はなく、実際に学者間にも意見の相違があり、論争中であることである。その背景には鎌倉幕府を歴史的にどのような存在と捉えるかの差異

があり、1180年説と1183年説は東国国家論、1185年説、1190年説、1192年説は権門体制論（中世では公家・寺家・武家が相互補完的に結集して国家権力を構成しているとする）をベースとした説であるなどと説明して終わる。

　実際にも同様な授業が行われていると思うが、その結果、生徒はどのような歴史観を獲得するだろうか。正解はないとされる以上、選択肢のどれを支持してもよいということであり、要は各自がなぜその説を支持したかを東国国家論や権門体制論的な解釈にもとづいて説明できればよいということになる。したがって、生徒の歴史認識の自由や個性が容認され、「主体的・対話的で深い学び」が実現できていると評価されるのかもしれない。しかし、いずれにせよ、鎌倉幕府と呼ばれる政権が頼朝によって、そのような歴史的な意味をもって設立されたという歴史観を生徒は獲得することになるが、その点に問題はないだろうか。

2．「鎌倉幕府」は明治時代の造語

　頼朝によって鎌倉を拠点とした政治権力が設立されたことは歴史的事実である。ただ、それを鎌倉幕府と命名したのは明治になってからのことである。つまり、鎌倉幕府は実際にそれが存続していた時代にはそう呼ばれていなかったのである（将軍の邸宅を幕府と呼ぶことはあった。また、モンゴル襲来以後に「東関幕府」と呼ばれたことなど僅かな例外はあったが、一般化することはなかった）。では、だれがどのような理由で鎌倉幕府と呼んだのだろうか。

　まず「幕府」という用語だが、政治思想史の研究者である渡辺浩氏は次のように言う。「現在のように『幕府』という語が一般化したきっかけは、明らかに、後期水戸学にある。…徳川政権があくまで京都から任命された『将軍』の政府であることを強調するためである。そして、その正統性根拠を（一般に『皇国』の自己意識が強まる中で）明確化し、体制を再強化するためである。『幕府』とはそれを意図した、正に為にする政治用語だった」、「それは、天皇が『日本』の歴史を通じて唯一の正統な主権者であり、徳川氏も、せいぜい天皇から『大政』を『委任』されて統治者たりえていたのだという（江戸時代の始めには無かった）歴史像と結合していた。このような意味で、『幕府』とは、皇国史観の一象徴にほかならない」（『東アジアの王権と思想 増補新装版』東京大学出版会、2016年）。

　むろん、幕府という言葉を使う研究者も教育者も皇国史観の信奉者である

わけではない。むしろ、その非科学性や天皇主義的なイデオロギー性に強く反発し、歴史学や歴史教育における跋扈（ばっこ）を許さないとする人が多い。しかし、研究や著作、教科書や授業などにおいて幕府という「皇国史観の一象徴にほかならない」語句を使用することに問題はないのだろうか。知らず知らずのうちに皇国史観的偏向をきたしたり、皇国史観的歴史観を広める役割を果たさせられているのではないだろうか。先の「日本はずうっと天皇あっての国だった」とする生徒の歴史観はまさにそのことの一端を示していると、私には思われる。

　「幕府」という言葉については以上の通りだが、より限定して「鎌倉幕府」という言葉については高橋昌明氏が次のように述べている。「鎌倉幕府の同時代の呼称は『関東』もしくは『武家』である。…田口卯吉の『日本開化小史』や福沢諭吉の『文明論之概略』などでは、『鎌倉政府』『鎌倉に政府を開く』『北条足利の政府』など『政府』という用語を使っていた。…『政府』が幕府という語に置き換えられるにあたり、『稿本国史眼』（全7冊）の果たした役割が大きかったようだ。同書は、帝国大学文科大学（のちの東京帝国大学文学部）の教授であった重野安繹・久米邦武・星野恒によって編さんされた明治前期の官撰日本通史である。同大学に国史科が設置された翌年の明治23年（1890）10〜12月に刊行され、教科書として用いられた。そこでは、江戸幕府を含めた3武家政権だけを幕府と呼び、幕府にとって征夷大将軍は必備の要素、との主張が打ち出されている。首長が征夷大将軍に就任したことを持って、幕府を開いたとみなす見解は、権威ある帝国大学の教科書の説くところとなるがゆえに、以後の歴史教育や歴史論・歴史叙述に極めて大きな影響を与えたに違いない」（『武士の日本史』岩波新書、2018年）。

　では、なぜ「幕府にとって征夷大将軍は必備の要素」としたのだろう。その点についてだが、たまたまテレビで本郷和人氏司会の鎌倉幕府の成立時期をめぐる討論番組を見た。そこで1192年説がなぜ生まれたかについて次のような発言があった。つまり、明治になって江戸幕府がいつ終焉したことにするかが問題となった。勝と西郷の談合が不首尾で豊臣政権のように徳川家の当主（慶喜）が江戸城で討ち死にでもしていたら、その時をもって幕府滅亡としえたのだが、そうはならず、徳川家は存続し、慶喜自身もやがて華族（貴族院議員）として取り立てられる。そこで、大政奉還とそれに続く征夷大将軍の辞任および王政復古の大号令によるその承認をもって江戸幕府の終焉とした。となれば、江戸幕府の始まりは1603年の家康の征夷大将軍任官の

時となり、室町幕府の始まりは1338年尊氏の征夷大将軍任官の時となり、鎌倉幕府の成立は頼朝が征夷大将軍に任官した1192年とされるようになったというのである。

　そうした状況のなかで生み出されたのが「委任封建制論」という学説である。それは「頼朝はたとひ国家改革を行ふだけの実力を之を有してゐたとしても、王権を借りることに依つてのみ、合法的に此大改革を成就し得たのである」。「我国で委任制封建制度ともいふべきものが成立したことは、全く日本の特殊なる国体によるものであって、皇位の神権的並に族長的尊厳に基づき。其神聖不可侵の光彩が実はこの時に発揮せられた」（牧健二『日本封建制度成立史』弘文堂書房、1935年）とするものであり、皇国史観の中世史的歴史観といった内容である。戦後になって、皇国史観は否定され、歴史学および歴史教育から放擲されたが、同根の学説である「委任封建制論」は払拭されないまま、先の鎌倉幕府成立年についての諸説の内、1180年説以外の説の根拠として残存したのである。

　歴史はけっして過去の出来事の集積ではない。後世の解釈が歴史を紡ぎ出すのであり、そこには解釈した人物やそれを支持し広めようとした人たち、総じてその時代の思想性や政治的思惑、イデオロギーなどが反映される。歴史の解明とは、そのような思想性や政治的思惑、イデオロギーなどを暴いて解釈し直すことである。問題は、歴史が解釈であることを否定することではなく、解釈の基盤ないしは基準である思想性や政治性、イデオロギーなどの内実であり、それらがいかに現代を生きるわれわれにとって説得力があり、有用であるかであろう。その要件としては、民主的であること、客観的であること、実証的であること、科学的であること、論理的であること、体系的であることなどが上げられる。その点で、頼朝によって鎌倉に設立された政権を鎌倉幕府と名付けるのは、明らかに一定の思想性や政治的思惑、イデオロギーなどによるのであり、それは「皇国史観の一象徴にほかならない」と言われるものである。それが、今日でも生徒の歴史観に影響を与えているとすれば、現代における歴史の研究、教育においては駆逐すべきものといえよう。

　たとえば、高校で「あなたは何年の時点で『鎌倉幕府』が成立したと考えますか？　また、その理由は何ですか？」というテーマで討論授業を展開した河野通郷氏は、その実践報告（「『鎌倉幕府の成立年』を話し合う」『歴史地理教育』815号、2014年２月）で「『1183年説』『1185年説』『1192年説』

が『意見が変わった』生徒にとっての移動先として人気であった」とし、「天皇を中心とする１つの日本、という考え方が生徒たちにとってすんなりと入るものなのかもしれない。その思考を相対化するような実践を今後おこなえればと思う」としている。

３. 前田大志実践について

　では、どのような授業がそのような要請に応えうるのだろうか。『歴史地理教育』920号（2021年２月）に掲載された前田大志実践「鎌倉幕府成立時期の再考－『イイクニつくろう鎌倉幕府』は正しいか」はその可能性を示している。

　前田氏は「そもそも、鎌倉幕府の成立時期を考えることは、『幕府とは何か』を問い直すことである」とし、「その営みは、武士の時代について新しい見方や考え方を身に付け、それを捉えなおす契機ともなり得る。鎌倉幕府の成立を多角的に捉えさせ、生徒の歴史観を豊かにすべく、今回の授業を実践した」とする。そして、次のような単元構成で授業を行っていった。

> 第１時　平氏政権──平家物語史観は誰が作り上げたのか
> 第２時　源平の争乱──勧進帳はなぜ生まれたのか
> 第３時　鎌倉幕府①──なぜイイクニつくろう鎌倉幕府は消えたのか
> 第４時　鎌倉幕府②──幕府とは何か

　そして、第４時で前田氏は『1192年説と1185年説で、あなたはどちらが成立のタイミングと考えますか』と発問する。当然両説それぞれに支持する意見が出るのだが、そこで氏は『では、この問いを頼朝ならどのように答えると思いますか』と問いを転ずる。

　これまでに幕府の成立年を問うという実践は多いが、このような問いは寡聞にして知らない。従来の問いはあくまでも現在の地平で、鎌倉幕府とよばれる政権の性格（東国国家なのか軍事権門なのか）や歴史的推移（反乱軍として支配領域を広げ、後白河法皇との政治的かけひきにより朝廷の公認を得る）を勘案して、その成立の時点を探ろうとするものである。しかし、新たな前田氏の問いは、生徒に頼朝が生きた12世紀後半に立たせて考えさせている。生徒からは、当然のことだが次のような疑問が返ってくる。

　「そもそも幕府という言葉がいつ生まれたか分からないので、おそらくど

ちらか分からない」

　果たして、頼朝の時代に幕府という言葉は存在したのか。存在していなければ頼朝に幕府の成立年を聞いても答えは返ってこないではないかというのである。そこで前田氏は頼朝の政権を鎌倉幕府と名付けたのは江戸時代、尊王論、つまり天皇こそが日本の最高権力者であるとした人たちが考えたと説明し、改めて、なぜ彼らは頼朝の政権を幕府と名付けたのかと発問した。

　「頼朝が朝廷の力を凌いで新しい政権を打ち立てたことを快く思わなかったからではないか。あくまで朝廷が支配者だという考えが明治以降注目された」というのが、生徒の回答である。であれば、頼朝の政権に新しい名前をつけるとすればなにか。「頼朝政権」、「武家政権」、「鎌倉幕府のまま」、「鎌倉会議」、「源氏政権」などの案が生徒から上がったところで、終業となった。前田氏は、出された意見の内、どのネーミングが最も相応しいか、討論させたいと思っているとし、そうすることで幕府という後の時代に付けられた名称に囚われることなく、この政権の本質に生徒が迫ることが可能になるのではないかとしている。

　討論はどのような議論が展開し、争点としていかなる問題が浮上するか知りたいところであるが、実践報告にその部分はない。次年度以降の課題ということなのであろう。なんにしても、鎌倉幕府という言葉に込められた天皇主義的なイデオロギーから解放されて、生徒は自由に自らの時代像を築いていくのではないだろうか。

おわりに

　『歴史地理教育』815号掲載の「鎌倉幕府の成立を問い直す」で中世史家の川合康氏は、鎌倉幕府権力の本質は反乱軍の軍事体制にあったとし、「とすれば、本稿が鎌倉『幕府』の語を用いることは、論の趣旨からいって不適切なのかもしれない。…『鎌倉軍事権力』と呼ぼうかなど真剣に悩んだ」としている。私はその悩みに共感する。しかし、氏は続けて「『鎌倉幕府』はすでに固有名詞化していると割り切り、『幕府』の語に特別な意味を持たずに今日まで用いてきた」というのだが、「はじめに」で紹介した生徒の発言や河野報告が示す通り、高校生にはそのような割り切りは通用しない。その語から「特別な意味」をくみ取っているのである。同様に平氏政権を「六波羅幕府」とする高橋昌明氏（『平家と六波羅幕府』東京大学出版会、2013年）や「福原幕府」とする本郷和人氏（『謎とき平清盛』文春新書、2011

年）の主張にも賛成できない。ほかにも「堺幕府」「鞆幕府」「安土幕府」「奥州幕府」など、「○○幕府」なる造語が研究者によって次々と生み出されている。日本の歴史学はそのことが人々の歴史観にいかなる影響を与えるかを考慮すべきである。まず手始めに、鎌倉幕府に代わる名称を研究者とともに考えたい。

```
┌─────────────────────────────────────────────────┐
│                                                   │
│              【コラム④】                           │
│                                                   │
│      教師たちの『岩波講座日本歴史』学習会            │
│                                                   │
│                                                   │
└─────────────────────────────────────────────────┘
```

はじめに

　2014年1月から『岩波講座日本歴史』の学習会を始めた。月例の学習会だが、毎回最後に次回検討する論文とレポーターを決める。レポーターは論文を精読してレジメをつくるのだが、参加者は、主に千葉県内の高校で日本史の授業を担当している（していた）教師たちである。レポーターの論文を読む観点は当然歴史教育を意識したものとなる。たとえば、この論文で述べられている歴史学の最新の知見は、現行の教科書記述とどのように異なり、どの部分をいかに深化・発展させたものなのか。そのような歴史学の成果を活かし、生徒が楽しく活き活きと学べる授業を実現するにはどうすればいいのか、などである。

　学習会は、まずはレポーターの報告をじっくり聞くことから始まる。そして自由な討議となるのだが、さまざまな議論が活発に交わされる。いつもあっという間に2時間が過ぎ、予定の午後9時には終わらないというのが実情である。一体、どんな報告をもとにいかなる議論がなされているのか。そして、それは、どのような授業を生みだしているのかなどを、具体的に紹介したい。

1. 武士、それは東国の大地と歴史が育んだ存在
——高橋修「武士団と領主支配」（第6巻 中世1）を学ぶ

　2015年2月の学習会のレポーターは私で、検討した論文は上記の高橋論文である。「武士職能論」、特に「都の武士論」の登場以来、武士の発生をいかに教えるかは教師たちにとって悩みの種である。生徒は古代から中世への移行を「貴族の時代から武士の時代へ」と捉えている。天皇や朝廷の権威のもとで古くから全国を支配していた京都の貴族政権を圧倒し、鎌倉政権（幕府）という自分たちの政権をつくり、歴史を前進させた存在として生徒は武士を理解している。それは彼らの歴史観の基調であり、小学校で学び、中学

校で確認した日本史の「流れ」の根本なのである。ところが、高校になって教科書を読んでみると、「政府から押領使・追捕使に任じられた中・下級貴族の中には、そのまま在庁官人などになって現地に残り、有力な武士（兵）となるものがあらわれた」（『詳説日本史 改訂版』山川出版社、2016年文科省検定済）、「10世紀末には、彼らは武芸を家業とする軍事貴族として、武士とよばれるようになった」（『高校日本史Ｂ』実教出版、2013年文科省検定済）と書かれている。「えっ、武士も貴族なの？」と生徒の頭の中は？？？状態に陥り、納得のいく歴史認識を形成しえないのである。

　その点で高橋論文は、「９世紀、群党蜂起への対応として下向した軍事貴族が、東国に現われた最初の武士（兵）であった」としながらも、彼らが順調に武士として成長し武士団を形成したのではないとする。「武士が武士としてあるためには、あるいは武士団として成り立つためには、経済基盤となり、主従関係の媒介となる所領の領有が、不可欠な要件となる」。そして、「兵の系譜に連なる有力武士層の中から、在地に資本を蓄積し、労働力編成を可能とする人脈をもち、そうした条件を活用して開発を実現することで、…私領主として所領を形成した武士の中から、在地領主化に成功する存在が現れたのである」とするのである。

　学習会での議論では、「ここでいう開発は11世紀初頭以来の国衙による荒廃公田再開発奨励策を背景になされたとある。ということは、開発の主体は『兵の系譜に連なる』といっても最初に下向した軍事貴族とは世代がぜんぜん違っていて、彼らは、勢力の基盤を東国にもつ地方的勢力といっていいのではないか」、「『あるいは開発者が兵の家系を意識し、自らの存在をそれに接続しようとしたのかもしれない』とも書いてあるけど、それって東国の土着の有力者が兵の家系の人物を婿にして自分の家を『兵の系譜に連なる』ってしたってことじゃないか」などの意見が交わされた。そうであれば、この時代に東国で誕生した本格的な武士（もはや兵ではなく在地領主化した武士）は、都の貴族社会とつながりはあるだろうが、東国の大地と歴史が育んだ「東国武士」として捉えてもいいのではないかというのである。

２．京武者による紛争の調停と武士団の統合・再編は
###　　東国の私戦抑制システムだった

　つづいて高橋論文は「私領の形成が進み、地主職が公認されるようになった12世紀にかけて、東国では私戦が多発する」とする。そして、この時期か

ら多くみられる京武者による紛争への介入と調停、その結果として紛争当事者の武士団を家人（「郎従」）として統合・編成していくことを、「東国の在地社会が生み出した私戦抑制システムと評価することも可能であろう」とするのである。

学習会参加者からは「相馬御厨<ruby>相馬御厨<rt>そうまのみくりや</rt></ruby>の支配権をめぐって対立・抗争していた千葉常胤と上総常澄の息子広常が保元の乱ではなぜ共に源義朝に従って戦っているのかが、今まで分からなかったが、納得できた」、「戦乱は、民衆の生産や生活の基盤を破壊する。武士たちだけではなく、この時代の民衆もまた、なんとか戦乱を止めさせたかったに違いない。そんな東国社会全体が京武者を調停者＝公的権力として迎え入れて、東国の平和をつくろうとしたのではないか」などの意見が出された。つまり、地域の視点で歴史を捉えると、これまでの教科書記述のような中央史観的なまなざしでは理解できなかった疑問が解決したり、地域や民衆にとってその歴史はいかなる意味があったのか、新たな意味づけが可能になったりするということである。そして、それは今その地域で生活し、学習し、成長している生徒が自分ごととして歴史や時代を捉える歴史学習の新たなステージを拓くことでもあるのである。

3. 授業実践「源義朝が相馬御厨の紛争に介入した目的はなにか？」

参加者の１人である四十栄貞憲<ruby>四十栄<rt>よ と え</rt></ruby>氏（市川東高校、現市立千葉高校）はさっそく、次のような授業を開発し、実践した。

テーマは、相馬御厨の支配権（下司職）にまつわる千葉常重・常胤父子と上総常澄の抗争に源義朝はなぜ介入したのかである。四十栄氏は地元の近くに存在した下総国相馬御厨の歴史を説明した後、生徒に各自の考えを提出させた。そして、その中から次のような趣旨の２つの代表意見を抽出して賛否を問う紙上討論を日本史Ｂの授業の一環として行ったのである。

紙上討論にした理由を四十栄氏は、授業中に発言することが苦手な生徒も討論に参加することができ、思いつきのやり取りではなく、生徒の論理的な思考力を養えるから、としている。

【代表意見】

A（義朝は侵略者）説 VS B（義朝は紛争調停者）説

A説「常澄に加担したと見せかけて相馬御厨の支配権を乗っ取ろうとした」

B説「争いが広がって被害が大きくなる前に仲裁に入り、千葉氏と上総
　　氏という大きな武士団を両方とも従えようとした」

　千葉県歴史教育者協議会日本史部会の例会（2015年10月）での実践報告によれば、A説については「相馬御厨を伊勢神宮に寄進して下司職を獲得したのは義朝だから、義朝は常澄を利用して相馬御厨を自分の領地にしたかった」などの賛成意見があった。しかし、「そうすると、戦争が始まってしまい、被害が多すぎて、義朝にとっても利益が得られない」などの批判を受け、生徒はさらに考えていくことになった。四十栄氏は『たしかに義朝は都で摂関家に奉仕することで権力を高めようとしたことを考えれば、その財源としての土地収益を手に入れたかったのではないか』、A説はそのような時代の実相を踏まえた歴史認識に発達する可能性があると授業者としての評価を示している。

　B説に対しては「たとえ２人を従えても土地が手に入らなければ、戦いに必要なお金が手に入らない」とする批判もあったが、支持者のなかから「関東は義朝にとって最重要地域だと思うので、武力で土地を乗っ取る『侵略者、支配者』というマイナスイメージよりも、『平和主義』のプラスイメージの姿勢で有力武家を従え、農民や他の武士たちを納得させようとした。この出来事があった後に、源氏は鎌倉幕府をひらき、武士社会の成立を目指している。義朝に直接関係していたわけではないが、ここで義朝が関東武士を従えたから頼朝が挙兵することができたのかもしれない」という意見が表明された。生徒は、武士の時代の到来を、鎌倉政権（幕府）の成立までも視野に入れながら、東国社会の歴史的趨勢の中にその理由や背景を読み取り、理解していったのである。

おわりに

　四十栄氏は実践を総括して、『岩波講座日本歴史』学習会に参加して歴史学の成果と向き合ってきたことで、生徒の議論を焦点化することができ、これにより、方法論として紙上討論の可能性を広げられたとしている。また、討論の可否は、生徒の意見をいかに引き出すかであるが、そのためには教師が歴史学の成果を学ばなければならないことを実感した、ともしている。

　歴史教育は歴史学の成果に依拠して進めることが求められる。そうすることで、生徒の歴史認識の発達と民主的で科学的な歴史意識の成長が実現でき

るからである。しかし、依拠することは盲従することでも依存することでもない。歴史学の成果をいかに取捨選択して授業に活かしていくのかの判断が必要なのであり、その判断には、生徒を歴史認識の主体として成長させるには歴史（時代）についてどのような視角からいかなる事実・解釈・情報などが必要かを見極める教師の目（歴史教育観）が欠かせないのである。

　われわれの『岩波講座日本歴史』学習会は、その目を共有し、鍛え合う小さな道場であるが、得るものは大きい。これからも続けていくつもりである。参加希望者は千葉県歴史教育者協議会のHPから問い合わせていただきたい。次回の日程・会場と検討論文をお知らせする。また、講座の執筆者で自分の論文が歴史教育の立場からはどのように受け止められ、活用されているのかをお知りになりたい方の参加も歓迎したい。

（『岩波講座日本歴史　月報22』2016年2月）

終 章
歴史認識の構造と発達
——生徒を歴史認識の主体として成長させるには——

はじめに

　歴史教育の目的は、児童・生徒（子ども・青年）を歴史認識の主体として成長させることである。そして、社会科教育の本旨である公民（市民・主権者）的資質の育成の一翼を担う責務を負っている。それは、つまり、日本国憲法の精神の体現者を育てることであり、平和と民主社会の担い手を育てることに他ならない。

　では、どのような授業がそのような目的や責務を果たすことができるのか。それを解明するためには、歴史認識とはどのような構造を有し、その発達はいかにして実現するのかについての理論的探究が欠かせない。その点においてわれわれは貴重な財産を持っている。宮原武夫氏が1998年に青木書店から出版した『子どもは歴史をどう学ぶか』で提唱した歴史認識の構造とその発達に関する理論である。本章の引用は基本この本からのものである。

　その理論とは、歴史認識に事実認識、関係認識、意味認識という３つの段階があり、順次獲得させることで子どもの歴史認識は科学的なものへと発達し、彼らは歴史認識の主体として成長していくというものである。そしてそれは、今まで対立的に捉えられてきた問題解決学習と系統学習を統一し、学問の成果にもとづく歴史教育のあるべき形態であるというものである。

　このような宮原理論は歴史教育者協議会の会員などによるさまざまな実践を分析して導き出された理論であり、実践者が自分の実践の意義を確認し、改善や新たな実践を創造する上での導きの糸として有用な役割を果たしてきた。

　しかし、宮原理論は提唱されてから四半世紀が過ぎようとしている。その間、歴教協内外で新たな実践が数多く生み出されている。また、高校においては「歴史総合」などが新設され、新たな歴史教育の枠組（科目編成）のもとで、これまで以上に生徒が主体的、集団的に探究活動をする授業が求めら

れている（アクティブラーニング＝「主体的・対話的で深い学び」）。この時にあたって宮原理論の意味と価値を再確認し、今日の状況下において生徒を歴史認識の主体として成長させる授業を創造するための理論としてブラッシュアップを図りたいと思う。

1. 事実認識における個性と主体性の重視

　宮原理論において事実認識は子どもの（歴史）認識形成の第1段階に位置づけられ、その重要性が一貫して強調されている。それは『子どもは歴史をどう学ぶか』において85カ所で語られており、関係認識の96カ所に次ぐキーワードであることからも分かる。では、宮原氏は事実認識をどのように説明しているのだろうか。

　事実とは「実際に起こった事柄」「現実に存在する事柄」をいうわけで、われわれは、そのすべてを知ることは不可能であり、無意味である。多くの場合、その一部を見たり、聞いたり、読んだり、時には他人から教わって知ることになるのだが、そのような受け身の姿勢で知った事実は順次記憶の奥へ追いやられて、やがて忘却されていってしまう。せめてテストの答案用紙に吐き出すまでは覚えていようと暗記の苦役にたえるのだが、その努力は報われることが少なく、大抵は「ほぞをかむ」結果となる。「だから、歴史なんて嫌い」、「なんで、未来に向かって今を生きているわれわれが歴史なんて過去のことを覚えなきゃいけないんだっ！」といった怨嗟の声が教室に充満することとなるのである。だが、宮原氏がここで歴史認識の出発点として据えようとしたのはそのような事実認識ではない。

　歴史認識の基礎となる事実認識は「生徒の一人ひとりの個性に応じた本音の事実認識、生活体験と生活感覚に見合った常識的な事実認識」でなければならないとするのである。他にも宮原氏は「事実認識の段階では、子どもの実感・共感・生活感覚で事実（教材）を認識する能力（事実にかかわる能力）を育成することが重要である」（「討論授業と問題解決学習」『子どもが主役になる"歴史の討論授業"の進め方』国土社、2002年）としているのである。では、なにゆえ宮原氏はこのように事実認識における個性と主体性を重視するのであろうか。それは、第2段階の関係認識へと生徒を向かわせ、関係認識を構築しようとする意欲を維持するには、その動力ともいえる探究心がなければならないからである。「自分の常識による本音の事実認識から出発しているので、……謎解きの熱意が生まれてくる」とするのである。

その点で、宮原氏は授業方法（発問）としての「変だなぁ探し」の効用を指摘する。「『変だなぁ探し』のように、実感・主観・常識・先入観・偏見など、自分とのかかわりで事実（教材）を見るように指導すれば、いろいろな自分にとっての不思議なもの、変なものが見えてくるのである」（「討論授業と問題解決学習」）。「不思議なもの、変なもの」とは事実（教材）と自分の知識や常識、実感などとの矛盾に他ならない。自己の認識の内部に発生した矛盾は解決＝止揚しなければ、認識の破綻を招く。なんとしてもそれは避けたいとする心情こそが探究心の正体であり、関係認識構築の原動力となるのである。

2. 関係認識—仮説的推論、演繹的推論、帰納的推論—

続いて、宮原理論の中核をしめる関係認識についてだが、宮原氏はどのように関係認識を捉えているのだろうか。

関係認識について最も端的に表現しているのは次の文章である。「加藤実践では、第Ⅰ段階で、教師の発問『変だなぁ探し』などに動機づけられて、学習主体は意欲的・創造的に学習材料に立ち向かっている。第Ⅱ段階では、研究者に比べて未熟さは残るが、既習知識や既修体験と関連付けて、仮説的推論や演繹的推論・帰納的推論という学習手段（研究手段）を駆使して、目に見える事実から目に見えない事実を論理的・実証的に導きだし、問題解決と知識の系統化を実現し、事実認識を関係認識に高めている」

『一遍上人絵伝』福岡の市の場面を教材にした討論授業を分析した部分である。関係認識とは、事実認識の段階で自分との関わりの中で発見した矛盾を解決＝止揚しようとする段階のことで、さまざまな事実を関連付けて矛盾を合理的、説得的に説明しようとする認識活動の段階であり、その成果として得られる認識のことでもある。そして、そこでは仮説的推論、演繹的推論、帰納的推論という３種類の思考方法が用いられ、「目に見える事実」＝現象から「目に見えない事実」＝本質が論理的・実証的に導き出されるとするのである。

その際、重視されているのが仮説的推論で、一般的には、推論は演繹的推論と帰納的推論の２種類とされ、仮説的推論も、類推とともに広義の帰納的推論に含まれるのだが、「生徒は事実認識から関係認識に進む最初の段階で、無意識に仮説的推論を行っている」とする。研究者も研究するにあたって様々な仮説を立てるのだが、検証に堪えないと判断された仮説は研究成果とし

て表現されることはない。しかし、「第1次に仮説的推論の形式を導入することによって……生徒は、事実認識から関係認識へと主体的に歩み始め」るとあるように、生徒の歴史認識の主体としての成長を企図する歴史教育の立場からは、広義の帰納法的推論に包摂させずに、仮説的推論の機能と位置づけを明示したことは宮原理論が（歴史）教育理論であることのなによりの証であるといえよう。しかも、仮説的推論は「謎解き」であり、「Aと仮定すると、B（謎とされる事実）がうまく説明される」とする推論のパターンで、多くの知識や抽象的な思考力も必要としない。したがって、だれもが自分の知識や経験をもとに自分なりの推論＝仮説を作ることが出来る。全員が積極的にその知的個性を発揮できる授業を実現したいと願う教師にとっては傾聴に値する理論的提言である。

　しかし、先の引用には続きがある。「仮説的推論は、あくまでも仮説の提示であり、問題の発見の方法にすぎないから」、「各班の仮説の内容を吟味して、実証性・論理性に誤りがないかどうかを検討し、仮説的推論を帰納的推論あるいは演繹的推論で高める」必要があるというのである。宮原氏は関係認識の段階を仮説的推論の前半段階と帰納的推論・演繹的推論で吟味・検証する後半段階に分けているのである。

　「帰納的推論・演繹的推論で吟味・検証する」とはどういうことか。宮原氏は筆者（加藤）の「だれのための国体護持か」をテーマにした討論授業（『考える日本史授業　2』地歴社、1995年）を例に次のように説明している。

> 　討論は、第1次での仮説的推論とは異なり、多くの既習知識から戦争の原因を探り出す「総括」の過程である。6つの「仮説が最初の意外な事実を正しく説明しているかどうかを事実に照らして実験的に確かめる」帰納的推論の過程である。関係認識が完成するか否かの段階である。15年戦争の個々の事実＝現象から、国体護持のための戦争の原因というより深い本質を導き出す過程である。これは、個々の特殊な事実から一般的な事実や法則を帰納する帰納的推論である。帰納的推論の過程においては、経験や類推のレベル（仮説的推論のレベル）を超えることによって、15年戦争のより深い本質、因果関係の認識へとすすむことが可能になるのである。

この討論は、239〜242ページで一部紹介したが、『一体どんな人がなんの

ために、国民の多大の犠牲にもかかわらず国体護持のための戦争を望んだと思うか』という発問に生徒から軍人説、昭和天皇説、地主・財閥説、貴族説、政府説、国民説の6つの説が立ち、それぞれを当時の憲法や法律の規定（統帥権や治安維持法など）、軍国主義の台頭からアジア太平洋戦争を経て戦後改革に至る歴史的推移（5・15事件・2・26事件、近衛上奏、松本烝治憲法案など）、皇国史観が権力によって強制された思想状況などを挙げながら検討し、軍人説が最多の◎（国体護持の戦争の推進力として一番強かったと思うもの）を獲得したという実践だが、その理由を文章化させると、次のようなものが多かった。

「このような悲劇は当時の国家体制が巻き起こしたのだろう。大日本帝国憲法の下で天皇主権の国家はとても戦争をやるのに好都合だった。例えば軍人である。当時天皇は神と称されていた。大日本帝国憲法は第1条や第3条で天皇を神聖なものとしている。その天皇の命令は絶対であり、軍人は国家総出で戦争をすることができる……」

つまり、生徒は、日本の近代国家が天皇主権の帝国主義国家としてつくられ、国民はその臣民として服従させられていたことに悲劇の本質を見いだしたのである。宮原氏が言われる帰納的推論により、生徒は戦争の「目に見えない事実」＝本質をそのように解明したのである。しかし、この生徒の文章には続きがある。

「このようなことを再び起こさないためには、まず民主主義が不可欠だと思う。民主主義でないと独裁者1人が国を動かすことになる。そうするとどうしても当時と同じことになってしまう。今日本は憲法を変えて民主主義の国になったけど、国民はもっと自分が主権者であることを自覚し、与えられた権限をすべて実行すべきだ……」

戦争の悲劇の根本原因つまり本質が天皇主権の帝国主義国家であったことと知った生徒は、その本質に照らして現在の日本の状況を分析し、将来に向けて自分を含む日本の国民がなすべきことはなにかを考えたのである。これは演繹的推論である。生徒が歴史認識の主体として成長し、日本国の主権者＝平和と民主社会の担い手になるには、宮原氏の言うように仮説的推論を帰納的推論・演繹的推論で吟味・検証することが必要なのである。

ただし、筆者（加藤）は『考える日本史授業 4』（地歴社、2015年）で関係認識の次に本質認識を措定した。それは、宮原理論の関係認識の前半段階（仮説的推論）を狭義の関係認識とし、後半段階（演繹的推論、帰納的推

論）を本質認識として認識のレベルを別にした。その当否は次節以降で考え
たいと思う。

3. 本質把握は関係認識か意味認識か

　宮原氏は歴史認識の第3段階は意味認識であるとする。宮原氏は「いくつ
かの関係認識を総合して、学習対象の意味（価値）を認識することである。
……縄文時代から弥生時代への変化を、社会の発展として、自分にとっても
意味あることとして意識する考え方である」と説明している。

　ところで、宮原氏は次のような例を示している。「村田（直文—加藤）実
践では、①2階建て許可と居住の禁止という、子どもの常識では矛盾する2
つの事実が提示された。この矛盾は、生徒の側から提出されたぜひ解決した
い切実な問題である。②矛盾する事実の背景を推理し、それを説明する問題
が示される。生徒は、洲崎は町人の町で砂村は農民の村だろうと、両者の違
い（相互の関係）を仮定する。そのうえで、③幕府は、町人はどこに移住し
ても困らないが、年貢を差し出す農民には2階家を許可して住まわせたのだ
ろうと推理すると、①の矛盾が説明でき、幕府が民衆にとってどのような存
在だったのかという意味が理解できたのである。生徒の認識は『①事実認識
→②関係認識→③意味認識』へと進んだのである」。

　③は江戸時代が武士（幕府）を頂点とした身分制の封建社会だったという
時代の本質を子どもは認識したということである。しかし、宮原氏は「事実
と事実との関係を説明できることである。関係認識の獲得である。……目に
見えない社会のしくみは、推理や判断などの論理の力によって見えてくるの
である。ここで、抽象的な思考力、現象から本質を見抜く力が育ってくるの
である」ともしている。本質を見抜くのは関係認識段階でのこととしている
のである。

　歴史事象の本質を理解するのは関係認識の段階なのか、意味認識に移行し
てからなのか、宮原理論で意味認識を理解するのが最も難しいという声を聞
くが、その原因はこのような点にもあるような気がする。

　ポイントは本質を知るには抽象的で概念的な思考が欠かせないということ
である。歴史的現象の原因、理由、背景または影響を因果関係や相互関係な
どを指標に現象面、つまり見える次元で追いかけていけば、それは際限がな
い。そうではなく、それらの現象が同時代に出現した根源的な理由を知ろう
とすれば、それらの現象の共通する要素を抽出して概念化しなくてはならな

い。

　たとえば、１２〇〇年に御家人Ａが荘園Ｂの地頭に任命された【現象Ｃ（事実認識）】。理由は、その年に彼の父Ｄが死亡して遺産として相続したからである【関係認識】。しかし、この理由はＡが荘園Ｂの地頭になった理由として正しくとも、１２××年に御家人Ｅが国衙領Ｆの地頭職に任命された【現象Ｇ（事実認識）】の理由ではない。この理由はＥが合戦で武功をあげて恩賞として得たものだからである【関係認識】。このような個別な事実認識と関係認識のペアーは際限なく存在するが、それをいくら数多く解明しても、個々の現象の原因は分かっても、なぜにこれらの現象が13世紀の日本列島で出現したのかは分からない。それを解明するには、まず、それらの現象を比較し、共通する要素を選び出し（分析）する必要がある。つまり、ＡもＥも地頭に将軍―鎌倉政権（幕府）から任命された点は同じであり、そうなることによって、内容や数量に違いはあるものの、一定の権益を安定的に、ないしは合法的に入手することができるようになった。では、なぜそのような共通点が生じたかの解釈（帰納的推論）を試みるのが次の段階である。すると、地頭職とは鎌倉政権（幕府）が武士の権益を保障するための役職であり、それに任命することで鎌倉政権（幕府）は武士の支持や忠誠を調達できていたという説明が浮上する。この説明は【事実認識Ｃ】も【事実認識Ｇ】にも当てはまり、御家人Ｈが１２□□年に荘園Ｉの地頭に任命された理由も、たとえ史料がなくても類推できる（演繹的推論）のであり、つまり、概念的な説明といえる。この概念的な説明こそが本質認識なのであって、これを獲得することで個々の具体的な事実の意味もわかるのである。

　となれば、これらの思考は宮原理論で言えば、帰納法的推論や演繹的推論を駆使して、目に見える現象から目には見えない本質を探り出す関係認識の後半に相当することになる。ただし、前段の仮説的推論（謎解き）における生徒の思考は単なる「思いつき」も含めて自由であり、自分の既有の知識や体験、生活感覚や意識が素材となるために誰でも行うことが出来るのに対して、後半の帰納法的推論や演繹的推論は抽象的思考や概念的な思考が必要であり、思考の難易度は相当に高い。そこで、両者を別の段階としてはどうかというのが筆者（加藤）の考えである。つまり、仮説的推論の作成・検討する段階を関係認識とし、演繹的推論や帰納的推論を駆使して各説の当否を検討し、時代の本質にまで到達しようとする段階を本質認識とするのである。授業を構成する上でもそのような区別と段階の違いを明確に意識した方がや

りやすいのではないかと思うのである。そして、それを次の意味認識の段階
に直結する位置に置くべきではないかというのが筆者の持論である。

4. 意味認識—時代像および歴史観の形成と歴史を学ぶ意義—

　まず、確認したいことは意味という言葉についてである。実は同一の事象
についてであっても、その意味を知ろうとする人の立場や問題関心＝観点に
よってその意味はまったく変わってしまう。したがって、意味を探究するた
めには、どのような立場や問題関心から探究しようとしているのかを確定す
る必要がある。宮原理論における意味認識はいかなる立場ないしは問題関心
からのものであろうか。

　まず、『一遍上人絵伝』福岡の市の場面の「画面中央下の大きな甕」に注
目した生徒Kは、「この時期に初めてこの甕が人糞尿の貯蔵用の道具として
市で売られるようになった」という意味認識を獲得した。この意味認識は、
事実のもつ時代的意味、その事実はその当該の時代にとってどんな意味があ
るのかという立場ないしは問題関心から得た解釈である。意味認識【for 時
代】とカテゴライズしてみよう。

　次いで、弥生時代の授業を受けて、次のような感想文を書いた小学生がい
た。「私は、弥生時代はすごく発展していったなぁと思った。弥生時代が発
展した理由が米作りだったら、その米作りが伝わっていなかったら、弥生時
代は発展せなんだんかなあと思った。それに、米作りは戦争の原因で、米
づくりがつたわらなんだら、今までずっと戦争がなかったかもしれんなと思
った。それから、弥生時代にはぐーんと日本の人口が多くなった。私は、人
口がふえたのも、発展の理由に入っとるかなあとおもった」。

　学習者は縄文時代から弥生時代への移行とは歴史的にどのような意味があ
るのかを関係認識を総括しながらあげていった。そして、基底に米作りがあ
り、それが縄文時代から弥生時代への発展の原因であると同時に今日まで続
く戦争を将来させてしまったこと、また、米作りがもたらした人口増加も発
展の原因とした。意味認識【for 歴史】とカテゴライズできよう。

　また、『一遍上人絵伝』福岡の市の場面に乞食が描かれていることから
「『仕事も生活もろくに出来ないような人達』『生きていても死んでいるよう
な人達』を粗末に扱わず、村全体で『極楽に行く時のみんなの先輩みたいな
存在として大切に』する中世社会と、社会に役立たないような人たちを誰も
面倒をみなくなった現代と、『どちらの社会が住む人にとって幸福か』」と考

えた生徒がいた。そして、この生徒は「これは歴史という学問がなければ分からない事実です。ここで、人間は学問すべきだと思いました」と書いている。これまでの意味認識【for 時代】や意味認識【for 歴史】にとどまらず、歴史を学ぶ意味までも発見している。つまり、意味認識【for meないしはfor us】まで獲得しているといえよう。【意味認識for meないしはfor us】というのは、現代という時代を日本の高校生として生きている自分（たち）にとっていかなる意味があるかという立場ないしは問題関心から得た認識ということである。ここまで獲得してはじめて、生徒は歴史を学ぶ意義を感知する。

　意味認識【for 時代】は時代像の構築ないしは刷新を実現し、意味認識【for 歴史】は歴史観の深化・発展に寄与し、意味認識【for meないしはfor us】は歴史を学ぶ意義に気づかせ、歴史意識を喚起し高める。生徒を歴史認識の主体として成長させるには、このような３種の意味認識の獲得が必要である。

5．歴史認識は段階性か複合性か

　「科学的な（すなわち実証的で論理的な）問題解決学習の過程は、①事実認識、②関係認識、③意味認識の３段階に分けることが出来る」（「討論授業と問題解決学習」）とし、「歴史学習の過程、すなわち問題解決の過程を、事実認識→関係認識→意味認識の３段階でとらえる」とするのが、宮原理論の主張だが、事実認識、関係認識、意味認識はこのように順次獲得させるべき段階と捉えるべきなのであろうか。事実認識←関係認識や事実認識←意味認識という方向性も考えられるのではないか。また、事実認識を獲得する過程や活動が関係認識の構築であったり、意味認識からの点検・検証を伴うこともあるのではないだろうか。つまり、事実認識、関係認識、意味認識は段階ではなく、複合性を有する領域ではないのかと思うのである。

　実例を紹介する。

　『一遍上人絵伝』福岡の市の場面に「履き物屋の商人がいる」という事実認識はどのクラスでも発表される。しかし、何故そう言えるのかの説明、つまり関係認識を求められた時に、単に下駄が描かれているからという説明だけだと、描かれている下駄は履き物としてはあまりに巨大で歩きづらい。

　このような下駄はまだトイレがなかった時代に路地の一角などの集団排泄場で排泄する時に履くもので個人が買うものでないと、『餓鬼草紙』伺便餓

鬼の場面を証拠に批判された。そこで、その批判を受け入れて。これは売り物の下駄ではなく、排便時に使用するための貸し出し用で今まさに借りようとして人が来たところを描いている。つまり、描かれている人物はその巨大下駄を借りるために自分が履いてきた草履を差し出している（巨大下駄を返却すれば返される）。ということは、この人物は履き物屋の商人ではなく、市の管理人＝市の司であると変更した班があった。

このようにして関係認識の構築が新たな事実認識を生

巨大下駄、紐銭を持つ男、撰銭をしている女商人が描かれている『一遍上人絵伝』福岡の市の場面（部分）

『餓鬼草紙』伺便餓鬼の図

み出すこともある。そしてそれは、二毛作などの発達により人糞尿の肥料化が進み、そのために便所がつくられる室町時代以後には巨大下駄はなくなるが、この絵は鎌倉時代なので十分にあり得るという【for 歴史】の意味認識からの検討もクリアーすることで、説得力＝真実性を獲得していったのである。

このような生徒の認識活動は「事実認識→関係認識→意味認識」といった一方交通的な段階性にもとづいたものではなく、双方向的ないしは複合的なものといえる。

繰り返すが、歴史認識に事実認識、関係認識、意味認識の３層性があることは宮原理論の根幹である。事実認識が最下層に位置し、その上に関係認識、意味認識が置かれる。しかし、歴史認識をそのような静態的ではなく動態的、つまり、生徒が歴史認識を獲得する、まさにその活動において捉えようとすれば、この３つの認識の位相は３つ巴的な関係となるのではないだろうか。

もう一つ実例を紹介する。

『一遍上人絵伝』福岡の市の場面のこの人物を生徒・学生は武士であると

言う。

　事実認識の獲得である。しかし、どうして、この人物が武士と分かるのか。生徒・学生からは「刀を持っているから」という答えが返ってくる。武士は刀を持つ存在であるから、この人物は武士に違いないという判断＝解釈を彼らはしたのである。この判断＝解釈は事実の説明であるから、関係認識といえる。正しい事実認識を獲得するためには正しい関係認識が必要なのである。

刀を持つ男（『一遍上人絵伝』福岡の市の場面より）

　では、この「武士は刀を持つ存在である。だからこの人物は武士である」という関係認識は正しいのか。そのことを授業（大学）で次のように検討していった。

　『刀は古代にも存在した。江田船山古墳出土鉄刀、稲荷山古墳出土鉄剣、石上神宮七支刀、正倉院金銀鈿荘唐太刀などが有名。ということは、古代にも武士はいたのか』

　「いない。古代の刀と武士の刀は違う」

　『どう違う』

　「古代は直刀で、武士のは画面の武士が持っているような曲刀」

　『なぜ、武士の刀は曲刀なのか』

　「武士とは、そもそも騎馬兵のことで、画面でもこの武士は異時同図法で描かれているが、馬に乗っている姿やその馬が描かれている」

　『直刀は両手で使える歩兵に適した武器。右手を馬手とするために騎馬兵には軽く感じられ、扱いやすい曲刀が必要だった。武士は騎馬兵となって曲刀を使い出した。曲刀は重心が手前にくるので、軽く感じられ腕の延長のように使いやすい。では、いったいどうやって彼らは曲刀を手に入れたんだ』

　「？？？」

　『熾烈な蝦夷との戦いで、騎馬兵としては先輩格の蝦夷から学んだ。柄の部分が曲がった蕨手刀を蝦夷が使っていたので、それを真似て彼らは曲刀を作り出したんだ』

　こうして、関係認識をより緻密に構築していくことで、この絵の人物が武士であるという事実認識をより確実にしていくのである。

　では、意味認識はどのように係わるのかだが、意味認識とは、第1にそのような事実がそのような理由・背景・原因で出現したことは、その時代にと

ってどんな意味があるのか【for 時代】、歴史にとってどのような意味があるのか【for 歴史】についての考えや説明である。生徒（学生）は、事実認識や関係認識レベルの考察をすると同時に意味認識レベルでも検討している。

　具体的には、武士が騎馬兵であるという点について、本当に鎌倉時代の武士はそのような存在だったのかを生徒は自分の持っている鎌倉時代像に照らして検証する。そして、たとえば教科書の挿絵で見た『蒙古襲来絵詞』の御家人竹崎季長が1騎で蒙古軍と戦っている姿などを想起して納得する。また、この人物は吉備津の宮の神主（の息子）と絵巻物の詞書で紹介されている。ということは、この人物の仕事ないしは身分は神主なわけで、神主であると同時に武士であることなどあり得るのだろうかという疑問を持ち、合理的で説得力のある答え＝解釈を得ようとする。その結果、そのような答えが得られなければ、この人物は武士であるという事実認識は否定されることになる。しかし、たいていの場合、武士が他の身分や職業を兼ねることが出来なくなるのは江戸時代の士農工商の身分制が成立してから（近年では身分的周縁論が提唱され、言われるほど固定的ではなく流動的であったという議論が盛んだが、まだ、高校生・一般の大学生の歴史認識として定着しているとは言えない）であって、それ以前は、上杉謙信や武田信玄、足利義満も出家して僧侶になっているなどの知識をもとに、鎌倉時代でもそのようなこと、つまり、神主が武士であることは十分にあり得ると判断するのである。

　ただし、意味認識は「Forなになに」の「なになに」によって認識の内容が変化する。上記の意味認識はそのような事実がそのような理由によって出現したことは、その時代（鎌倉時代）にとって（＝「For時代」）どんな意味があるのか、長い日本の歴史にとって（「For歴史」）どんな意味があるのか、それは正しい、ないしはあり得ると判断できるのかというレベルの検討の結果、得た認識である。

　ただし、意味認識の「Forなになに」の「なになに」にはもう1つのレベルがある。それは、そのような事実がそのような理由によって出現したということは自分にとってどんな意味があるのか、自分の歴史認識や時代像に取り入れるほどの価値はあるのか、その説明に自分はどれほど納得できたかというレベルである。

　この議論はなにを巡ってのやり取りになるかというと、それは、今までの学習や体験によって培ってきた自分の歴史意識に照らして、このような事実をもとにした論理的な説明は受け入れられるのか、説得力を感じるかどうか、

338

ということである。歴史意識とは、どのような立場や観点から歴史をどのように捉えたときに自分として納得できるか、腑に落ちるという感覚を得られるか、自分事として歴史を考えることができるか、といった問いに対する各自の答えで、歴史感（観）の基盤である。ある生徒は、このような刀といった「物」に即した事実と論理による、331ページで言及した渡辺哲郎氏の表現を借りれば「社会科学的な説明」に説得力を感じ賛意を表明するだろう。しかし、ある生徒は客観的で外からの目線で歴史的事象を説明しようという姿勢に反発、ないしは物足りなさを感じ、その時代の人物の内面（思想や価値観など）に分け入った説明、いわば「人文（科）学的な説明」でないと、納得できないと言うだろう。

　この場合で言えば、武士という新しい階層（種類の人びと）が現れたとするためには、単に新しい物（＝曲刀）を持ち、騎馬戦を有利に戦うことが出来る人びとが出現したということだけではダメで、それだけなら、古代にいた兵士・武人の単に新種、ないしは亜種の出現にすぎない。そうではなくて、そのようにして戦うなかで、古代の兵士・武人とは違うエートス（生活態度、心的態度、倫理的態度）を身につけた人間類型が誕生しなければならないと、彼らは言うだろう。唯物論的な説明と唯心論的な説明の違いとしてもいい。どちらが自分にとって納得のいく説明か。そのせめぎ合いの中で生徒は自分の歴史意識を確かめながら、画面の人物は武士であるとする事実認識の当否を検討しているのである。

　以上のように、歴史認識を動態的、つまり、生徒が歴史認識を獲得する活動において捉えようとすれば、事実認識、関係認識、意味認識という３つの位相は段階性ではなく、３つ巴的な複合性を有するのではないだろうか。もっとも、私見のように関係認識から本質認識を分出して歴史認識には４つの位相があるとすれば、それは４つ巴となる。

まとめ

　最後に本章で論じた内容を要約したいと思う。

　歴史認識に事実認識、関係認識、意味認識という３つの段階があり、順次獲得させることで子どもの歴史認識は発達するとする宮原武夫氏の歴史教育理論の有効性と改善点を検討するのが本章の目的である。

　まず、事実認識だが、宮原理論では子どもの（歴史）認識形成の第１段階に位置づけられている。しかし、単に教わった、または暗記した知識ではな

く、「生徒の一人ひとりの個性に応じた本音の事実認識、生活体験と生活感覚に見合った常識的な事実認識」でなければならないとする。それは、第2段階の関係認識へと向かわせ、関係認識を構築しようとする意欲を維持するには、その動力ともいえる探究心がなければならないからである。

　続いて、関係認識だが、事実認識の段階で自分との関わりの中で発見した矛盾を解決＝止揚しようとする段階のことで、仮説的推論、演繹的推論、帰納的推論が用いられ、「目に見える事実」＝現象から「目に見えない事実」＝本質が論理的・実証的に導き出されるとする。

　その際、重視されているのが仮説的推論で、生徒の歴史認識の主体としての成長を企図する歴史教育の立場から、その機能と位置づけを明示したことは宮原理論が（歴史）教育理論であることのなによりの証である。しかし、仮説的推論は、あくまでも仮説の提示であり、内容を吟味して、実証性・論理性にあやまりがないかどうかを検討し、仮説的推論を帰納的推論あるいは演繹的推論で高める必要があるとする。そして、それは個々の事実＝現象から本質を導き出す過程でもあるとするのである。こうして、宮原氏は関係認識を仮説的推論の前半段階とそれらを吟味・検証して本質を探究・解明する後半段階に分けるのであるが、両者を別の段階ないしは領域（関係認識と本質認識）としてはどうかというのが筆者（加藤）の考えである。

　歴史認識の最終（第3）段階が意味認識である。ただし、同一の事象であっても、その意味を知ろうとする人の立場や問題関心＝観点によってその意味はまったく変わってしまう。したがって、意味を探究するためには、どのような立場や問題関心から探究しようとしているのかを確定する必要がある。意味認識には少なくとも3つの立場ないしは問題関心がある。意味認識【for 時代】、意味認識【for 歴史】、意味認識【for meないしはfor us】である。意味認識【for 時代】は時代像の構築ないしは刷新を実現し、意味認識【for 歴史】は歴史観の深化・発展に寄与し、意味認識【for meないしはfor us】は歴史を学ぶ意義に気づかせ、歴史意識を喚起し高める。生徒を歴史認識の主体として成長させるには、このような3種の意味認識の獲得が必要である。

　最後に、事実認識、関係認識、（本質認識）、意味認識は順次獲得させるべき段階なのだろうか。複合性を有する領域ではないのかという点も論じた。大方のご批判・ご助言を得たいと思う。

おわりに
——歴史（社会科）を入試科目から外す——

　『考える日本史授業』と題した私のささやかな実践報告・論文集の５冊目を刊行することが出来た。謝すべき方は多い。

　まずは、第４章第18節の対談を掲載することを許していただいた成田龍一氏をあげたい。成田氏との出会いは1970年の春、大学１年生の教室であった。キャンパスは大学紛争（闘争）の余韻が色濃く、しばしば学生自治会のストライキによって授業や試験が中止になった。そのなかで何のために歴史を研究するのかを語り合った記憶がある。私が高校に就職してからは直接会うことはなく、成田氏は近代史研究、私は歴史教育とそれぞれの道を切り開くことに専念していたのだが、互いに50歳を越える頃、成田氏を千葉県歴史教育者協議会主催の講演会に講師として招いたことから交流が再開した。コロナ前には、立教大学の和田悠氏を中心にした研究会に共に参加して歴史学と歴史教育についてさまざまなテーマで話し合った。掲載した対話はそうした中で実現したものである。

　ついで、同じく第４章第20節で、荘園支配に果たした宗教の役割についてのメールのやり取りの掲載を許可していただいた四十栄貞憲氏に感謝したい。四十栄氏とは親子ほどの年齢差があるが、千葉県歴教協日本史部会や市原・袖ケ浦支部のメンバーとしてレポートを聞き、コメントをしあう仲である。掲載したメールでの意見交換はその一環としてなされたものである。

　また、第２章で分析対象とさせていただいた先生方、なかにはもはや物故された方もおり、実践の真意をつかみ切れていないとお叱りを受けるやもしれないが、社会科・地理歴史科教育の明日を担う学生たちの学びの一過程としてお許しいただければと思う。

　カバーデザインをお願いした上田佳奈氏、教育関係の図書の出版人として『考える日本史授業』シリーズを刊行し続けていただいている地歴社の塚原義暁氏に今回も大変お世話になった。お礼申し上げたい。

　本書を閉じるにあたって、どうしても気になる学生がいる。127ページの学生②である。彼は河野栄実践（「少女ナツミから学ぶ労働基本権」）を分析して「討論の意味や価値を実感することができる」、「生徒が主体となって労働基本権への学びを深めている」とその社会科教育としての優れている点、

学ぶべき点を指摘しながらも、一転して「高校受験が間近である中学3年生の生徒たちに、話し合いが軸の授業を行うよりも、受験対策のような知識を広げていく授業のほうが重要なのではないか」とし、「中学3年生に指導する必要性は低い」と結論づけているのである。それに対する私のコメント（「社会科を教える目的は何か」）は130ページに載せた通りだが、その文意は学生②にどこまで通じたであろうか。彼だけではない。社会科は暗記科目で試験のためにいかに多くの知識を生徒に授けるかが社会科教師の仕事と思い込んでいる学生は多い。それは彼らが体験してきた社会科教育の現状に裏打ちされたものだけに彼らを強く捕えている。この社会科教育観を放置して社会科教育の未来はない。ではどうすればいいのか。いろいろなことが思い浮かぶが、私の結論はいつも同じである。それは、社会科を受験科目から外すである。

　大学入試などで、入試改革が盛んに言われている。知識偏重ではなく、思考力や表現力を問う入試にシフトするというのだそうだが、はたしてそうなっているのか。2022年の大学入学共通テスト試作問題「歴史総合　世界史探求」について、『岩波講座世界歴史』第1巻の編者で高校の世界史教育に精通している小川幸司氏は「本当に学習過程や歴史的思考力を重視する出題になっているのか、大いに疑問がある」、「暗記だけで答えられる設問が目立ち、論理的な一貫性も足りない印象だ」と評したと朝日新聞（2023年1月19日朝刊）は伝えている。しかし、たとえ、思考力や表現力重視となっても入試問題である以上はそこに優劣（点数）の差が計られるのであって、暗記主義は軽減されても正答主義はさけられないのではないだろうか。

　本書でこれまでさまざまに論じてきたように、歴史教育の本来の目的は生徒を歴史認識の主体として成長させることである。彼らが自らの歴史意識に基づいて自由にそして科学的に、つまり実証的、論理的、個性・主体的に歴史認識を構築できるようにすることである。歴史を入試科目にするならば、そのような歴史教育によって生徒が獲得する学力のなにをどのように評価するのか。そもそもその学力は、歴史を入試に課したその大学（高校・中学）に入って学生（生徒）として研究（学習）活動をしていくのにいかなる意味で必要なのか。それらの点が明示され、かつ具体的な評価のメソードが開発され、その有効性が検証されてからでなければならない。それがないままに歴史（社会科）を入試科目とし続けることは、歴史（社会科）教育の危機的状況を増大させるだけではないか。ただちに、歴史（社会科）を受験科目から外すべきである。

加藤　公明（かとう きみあき）

国士舘大学客員教授

千葉県公立高校教諭、東京学芸大学特任教授などを経て、
2018年4月より在職。

【主な著作】
『考える日本史授業　1〜4』地歴社、1991年、1995年、2007年、2015年
『新しい歴史教育のパラダイムを拓く』（共編著書）地歴社、2012年
『考える歴史の授業（上）』『同（下）』（共編著書）地歴社、2019年

考える日本史授業　5
　　——「歴史総合」「日本史探究」、歴史教育から歴史学、
　　　歴史認識論への提言

2023年7月10日初版第1刷発行

　　　　　　　　　　　　　著　者　　加　藤　公　明

発行所　地　歴　社　　　東京都文京区湯島2-32-6（〒113-0034）
　　　　　　　　　　　　　Tel03（5688）6866／Fax03（5688）6867

　　　　　　　　　　　　ISBN978-4-88527-244-8 C0037

◎地歴社の本 （本体価格）